学前融合教育丛书

总主编　周念丽　唐　敏

特殊幼儿
教育康复

主　编　周　波　郭苏晋
副主编　庾晓萌　黄　鹂
　　　　杨淋先　沈晓莲

重庆大学出版社

图书在版编目(CIP)数据

特殊幼儿教育康复/周波,郭苏晋主编. -- 重庆:
重庆大学出版社,2022.8
(学前融合教育丛书)
ISBN 978-7-5689-3110-6

Ⅰ.①特… Ⅱ.①周…②郭… Ⅲ.①儿童教育—特
殊教育—教育康复 Ⅳ.①G760

中国版本图书馆 CIP 数据核字(2022)第 148157 号

特殊幼儿教育康复
TESHU YOU'ER JIAOYU KANGFU

主 编 周 波 郭苏晋
策划编辑:陈 曦

责任编辑:陈 曦 版式设计:陈 曦
责任校对:刘志刚 责任印制:张 策

*

重庆大学出版社出版发行
出版人:饶帮华
社址:重庆市沙坪坝区大学城西路 21 号
邮编:401331
电话:(023)88617190 88617185(中小学)
传真:(023)88617186 88617166
网址:http://www.cqup.com.cn
邮箱:fxk@ cqup.com.cn(营销中心)
全国新华书店经销
重庆市联谊印务有限公司印刷

*

开本:787mm×1092mm 1/16 印张:13.75 字数:263 千
2022 年 8 月第 1 版 2022 年 8 月第 1 次印刷
ISBN 978-7-5689-3110-6 定价:48.00 元

"学前融合教育丛书"编委会

总主编:周念丽　唐　敏

《特殊幼儿教育康复》

主　编:周　波　郭苏晋

副主编:庾晓萌　黄　鹂　杨淋先　沈晓莲

《学前融合教育理论与实践》

主　编:高春玲　陈晓蕾

副主编:谢　燕　曾　慧　王　姗　周叙辰　梁　双
　　　　王　秋

《学前融合教育中个别化教育计划的拟订与实施》

主　编:陈　晓　王丽娟

副主编:杨淋先　杨成艳　杨建华　马　蕊　王亚男
　　　　陈秋蓉　车晓媛

《特殊幼儿心理及教育》

主　编:艾映彤　王晓曦

副主编:胡　娜　张丽雯　俞先茹　王睿懋　郭苏晋

总 序

  学前融合教育是一个国家闪现人性光辉的重要篇章。我国学者在探索具有中国特色的学前融合教育之路上筚路蓝缕、艰苦卓绝地走过了近 30 年,取得了初步的成绩。但从全国学前教育范围来看,其普及度和影响力还不甚显著。

  从中国目前的现状来看,由于各种原因所致,有特殊教育需要的幼儿与日俱增,但我国众多在托幼机构工作的学前教育工作者对这些特殊幼儿如何进行学前融合保教和教育康复并非都了然于胸,虽有助特殊幼儿之心,然因缺少对学前融合教育相关理论的了解和实践,在实施学前融合教育时会有难以找到抓手之感,或有捉襟见肘之感。由此,教学实际情况呼唤着学前融合教育相关的理论和实践书籍的出版。

  昆明学院的学前教育与特殊教育学院唐敏院长率领其团队顺应现实之需,倾情全力撰写了这套由《学前融合教育理论与实践》《特殊幼儿心理与教育》《特殊幼儿教育康复》《学前融合教育中个别化教育计划的拟订与实施》四本著作构成的"学前融合教育丛书",兼具理论性、渗透性和实操性等特点。

  理论性体现在对理论和模式的具体阐述上。

  《学前融合教育理论与实践》一书开宗明义地说明了学前融合教育的含义及意义,特别着重于多元文化、建构主义以及人类发展生态学等理论的介绍;对学前融合教育中的体系、形态以及联合模式都进行了认真梳理。

  《特殊幼儿心理及教育》则将陈鹤琴等学者的特殊教育理论以及皮亚杰等学者关注特殊幼儿发展的理论纳入视角。

  渗透性体现在与幼儿园课程及家园乃至社区共育的紧密结合。

  《学前融合教育理论与实践》介绍了对各类特殊幼儿进行学前融合教育之际应关注"家园共育"和"社区共育"。

  《学前融合教育中个别化教育计划的拟订与实施》一书陈述了为各类特殊幼儿设计与实施了个别化教育的教学活动。

  《特殊幼儿心理及教育》一书将对各类特殊幼儿的教育纳入"家-园-社区-康复机构"协同教育的范畴。

  《特殊幼儿教育康复》着重于在幼儿园的生活活动、学习活动、游戏活动以及户外活动中对各类特殊幼儿进行教育康复。

  实操性体现在对制订计划、教育和康复方法清晰而详细的陈述。

  《特殊幼儿教育康复》一书针对各类特殊幼儿,翔实地说明了如何通过幼儿园的生活活动、学习活动、游戏活动以及户外活动对其进行认知、言语、运动、情绪和社会适应的教育康复方法。

《学前融合教育中个别化教育计划的拟订与实施》一书则阐述了对各类特殊幼儿进行个别化教育计划制订的流程、内容以及教育评估与诊断、课程评量、个别化教育计划会议等细节。

鉴于上述这套丛书兼具理论性、渗透性和实操性等特点，我们有理由相信，阅之能让学前融合教育理念更加深入人心，广大一线幼儿园教师据此也能掌握更多的学前融合教育相关的方法和策略，从而真正促进特殊幼儿和普通幼儿的身心发展。

是以欣为序。

华东师范大学　周念丽

2022 年 7 月 13 日于瀛丽小居

目　录

理论篇

第一章　特殊幼儿教育康复概述

第一节　特殊幼儿教育康复的背景与意义　　2

第二节　特殊幼儿教育康复的含义　　5

第三节　特殊幼儿教育康复与幼儿发展　　7

第四节　特殊幼儿教育康复的对象　　9

第二章　学前特殊幼儿教育康复的内容

第一节　幼儿认知能力康复　　12

第二节　言语与语言康复　　21

第三节　运动康复　　36

第四节　情绪行为干预　　76

第五节　社会适应能力干预　　86

实践篇

第三章　学前特殊幼儿的认知康复实践

第一节　生活活动中的认知康复教育　　101

第二节　学习活动中的认知康复教育　　110

第三节　游戏活动中的认知康复教育　　117

第四节　户外活动中的认知康复教育　　125

第五节　家庭中的认知康复教育　　131

第四章　　特殊幼儿的语言言语干预实践

第一节　生活活动中的语言言语康复　　　　　　　　　　140

第二节　学习活动中的语言言语康复　　　　　　　　　　147

第三节　游戏活动中的语言言语康复　　　　　　　　　　153

第四节　户外活动中的语言言语康复　　　　　　　　　　157

第五章　　特殊幼儿的运动康复实践

第一节　生活活动中的运动康复实践　　　　　　　　　　160

第二节　学习活动中的运动康复实践　　　　　　　　　　162

第三节　游戏活动中的运动康复实践　　　　　　　　　　164

第六章　　特殊幼儿的情绪行为干预实践

第一节　生活活动中的情绪行为干预　　　　　　　　　　167

第二节　学习活动中的情绪行为干预　　　　　　　　　　172

第三节　游戏活动中的情绪行为干预　　　　　　　　　　177

第四节　户外活动中的情绪行为干预　　　　　　　　　　181

第七章　　学前特殊幼儿的社会适应干预实践

第一节　生活活动中的社会适应能力干预　　　　　　　　192

第二节　学习活动中的社会适应能力干预　　　　　　　　196

第三节　游戏活动中的社会适应能力干预　　　　　　　　203

第四节　户外活动中的社会适应能力干预　　　　　　　　205

参考文献　　　　　　　　　　　　　　　　　　　　　208

理论篇

第一章
特殊幼儿教育康复概述

第一节　特殊幼儿教育康复的背景与意义

在特殊教育领域,康复是不可或缺的一项教育活动。不同于医疗体系中的康复,在教育领域中开展康复其目的是促进儿童的发展与功能改善,带有明显的教育性质,实施教育康复的教师往往需要根据特殊幼儿的身心全面发展考虑开展康复活动的方式与康复内容。

＞　一、背景

特殊群体是人类社会的客观存在,在人类文明发展史中,对待特殊群体的态度和方式历经了中世纪的愚昧、残忍,到近代的同情与隔离保护,再到现代的接纳与平等化。当前,世界各国对待特殊群体的总体趋势是融合与支持,从而让特殊群体真正地享有平等的权益和有尊严的生活。我国从 20 世纪 80 年代起,持续加大对残疾人事业的投入,对特殊幼儿的教育尤其关注,其中,包含对特殊幼儿开展康复教育。因为越早干预,预后越好,特殊幼儿的康复就显得尤为重要。本节将从社会发展需要和当前特殊幼儿的现实需要两个方面,分别阐述开展特殊幼儿教育康复的背景。

(一)在学前融合阶段进行教育康复的时代背景

让特殊幼儿享有有质量的、适切的教育,真正体现公平平等的教育权益,是特殊教育改革的主旨思想。党的"十七大"提出"全社会要关心特殊教育","十八大"提出"支持特殊教育","十九大"提出"办好特殊教育"。《"十四五"特殊教育发展提升行动计划》中提出普及程度显著提高、教育质量全面提升、保障机制进一步完善的建设目标。

针对不同特殊幼儿的不同需求,我国建立起了以普通学校(幼儿园)随班就读为主体、特殊教育学校为骨干、送教上门为补充的特殊教育体系。特殊幼儿群体中,60% 以上的特殊幼儿就读于普通学校,开展融合教育。2017 年,融合教育被首次写进《残疾人教育条例》。《中国教育现代化 2035》和《第二期特殊教育提升计划(2017—2020年)》等文件均提出全面推进融合教育。国家《"十四五"特殊教育发展提升行动计划》

中提出要全面推进融合教育,普通教育、职业教育、医疗康复、信息技术与特殊教育进一步深度融合。在发展义务教育段特殊教育的同时,"积极发展学前特殊教育,鼓励普通幼儿园接收具有接受普通教育能力的残疾儿童就近入园随班就读""鼓励设置专门招收残疾儿童的特殊教育幼儿园(班),尽早为残疾儿童提供适宜的保育、教育、康复、干预服务"。

在国家政策的指引下,我国各地纷纷开展了不同类型的学前特殊教育的尝试。普通幼儿园开展融合教育是最普遍的一种形式。融合幼儿园在利用现有的师资、课程体系开展教学的基础上,亟需在教育中增加教育康复模式,以满足特殊幼儿的个别化需求。

(二)特殊教育对象的变化

科学技术的快速发展在给人们生活带来便利的同时,也带来了一些不利因素,如污染、竞争压力等问题,导致残疾儿童的出现率有所变化。同时,医学的发展使人们对"残疾"的含义和类别有了更深入的认识,诊断与鉴别更为精准,这使得更多特殊幼儿的早期教育成为可能。特殊教育的对象发生的变化可归纳为以下几点。

1. 残障婴儿存活率提高使早期特殊教育幼儿类别增加

从目前婴儿出生的情况来看,患感染性疾病的发生率下降,而遗传性疾病、先天畸形、早产、极低体重等婴儿的存活率逐渐上升。由于先天障碍或缺陷,这些婴儿可能会出现如脑瘫、自闭症、智力障碍等症状。由于现有的医学手段尚无法治愈这些疾病,这些幼儿需要接受长期的康复治疗。到了受教育的年龄,他们也只能带着残障接受教育。

2. 残障类型占比发生变化

除了早期特殊教育类别增加以外,不同障碍类型幼儿在特殊群体中的比例也有较大变化。其中一个较明显的现象是:视、听障幼儿正逐渐减少,自闭症幼儿及多重障碍幼儿的数量却逐年增加。融合幼儿园所招收的特殊幼儿类型也呈现出相同的趋势,幼儿园开展康复活动的需求相应地发生了变化。

随着康复医学和康复技术的发展,某些残障程度较轻的特殊幼儿在早期接受及时的干预能获得较好的康复效果,比如接受了人工耳蜗手术的听障幼儿,后期进行及时的言语语言康复,能获得较好的听觉康复效果。而难以通过医疗技术康复的,如智障幼儿、脑瘫幼儿、自闭症幼儿,还包括一些几乎丧失基本生活自理能力的其他障碍幼儿,需要为他们提供能开发潜能、补偿缺陷的教育,这需要将教育康复理念和知识技能贯彻到幼儿园融合教育,提升教师对特殊幼儿的支持力度。

3.多种功能障碍并存的幼儿增多

多数特殊幼儿存在多种功能障碍,个体间差异较大。例如:一些特殊幼儿既有智力障碍,又存在视力方面的问题;一些脑瘫幼儿既有运动缺陷,又有语言问题;有些智力障碍幼儿兼有情绪与行为问题等;同时,绝大多数特殊幼儿又都存在社会适应问题。随着融合教育的推进,针对特殊幼儿的康复需要,提供个别化教育康复支持,才能真正满足特殊幼儿的发展需要。

> 二、特殊幼儿教育康复的意义

（一）个体发展意义

在大教育理念下的特殊教育是以"潜能开发、缺陷补偿"为宗旨,针对有特殊教育需要的幼儿的教育。教育对象本质上首先是人,是处于发展阶段中的人。学龄前（0～6岁）是幼儿多项生理、心理机能发展的关键期,是特殊幼儿开展教育康复的黄金时期。在这个时期里,康复见效最快、效果最佳,对身心影响最大。科学的康复措施能促进绝大多数特殊幼儿的身心发展,有效地改善和补偿其障碍,相当一部分的特殊幼儿功能障碍状况得以改变,甚至一部分特殊幼儿在康复后能够像健全幼儿一样学习、生活和进行社会交往。

特殊幼儿教育康复不仅能较大程度降低残障对幼儿发展的不良影响,降低残障发生率,而且能对已出现残障症状的幼儿提供及时的治疗或缺陷补偿,以有效阻止障碍的进一步发展。对存在障碍的幼儿来说,抢救性的康复治疗和教育,能使特殊幼儿平等地享有受教育权,为未来的发展奠定一个相对良好的基础。

（二）社会意义

首先,从社会文明发展来看,特殊幼儿的教育康复充分体现了国家对残障儿童的关心和重视,促进在社会中形成尊重、关心残疾人群的良好社会风气,有利于国民素质的提高。同时,特殊幼儿的教育康复体现了特殊教育和全民教育的进步,使更多残障幼儿在人生早期就享有与普通幼儿相当的发展权利与机会,是在特殊群体中真正实现教育公平的起点。这对于构建和谐社会、促进社会全面发展有积极意义。

其次,从社会经济发展来看,特殊幼儿的教育康复能及早以最经济的方式减轻大部分幼儿的残障程度,帮助特殊幼儿提高生活自理能力,确立积极的生活态度,减少特殊幼儿在未来生活中的困难,进而有利于减轻社会保障部门的压力,前期的投入能为未来社会减轻经济负担,有利于社会和谐、稳定和发展。

（三）家庭意义

特殊幼儿的教育康复有利于减轻家庭的经济负担和生活负担。我国目前有针对学龄前特殊幼儿的免费抢救性康复救助项目，帮助家长尽早地对孩子进行康复治疗。对 0～6 岁特殊幼儿进行有效、及时、科学的康复治疗将大大缩减后期康复、购买医疗器械的费用。康复教育治疗效果可以让特殊幼儿更好地接受正常义务教育，提高孩子的生活自理和自立能力，大大减轻家庭的教育、生活和经济负担。

特殊幼儿的教育康复还能改善家长的教育观念，提升家长的生活品质，增进其自我价值感。在发现自己的孩子有特殊需要后，很多家长是无法接受的，感到悲观和绝望。通过教育康复专业人员的干预，特殊幼儿的家长看到了孩子的潜能，能客观地对待孩子，重新调整心态，树立信心，配合开展家庭教育，为孩子创设良好的家庭环境。在这个过程中，家长能重拾对生活的信心，开展正常的工作和生活，减少烦恼、压力和负担，提升生活品质。

第二节　特殊幼儿教育康复的含义

教育康复是整合教育与康复的手段和方法，为兼具这两种需求的特殊幼儿提供针对性教育康复服务，其目的是通过这种服务来提高特殊幼儿教育康复的整体水平，促使其回归主流社会。

＞　一、教育康复的相关概念

世界卫生组织把康复定义为运用医学、教育等各种方法，帮助（可能）经历着残疾的个体，在与环境的相互作用中取得并维持最佳功能状态的一系列措施。康复不仅针对疾病而且着眼于整个人，从生理、心理、社会及经济能力层面进行全面康复。

（一）教育康复

教育康复是特殊幼儿全面康复的基本途径。通过教育与训练的手段，提高残疾者的素质和能力。这些能力包括智力、日常生活的操作能力、职业技能以及适应社会的心理能力等方面。

（二）教康整合与医教结合

教康整合是指特殊教育工作者综合运用康复的、教育的理论与方法，对幼儿开展教育与训练，提高幼儿的素质与能力。而医教结合在特殊教育领域中，是指医学与教育的专业人员合作,为有特殊需要的幼儿提供专业、综合的干预与训练。特殊幼儿发展的复杂性与迫切性,促进了医学与教育的整合。因此教康整合与医教结合虽在形式上不同,但在教育与医学专业的整合上形成了统一。

> ## 二、教育康复的基本观点

特殊幼儿的教育康复是一个系统、科学的过程,对教育康复的理解,可追溯到对特殊教育的本质的讨论。威廉·休厄德在《特殊儿童——特殊教育导论》(第七版)中提到,我们可以从多个角度去定义特殊教育,然而无论哪个角度都不能脱离特殊教育最基本的目的或本质,即对教育的干预。融合教育作为特殊教育的主要形式,可从两方面看待:一是作为干预手段的融合教育,二是作为教育手段的融合教育。而无论哪种观点,都可看出教育康复是满足特殊幼儿教育需要的重要内容。

(一)作为干预手段的融合教育

融合教育的目的就是干预,成功的干预可以阻止、消除或克服残障个体在学习上的障碍,使其能够全面地参与学校和社会活动。融合教育有三种最基本的干预类型,即预防、治疗和补偿。

预防性的干预。预防性的干预被用来解决可能会导致障碍的潜在的问题。具体分为三个水平:第一个水平是消除或抵制从未出现过的障碍的危险因素,其干预对象是所有相关人群;第二个水平是减轻或消除现有的危险因素的影响,其干预对象是具有危险因素的个体;第三个水平是把某一具体的环境或障碍的影响减到最小,实施的对象是残障个体。在幼儿早期甚至出生之前,预防性的干预是最主要的干预。目前,在融合教育与康复医学中,人们越来越认识到早期干预的重要性与必要性。有效的早期干预能最大程度地对障碍幼儿进行缺陷补偿,抢救性地保护其各种残存能力,为后续的潜能开发打下良好基础。相反,如果没有遵循早期干预的原则,将会对障碍幼儿造成不可逆的损害。一般来说,早期预防性干预包括密切关联的三个阶段,即早期诊断、早期治疗、早期教育与康复训练。首先是早期诊断,即早查明障碍幼儿的障碍类型及障碍程度。例如,通过婴幼儿听力普查,可筛查出有听力问题的幼儿,根据听力障碍的程度以及相关的医学检查,可为其制订适合的治疗方案。第二,如听障幼儿符合人工电子耳蜗植入的指征,即应尽早地进行术前评估及手术,目前国内外专家认为,3岁以前为人工电子耳蜗植入的最佳时期。第三,在早期诊断与治疗的基础上,及时进行科学的、系统的、有针对性的早期教育与康复训练至关重要。0~6岁是幼儿的感知、认知、动作、语言等能力发展的关键期,必须实施早期干预。早期干预是一个系统工程,涉及全社会的各方面,必须联合医院、康复机构、学校、家庭、社会等各方面的力量,才能真正有效地实现早期预防性干预。

治疗性的干预。治疗性的干预的目的是消除障碍的影响。目前"治疗"与"康复"这两个术语在特殊教育与社会服务机构中被广泛使用,事实上,这两个词有相同的含义,即教给障碍个体获得独立和成功所需要的技能。对于融合教育幼儿园来说,这些技能可能是学习性的(如阅读、书写等)、社会性的(如与他人相处,按照指导、时间表和其他的日常事务的程序做事)、个人的(如吃饭、穿衣、如厕等)。

补偿性的干预。补偿性的干预是指运用各种技能或设备来补偿障碍所造成的功能缺陷。具体来说,这种干预包括替代性(或补偿性)的技能教育与设备。例如,对盲童进行定向行走训练。

(二)作为教育手段的融合教育

就教育而言,教学是教育实施的主要途径,也是融合教育最主要的内容。与普通教学相比,融合教育教学的特殊性体现在教学的参与者、教学内容、教学方式等方面。

教学的参与者。融合教育教学的参与者应包括:教师,如普通班教师、资源教师,他们主要负责为每个幼儿提供个别的教育服务;与教师共同协作的专业人员,如学校心理学家、语言病理学家、物理治疗师、咨询师等,他们提供对特殊需要幼儿进行教学的帮助及其他的相关服务,满足各种障碍幼儿的特殊需要。

教学内容。每个特殊幼儿有权利获得和普通幼儿一样的教育机会,但是对于某些特殊幼儿来说,他们的个别化教育康复目标可能与国家的标准或学校的课程目标不同。一些特殊幼儿需要强化的系统技能教学,如"功能性课程"就是帮助他们获得基本生活知识和技能的教学。

教学方式。融合教育使用特殊的或合适的教具和方法进行教学。例如,利用镂空并带有毛糙底板的写字纸板对有书写障碍的幼儿进行书写教学;利用沟通交流板对有严重语言障碍的幼儿进行提升其理解与表达能力的教学;等等。

第三节　特殊幼儿教育康复与幼儿发展

特殊幼儿无论在家庭环境中还是在幼儿园里,由于受到自身条件和环境方面的双重限制,无法像同龄普通幼儿一样在环境中汲取足够多的"养分",发展受到了限制。通过支持的方式减小环境限制的同时,有针对地、系统地使用各类方法提高幼儿自身能力是教育康复的作用所在。

> 一、融合背景下特殊幼儿教育康复的相关理论

（一）社会—生态理论

我们无法脱离儿童的成长环境讨论儿童的发展，美国心理学家布朗芬布伦纳的社会—生态理论塑造了一个环境中个体的发展模型，儿童发展的社会生态系统有五个，即微观系统、中间系统、外层系统、宏观系统以及时间系统。微观系统是个体生活的直接环境，如家庭、学校，这一环境是相对不稳固的，变化的；中间系统是各个微观系统之间的联系以及相互关系，如果各微观系统之间的联系较强，且作用积极，将对儿童发展起到积极作用；而外层系统对于个体来说，并不直接，但是却对自身产生影响，例如父母的工作；宏观系统是指个体所处的大环境或亚环境，例如某区域相同的文化价值观；时间系统是时间维度，强调生态环境中的任何变化都会影响个体的发展。

（二）社会学习理论

班杜拉研究了大量儿童的社会性行为，提出了观察学习理论。他认为，人的行为是在观察学习过程中形成的。通过观察学习，在榜样示范作用下，如果观察对象行为的结果令人满意，或受到奖励，观察者就会再现这个行为；如果观察对象行为的结果不能令人满意，或受到惩罚，观察者就不会再表现出这个行为。在融合教育中，对特殊幼儿来说，正常化的环境提供了观察学习的良好范本。正常发展幼儿以及老师们的行为示范、言语示范，环境提供的象征示范（用电视、电影、舞蹈、戏剧、绘画等呈现）、参照示范，以及特殊幼儿参与幼儿园活动时的参与性示范等，为特殊幼儿的观察学习创造了机会。同时，幼儿在发展过程中通过观察学习获得了自我评价的标准和自我评价的能力，当他认为自己或榜样的行为合乎标准时就给予肯定的评价，不符合标准时则给予否定的评价，这样幼儿就能够对行为进行自我调节。特殊幼儿通过将自己直接经历的结果、观察榜样经历的结果和未预期的结果整合起来，得出行动的一般原则，进而发展起相应的行为规则，认识应当遵守的社会秩序，促进社会适应能力的发展。

（三）心理发展的多因素作用理论

个体的身心发展是遗传、环境及个体自身相互作用的结果。先天遗传给心理发展提供了可能性，后天的环境将这种可能性变为现实。两者相辅相成，在遗传与环境因素相当的情况下，真正决定人的发展的是人的主观能动性。在人类心理发展上，既有外因的影响，又有内因的作用。外因要通过内因而起作用。在特殊幼儿的教育康复中，外因能促进内因的变化，能看到在教育康复作用下特殊幼儿障碍程度得到缓解，功能得到改善，但同时，外因作用的发挥要考虑内因条件的限制。

> ## 二、教育康复与幼儿发展

特殊幼儿的教育康复也应当充分考虑环境的影响，无论是对于治疗师还是教师来说，抽离式康复都脱离了幼儿日常生活，无法起到作用。从时间上来看，由于特殊幼儿的发展条件有限，对重要经验的积累速度相对较慢，需要长时间、多次反复地参与教育康复过程。单靠抽离式的康复难以很好地解决这个问题。在实践中，治疗师与教师往往通过布置家庭练习的方式，巩固提高抽离式康复的效果，这是一个有效的解决思路，很多研究也证实了这一点。总的来说，康复需要全天候地融入幼儿的生活，独立于整体的抽离式康复效果难以保障。

从幼儿的认知角度来看，幼儿的大脑会有选择地忘记一些很久不被提及，或是重复且实用性较低的经验，对于所有人来说都是如此。学习和积累的经验与生活的联系不够明显，且幼儿自主存储并提取的频率较低，那么这些经验将很快被遗忘。实践中专业人员往往都会试图合理化地解释这些现象，常见的原因有"学生的学习刻板不灵活""迁移能力不足""认知不好，记忆力差"等。这些以幼儿为问题核心的一元式判断，往往掩盖了传统教育和康复中忽视幼儿发展与所处生态环境的联系的问题。实践中也是如此，教育康复的内容与目标要围绕幼儿发展和生态环境的联系，教幼儿想学、学了有用的经验与技能。

第四节　特殊幼儿教育康复的对象

特殊幼儿教育康复的服务对象主要是各类障碍幼儿、问题幼儿。根据功能残障的不同，可将各类障碍幼儿分为感官障碍幼儿、语言障碍幼儿、智力障碍幼儿、肢体障碍幼儿与多重障碍幼儿五类。问题幼儿是指一些有严重行为异常、情绪障碍的幼儿，如情绪行为障碍幼儿、孤独症幼儿等。需要说明的是，教育康复活动在不同类别特殊幼儿中是交叉开展的，某一类特殊幼儿可能同时需要几种康复训练，也可能几类特殊儿童都需要开展某一种康复活动。分类介绍教育康复的服务对象只是为了便于说明各类特殊幼儿的特点与教育需要。在真正实施时，是根据特殊幼儿的个别需要来开展教育康复的。

> ## 一、感官障碍幼儿

这里以听力障碍幼儿为例，对其进行介绍。

2006 年全国残疾人抽样调查将听力残疾的标准规定为:听力残疾是指人由于各种原因导致双耳不同程度的永久性听力障碍,听不到或听不清周围环境声及言语声,以致影响其日常生活和社会参与。按听力损失程度,将听力残疾分为四级:听力损失大于 90 dB HL 为一级;听力损失在 81~90 dB HL 的为二级;在 61~80 dB HL 的为三级;在 41~60 dB HL 的为四级,此标准适用于 4 岁以上人群的听力残疾评定。3 岁以内幼儿听力残疾程度为一、二、三级的定为残疾人。听力障碍幼儿往往伴有言语、语言障碍及认知能力发展迟缓等问题,需要接受特殊教育与相应的教育康复训练。

> **二、语言障碍幼儿**

语言障碍幼儿是指由于器官性损伤而造成的言语与语言障碍的幼儿,根据损伤的原因和部位,可将语言障碍幼儿分为三类:第一类是语言中枢或相应神经通路的损伤,如部分脑瘫幼儿可表现出中枢性言语障碍以及其他多种障碍症候群;第二类是发音器官的异常,如舌系带粘连、腭裂、口轮匝肌麻痹等;第三类是发音反馈校正器官的异常,如尽管发音器官发育正常,但由于先天性耳聋,得不到语音信息的反馈,从而造成语言障碍。对于语言障碍的幼儿要针对其病因,进行有针对性的治疗与教育康复训练。

> **三、智力障碍幼儿**

智力障碍幼儿又称弱智幼儿,智力障碍幼儿的鉴别标准主要包括智力水平与社会适应两方面,智力水平与社会适应能力均明显低于同龄幼儿平均水平的幼儿可诊断为智力障碍幼儿。就智商而言,通常认为:智商低于 70 的幼儿为智力障碍幼儿,其中,智商在 50~69 的为轻度智力障碍;在 20~49 的为中度智力障碍;在 20 以下的为重度智力障碍。还有的将智商在 70~85 的幼儿称为边缘智力落后。就社会适应能力而言,智力障碍幼儿的社会适应能力明显低于同龄幼儿的水平。造成智力落后的影响因素众多,主要有先天遗传因素、后天环境因素等。另外,其他类型的障碍幼儿也有可能伴有智力落后问题,如部分脑瘫幼儿、孤独症幼儿、听力障碍幼儿、情绪行为障碍幼儿等。智力障碍幼儿在有特殊教育需要的幼儿中所占的比例较高,是教育康复的主要对象。

> **四、肢体障碍幼儿**

肢体障碍幼儿是指那些由脑神经损伤、脊髓神经损伤、严重营养不良、外伤等造成的有明显肢体运动障碍的幼儿,如脑瘫、脊柱裂、脊髓损伤、肌营养不良等疾病造成的肢体残疾,肢体障碍幼儿可能拥有抓握、坐立、行走等运动障碍。在目前的特殊教育学校中,脑瘫幼儿占有较大的比例。临床上一般根据肌张力的高低和运动性质对脑瘫进行分类,如肌张力低下型、肌张力过高型(强直型和震颤型)、手足徐动型、共济失调型以及混合型。调查研究表明,多数脑瘫幼儿伴有智力障碍。对于肢体障碍幼儿尤其是脑瘫幼儿,一定要根据明确的医学诊断,制订与实施有针对性的教育康复训练计划。

五、多重障碍幼儿

多重障碍是指幼儿由于某一残疾而附带的多种障碍。例如,脑瘫幼儿主要表现为肢体运动障碍,也可伴有智力落后、情绪行为异常等多重障碍。值得注意的是,视听双重障碍(失去部分或全部视觉与听觉)不属于多重障碍,而是被归为重度障碍。对于多重残疾与多重障碍的幼儿,应对其进行全面、系统与科学的教育康复训练。

六、情绪或行为障碍幼儿

情绪或行为障碍指的是幼儿在学校情景中表现出与自身年龄、文化、道德规范不符的情绪或行为反应。该反应对幼儿的教育表现造成负面影响,包括学业、社会、职业或个人技巧;情绪或行为障碍并非对环境压力事件的暂时的、可预测的反应,而是在两个不同情景中的一贯表现,其中至少有一种与学校相关;情绪或行为障碍幼儿对一般性的教育干预无反应,或一般性的教育干预不足以解决问题;该障碍可与其他障碍同时存在,包括精神分裂症、焦虑障碍和其他类似的行为或适应障碍,这些障碍会影响幼儿的教育表现。对于情绪或行为障碍幼儿的教育与康复方法可包括进行系统的社会技能和学业技能训练、创设积极与民主的班级氛围、运用自我管理技术与团体干预技术等。

下一部分,我们将针对幼儿园融合教育中的几类特殊幼儿在教育教学中所需要的主要康复活动项目——认知功能、运动功能、语言功能康复,以及情绪行为干预和社会适应能力干预等进行详细介绍。

思考题

1.在学前段开展教育康复的目的和意义是什么?
2.教育康复的概念与基本观点?
3.教育康复的对象及其身心特征?
4.融合教育背景下教育康复的特点?

第二章

学前特殊幼儿教育康复的内容

第一节　幼儿认知能力康复

在学前期,幼儿身心迅速发展。《幼儿园教育指导纲要(试行)》中指出:"幼儿园教育应尊重幼儿的人格和权利,尊重幼儿身心发展的规律和学习特点,以游戏为基本活动,保教并重,关注个别差异,促进每个幼儿的个性发展。"遵循科学规律、按照符合幼儿心理学发展特点的相关方法为认知障碍幼儿提供康复训练,这不仅是幼儿家庭及社会关注的重要问题,也是学前融合教育工作者及科研人员义不容辞的责任。

幼儿认知能力康复是针对各类认知障碍幼儿的发展需求,有目的、有计划、有组织地对其认知发展施加影响的过程,其目的是通过教育与康复训练促进幼儿认知发展,提高其语言水平、学习能力以及适应生活的基本能力。幼儿的认知能力与言语嗓音、构音语音、语言能力、学习能力、社会交往能力的发展与提高均有着密切的关系,本节将重点对学前特殊幼儿认知能力的发展、评估与认知能力的康复等相关问题进行介绍。

> ### 一、幼儿认知能力的发展

(一)幼儿认知能力

认知是人对客观世界的认识活动。认知的本质是一种心理活动或心理过程。研究指出,幼儿的认知包括自然认知和社会认知两大方面,自然认知指对物理世界的认知,如对数字、时间、空间、因果关系的认知,对类别、序列关系的认知等。社会认知指幼儿对人的社会关系以及社会规则、道德规范的认知。本质上,幼儿初期的自然认知与社会认知的发展均属于启蒙知识的发展。如数字、时间、空间、运动、速度、因果等幼儿认知的不同领域,幼儿对这些领域的现象和事物的认知能力是由低级向高级逐步发展的,具体表现为对这些领域的知识的不断丰富和深化。

但除此以外,幼儿的一些心理活动过程也属于认知范畴。心理学家普遍认为,认知还涵盖了感知觉、注意、记忆、推理能力等内容。以注意的发展为例,新生婴儿就会对各种感觉器官的刺激做出反应,最初表现出听觉注意,其次是视觉注意,最初期的这两种注意形式大多都属于无意注意范畴。三岁以前的幼儿的注意主要是受外界刺激影响而引起的无意注意,而幼儿到了三岁以后,虽然仍然是无意注意占多数,但有意注意也开始逐渐发展。与注意的发展类似,其他心理能力的发展也经历了这种由无意识向有意识转变的趋势。

(二)幼儿认知能力的发展

对幼儿认知能力的发展研究贡献最大的是瑞士心理学家让·皮亚杰。皮亚杰提出幼儿认知能力发展的实质是适应。皮亚杰认为,幼儿的认知是在已有图式的基础上,通过同化、顺应和平衡,不断从低级向高级发展。其中图式是指幼儿对环境进行适应的认知结构。同化是指个体利用已有的图式把新的刺激纳入已有的认知结构的过程。顺应是指幼儿改变已有的图式或形成新的图式适应新刺激的认知过程,通过顺应,个体的认知能力达到新水平。平衡是指同化和顺应间的均衡。同化是图式发生量变的过程,顺应是图式发生质变的过程。

皮亚杰认为儿童的认知发展呈阶段式的变化,每一阶段的认知特点存在本质差异。皮亚杰的认知发展理论提出,认知发展可以划分为四个阶段:感觉运动阶段(从出生到2岁)、前运算阶段(2岁至6或7岁)、具体运算阶段(6或7岁至11或12岁)和形式运算阶段(11或12岁至14或15岁),每一阶段都有独特的认知结构,从而具有区别于别的阶段的质的特点。总体上,幼儿阶段的认知以具体形象思维为主,该阶段,幼儿具体形象思维占主导地位,抽象概括能力较差;童年中期(小学阶段),具体形象思维开始向抽象逻辑思维过渡;进入中学以后(14~15岁),其思维方式又产生质的变化,即抽象逻辑思维占主导地位,能运用假设命题系统地进行逻辑推理,概括认识事物的客观规律。

学龄前期,幼儿主要是处于前运算阶段。这个阶段中,幼儿学会如何通过语言符号来与外界沟通、交流,而不仅仅是通过肢体和感官,具有应用一个信号物来表示某些事物的能力。也就是说,幼儿能够凭借某种符号(如语言或心理表象,即所谓"意义所借")对外界事物加以象征化(即"意义所指")。皮亚杰认为,意义所指和意义所借的分化就是思维的发生,同时意味着符号系统开始形成。例如,这一时期的幼儿喜欢把椅子当汽车,把小床当舰艇,这实际上就是一种象征化,表明幼儿的头脑中有汽车和舰艇的表象,或者说,汽车、舰艇的表象被内化了。这个年龄的幼儿沉浸在自己假想的游戏中,是一种正常现象、一种健康的活动。这一阶段的幼儿往往把在别的地方获得的个别经验用于对当前事物的解释。他们还不能进行一般的推理,而是徘徊于一般与个别之间。由于没有一般性概念,他们常常把个别的现象硬套到另一类现象上。这一阶段幼儿的推理不是合乎逻辑的演绎,而是滥绎。

这个阶段的幼儿会表现出"自我中心"的意识,"自我中心"也是此时期的重要特征之一。该阶段的幼儿看待事物完全是从自己的角度出发,很难从别人的视角来看世界,觉得别人看到的世界和他们自己看到的是一样的,所以,有时他们会坚持认为自己的观点是正确的。从发展的年龄上来说,3 岁的幼儿能认识到别人有内心想法,别人的需要和情绪与自己的不一样;4 岁时能意识到内心世界的愿望和信念;5 岁时开始理解别人在想什么,意识到错误信念等,可以进行简单的抽象思维和推理。

随着信号功能或象征性功能的出现,幼儿可凭借象征格式进行"表征性思维"。例如,进行各种象征性游戏,用词语表示某人或某物,用一种事物代表另一种事物,从而在头脑中进行想象。此时期的发展特点是延迟模仿,学习语言,扮演游戏角色,理解图片、绘画,搭模型等,并初步依赖感知觉、表象和抽象概括的能力,但幼儿在按自己的目的和计划进行认知活动时,易受外部的影响。

此外, 在认知心理学领域,有些心理学家用信息加工的观点来解释幼儿认知及其发展。信息加工观点认为人脑可被视为类似于计算机的信息加工系统,不同年龄幼儿认知过程的内部心理机制的本质主要涉及信息是如何获得、贮存、加工和使用的。依据信息加工的相关理论,幼儿认知发展呈现出以下特征。

(1)幼儿认知发展由近及远。幼儿首先认识在时间、空间上与自身较为接近的事物,然后再逐步扩展到认识时空中与自身距离较远的事物。如幼儿最先认识一日之内的早、午、晚时序,然后再扩展到认识今天、明天、昨天的时序,再进而认识一星期内的时序及四季的时序等。

(2)幼儿认知发展由此及彼。幼儿认知事物是由局部到整体、由片面到比较全面。这一发展过程被皮亚杰学派称为从"单中心性到脱中心性"。

(3)幼儿认知发展由表及里。幼儿最初只认识事物的表面现象,以后随着年龄的增长,才认识事物的内在本质属性。如幼儿最初不能完成数量守恒任务,其中一个原因是幼儿的认知受物体空间位置排列变化的知觉属性的支配,以后才摆脱这种知觉属性的干扰,从本质上把握数量关系。

(4)幼儿认知发展由浅入深。幼儿认识一个事物,并不是一蹴而就的,而是要经历多种水平或阶段,由不知到知,由知之甚少到知之甚多地逐步向深处发展。幼儿认识各种有关自然现象的概念和社会概念都经历了这一发展过程。

强调环境影响的行为主义心理学家认为,幼儿行为的习得是由于强化而形成的刺激与反应的联结。行为主义心理学家重视教育和环境对幼儿心理发展的作用,强调环境或教育对幼儿心理的发展具有主导性作用。

> 二、幼儿认知能力的评估

认知能力评估是认知能力康复的基础和前提，高效精准的认知评估将会指导后续的认知功能训练。本节将从认知能力评估目的、评估流程、评估的主要工具和认知评估案例四个方面来详细介绍认知评估的相关内容。

心理学将能力分为一般能力与特殊能力。一般能力指认知能力，认知能力包括注意能力、观察能力、记忆能力、思维能力及想象能力；特殊能力指除一般能力之外的从事特殊任务或工作的能力，如音乐、绘画、体育等。心理学认为，一般能力（认知能力）的综合体就是智力。另外，能力与知识既有关联也有区别。首先，能力与知识所属的范畴不同，能力属于个性心理特征，知识是经验的积累与概括；第二，两者的发展速度与趋势不同，能力的提高相对较慢，随着年龄的增长，其发展趋势表现为发展、迟滞和衰退，而知识随着年龄的增长不断积累与丰富。同时，两者关系十分密切，能力在学习与训练中可以得到不断发展与提高；而知识的获得必须以一定的能力为前提。

对认知障碍幼儿进行认知能力评估的主要目的是确定幼儿目前认知能力所处的发展阶段，了解其认知发展的特点，为对其开展有针对性的认知训练，制订训练的长期目标、短期目标以及选择适当的训练手段与方法提供依据。

在认知能力评估中，通常会采用一些标准化的测验工具，而这些工具所提供的常模往往是以普通人群的测量结果为依据而制订的。因此，可将认知障碍幼儿的测验结果与相应常模进行对照，从而判断其大致处于普通人群哪个年龄阶段的认知发展水平。在认知能力评估中，不仅要关注认知障碍幼儿在完成认知任务上的成就水平，更应关注其解决问题的认知方式与过程，以便在训练过程中采取扬长避短、以长补短的训练策略。另外，通过对评估结果的分析，尽可能地对认知障碍幼儿学习、生活和有关方面的问题进行合理与科学的解释，推断其认知发展的潜能，对认知训练的效果做出合理的预期。

（一）启蒙知识评估

启蒙知识评估主要对幼儿的基本认知知识进行评估，包括颜色、图形、数字、时间、空间及物体的量，借助认知能力评估与康复训练仪软件进行评估。首次评估前，要将幼儿基本信息填写完整，明确幼儿的主要交流方式。进入正式评估后，选择"认知能力评估与康复训练仪软件"，进行"启蒙知识评估"，获得启蒙知识评估结果。

（二）五项认知能力评估

五项认知能力评估主要是对幼儿的认知能力进行评估，分别是注意力、观察力、记忆力、推理能力和分类能力。在认知测试界面,选择"认知能力评估",进入认知能力评估界面,分别进行空间次序、动作序列、目标辨认、图形推理和逻辑类比五项测试,获得认知能力评估结果。

> 三、幼儿认知能力的康复治疗

幼儿认知能力康复的主要形式是集体教学与个别化康复训练以及两者的有机结合。国内外许多研究均表明,受过早期认知训练的认知障碍幼儿在注意、观察、记忆、分类、推理以及生活适应等方面的能力均明显高于未受过训练的幼儿。

(一)认知康复治疗的整体框架

认知康复治疗的内容主要包括启蒙知识和认知能力的评估和治疗计划的制订,针对不同认知障碍类型和程度的幼儿开展启蒙知识和认知能力训练及康复效果监控与疗效评价等方面内容。主要内容框架如图2-1所示。

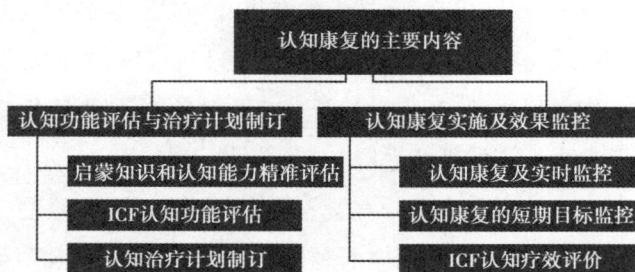

图 2-1　认知康复治疗的主要内容

认知障碍幼儿认知能力康复治疗主要包括两部分,第一部分为启蒙知识训练,具体包括:认知颜色、认知图形、认识数字、认识时间、认识空间、认识物体的量。第二部分是在基础训练的基础上,进行注意力、观察力、记忆力、推理能力、分类能力训练。本节将重点对特殊幼儿认知训练内容及方法进行介绍。

(二)启蒙知识训练

1. 认识颜色

客观世界中的事物都有一些基本属性,颜色是其中的一种重要属性。对于成长中的幼儿来说,颜色感知能力的正常发展,对他们学习与颜色相关的知识,促进其个性全面发展有着重要的意义。对于部分特殊幼儿来说,颜色感知水平的发展落后或缺陷,将严重影响其认知能力的发展以及良好个性的形成,进而造成学习落后和社会适应不良。

对特殊幼儿进行认识颜色的训练十分重要,具体的训练内容可包括:认识基本颜色(红、黄、蓝)、认识部分混合色(如绿色、紫色、橙色等);在此基础上,训练部分幼儿能区分同一种颜色的不同鲜明程度(饱和度)。训练过程应由易到难分三个步骤,即颜色的配对、指认和命名。配对是指寻找出与目标物体颜色一致的物体,指认是指能根据别人所说的颜色词寻找出对应颜色的物体,而命名是指能直接说出物体的颜色。

2. 认识图形

几何图形是对自然物体形状的抽象和概括。认识几何图形,不仅有助于幼儿辨别日常生活中的物体,发展初步的空间知觉和想象能力,而且有利于幼儿理解和掌握抽象概念,从而促进其思维发展。

特殊幼儿认识基本图形的训练按普通幼儿相应的发展规律进行,即平面图形的认知训练按圆形、正方形、三角形、长方形、梯形、图形的分割与拼合、图形对称依次进行;立体图形的认知训练按球体、正方体、长方体与圆柱体依次进行。在理解与掌握平面图形和立体图形基本特征的基础上,引导幼儿初步理解两者之间的关系。由于特殊幼儿认识图形的过程较为迟缓,因此,在训练中要针对其特点,注意调动多感官的参与。

3. 认识数字

认识数字是幼儿早期教育的一项重要内容,进行数字训练能引导幼儿感受和体验日常生活和游戏中事物的数量及其关系,学会用简单的计算方法来解答日常生活中的某些问题。由于数字本身具有抽象性的特点,因此,进行数字训练能有效促进幼儿逻辑思维能力的发展。

根据幼儿认识数字能力发展的特点,对特殊幼儿进行认识数字训练的主要内容包括:认识简单数和数运算两部分。认识简单数的训练包括:计数能力,认识序数、相邻数、奇偶数以及数的分合。数运算训练包括:10 以内的加减法、20 以内的进位加法以及 20 以内的退位减法。在特殊幼儿的训练过程中,要采用更直观的方法。

4. 认识时间

认识时间对幼儿良好生活习惯的养成与认知能力的全面发展有着重要的作用。对幼儿进行认识时间的训练,一方面,可以促进他们时间知觉的发展,加深对时序关系、时距关系、整体与部分关系的进一步理解;另一方面,也能帮助幼儿潜移默化地形成良好的生活和学习习惯。

对特殊幼儿来说,认识时间的训练内容可包括对昼夜、星期与时钟的认识。认识时间是一个难点,训练要遵循从特殊到一般、从具体到抽象的原则。

5.认识空间

空间是客观世界运动着的物质存在的基本形式,与幼儿日常生活紧密联系。幼儿学会辨认空间方位,有利于其空间知觉的发展,增进处理日常生活中问题的能力。

在日常生活中,当我们描述某物体时,首先会指明该物体的位置,这就必须说明其与周围其他事物之间的空间关系,要说明物体的空间关系,必须借助参照物,如该物体与参照物之间的距离以及相对方位等。

在特殊幼儿的训练中,应根据幼儿空间能力发展的特点,训练内容可包括:以自身为参照辨别上下、左右和前后;以客体为参照辨别上下、左右和里外。认识空间的相对性是训练中的一个重点与难点,应采用各种方式来帮助幼儿特别是特殊幼儿逐步建立正确的空间概念。

6.认识物体的量

物体的量是事物所具有的可做比较或测定其异同的一种属性,如测定和比较两物体或多物体的大小、长短、轻重等。随着年龄的增长,幼儿才能逐渐对差异不太明显的物体量进行认识和区分,即对物体量区别的精确性有所提高。人们认识与区别物体是通过比较与测量物体量来完成的,对于幼儿来说,最初是通过对两个物体量的比较,来感知物体之间的差异。例如,通过比较,幼儿会发现两根绳子的材料与粗细都一样。在此基础上逐渐发展到对三个或更多物体量的比较,并在比较中逐步理解量的相对性;学前幼儿虽然能理解与意识到物体量的意义,但有时还不能用准确的语言来表达。

根据幼儿认识物体量的发展特点,对特殊幼儿进行认识物体量的训练主要包括:认识大小、认识长短、认识粗细、认识轻重。在进度上,从比较两个物体的量,过渡到比较三个或更多物体的量。

(三)五项认知能力训练

1.注意力训练

心理学认为注意具有注意稳定性、注意广度、注意分配和注意转移四个特征。注意稳定性是指在同一对象或同一活动上注意所能持续的时间,注意广度是指在同一时间内能清楚地把握的对象的数量,注意分配是指在同一时间内把注意指向不同的对象,注意的转移是指根据新的任务主动地把注意从一个对象转移到另一个对象或由一种活动转移到另一种活动。从有无意志参与的角度上分,心理学将注意分为无意注意、有意注意和有意后注意三种。无意注意是指不需要意志参与的注意;有意注意是指需要意志参与的注意;有意后注意是指事前有一定的目的,但不需要意志努力的注意。

在日常学习与生活中,我们会发现注意水平的个体差异很大。对于普通幼儿而言,注意的发展有一定的规律。人接受信息主要是通过视觉与听觉来实现的。因此,我们将特殊幼儿的注意力训练分为视注意训练、听注意训练和视听结合的注意训练。训练的主要目的是发展幼儿的有意注意,提高幼儿注意的稳定性以及分配与转移能力,从而促进其认知能力的全面发展。

2. 观察力训练

观察是一种有目的、有计划、较持久的知觉过程,是知觉的高级形态。观察力是指个体在一组信息中发现关键信息的能力,它与注意力、记忆力、想象力、思维能力密切相关,是构成智力的要素之一。观察力敏锐的个体能够快速搜索信息,发现别人难以发现的细节,易于把握事物的本质特征,从而为解决问题获得更多更有用的线索。因此,观察力的培养对幼儿认识世界具有重要的意义。

我们对特殊幼儿观察力的训练主要包括:特征观察法、顺序观察法与视觉分割观察法。通过观察力训练,培养幼儿观察的目的性、提高观察的持久性和概括性、帮助幼儿习得一定的观察策略。

3. 记忆力训练

记忆是人脑对过去经验的保持和再现。记忆过程包括四个基本环节,即识记、保持、再认和回忆。识记是识别和记住事物,保持是将已获得的知识或经验巩固与保留在大脑中,再认是指过去经历过的事物再度出现时,能将它指认出来,回忆是指过去经历过的事物不在面前,但能将它重新回想出来。从信息加工的观点看,记忆可分为对输入信息的编码、储存与提取三个阶段。认知心理学将记忆分成感觉记忆、短时记忆与长时记忆。记忆对人们感知世界与认识世界有着重要意义。

研究与实践均表明,对特殊幼儿进行记忆策略训练能有效提高其记忆能力。记忆策略训练的内容包括:复述策略、排序策略与联想策略。其中,复述是一种最常用也很重要的记忆策略,它能加深信息在大脑中的痕迹,促使信息从短时记忆转入长时记忆。复述策略训练的常用形式是讲故事,即要求幼儿理解并记住故事的详细信息或主要信息,能正确回答与故事内容相关的问题,形成有意识复述故事的习惯。排序策略是指能根据刺激呈现的规律进行信息编码,从而能按此编码提取信息。在记忆力训练中,要引导幼儿努力发现事物排列的规律,并有意识地按照这种规律进行记忆。联想策略是指对一些看似杂乱无章和无意义的刺激进行梳理,通过联想赋予其意义后进行记忆。具体地说,联想就是根据需要记忆的内容,产生一个系列情景,用一句或一段话来描述这一情景,并产生鲜明、生动的相应表象。记忆力训练可增强幼儿对事件结构、程式、心理地图以及类别关系的知识与认知。

4. 推理能力训练

推理是一种高级思维活动,即在已有知识的基础上,由一个或几个已知条件推出一个新的判断的科学思维过程。任何推理都是由前提与结论组成,进行推理时所根据的已知条件是推理的前提,从前提通过推理得到的新的判断是结论。推理能力随着幼儿年龄的增长逐步发展,7 岁以上幼儿的各项推理能力开始较快地发展。

特殊幼儿(轻度智力障碍、听觉障碍和学习困难幼儿等)由于其智力、听力及其他功能的障碍,其推理能力较正常幼儿明显落后。鉴于推理能力的重要性,教师和家长应重视对特殊幼儿进行有针对性的推理能力训练,帮助其获得一定的推理能力。特殊幼儿推理能力的训练主要包括传递性推理能力、序列推理能力以及类比推理能力,其中传递性推理是指由两个以上具有传递关系的判断构成的推理,例如,由 A>B,B>C,推出 A>C,这是最基本的推理能力;序列是客体按某种规律的排列,它是个体依据序列所蕴含的时间、空间、类别、数量、因果等关系做出相应位置排列的推论;类比推理是根据两个或两类事物之间的某种关系,推出另外两个或两类事物之间也可能具有类似关系的一种逻辑思维的方法,类比推理是人类思维的一种基本方式。

5. 分类能力训练

属性相同的事物可共同组成一个群集,称为类。分类就是将具有相同或相似属性的事物归并在一起,其过程要求个体对拟分类的材料进行比较、抽象和概括。分类能力是一种整合个别刺激的同时性加工过程,它是形成概念的基础。通过分类训练,能促进幼儿比较、分析、综合等思维能力的发展,对于幼儿数学能力、语言能力的发展具有重要意义。

分类能力随着幼儿年龄的增长逐步发展,特殊幼儿(轻中度智力障碍、听觉障碍、学习困难等幼儿)的分类能力相对落后,但选择任务难度适当的材料,对其进行有针对性的分类能力训练,同样能有效促进其认知水平的全面发展。我们对特殊幼儿分类能力的训练主要包括:按物体的外部特征、功用及内部属性进行分类、类相乘分类和异类鉴别。其中,物体的外部特征是物体最直观的物理属性,例如物体的大小、形状、颜色等。物体的另一属性是功用。物体的内部属性是指物体所属的类别,以苹果和辣椒为例,苹果是水果的下位概念,辣椒是蔬菜的下位概念,而水果与蔬菜又是食物的下位概念。幼儿对概念的理解与掌握过程就是一个不断构建相应上下位概念网络层次的过程。类相乘分类是指同时从两个维度出发,将对象进行分类。在类相乘任务训练中,让幼儿逐步意识或理解要完成类相乘任务需从两个维度去思考。异类鉴别是一种特殊的分类形式,要求幼儿在目标对象中找出不同于其他项目的一个对象。从某种意义上说,异类鉴别可以从更高水平上考察幼儿分类的能力。

思考题

1.简述幼儿认知能力的发展过程。

2.简述特殊幼儿认知能力康复治疗的主要内容。

第二节　言语与语言康复

《幼儿园教育指导纲要》明确要求:"对有语言障碍的儿童要给予特别关注,积极地帮助他们提高语言能力。"儿童的语言障碍又称儿童的语言发展迟缓,指"儿童在早期语言获得过程中出现了发展性的异常现象"。在进行儿童语言康复的过程中要先理清楚沟通、语言与言语的相关概念和关系。

> **一、沟通、语言与言语**

(一) 沟通

沟通是指人与人之间利用各种媒介进行信息交换的过程。沟通的媒介包括:语言沟通和语言之外的要素。语言沟通又包括:口语、书面语和手势语;语言之外的要素包括:副语言、非语言和后设语言。沟通存在于我们生活中的方方面面,所包含的范围非常广。人们交流思想、传递信息和传递情感等都属于沟通的范畴。沟通包括口语沟通和非口语沟通。

1.口语沟通行为

口语沟通行为是指用口语进行一项沟通行为或者表达训练项目中的某项内容。

2.非口语沟通行为

非口语沟通行为是指用动作、眼神、表情等非口语的形式进行一项沟通行为或者表达训练项目中的某项内容。非口语沟通行为包括副语言、非语言和后设语言。副语言是在口语信息当中通过声音附加信息,包括音长、音高、时长、音调、响度来传递信息的过程。例如,用不同的音量、声调、语调、速度、流畅性、停顿等说"你真坏""你说呢?""我理解你""老修不好"可以传递出不同的信息。非语言是通过身体的手势、动作、表情、眼神等去传递信息的一种沟通媒介。例如,用"点头"表示肯定,"摇头"表示否定,"招手"表示过来,"摆手"表示再见等。在生活中,副语言和非语言在语言沟通中占有重要的地位,如果没有副语言和非语言的参与,语言沟通会变得平淡无奇,且容易产生歧义。后设语言是用语言分析语言的过程,对自己的语言进行监控。例如,在沟通时,说者与听者如果说出或听到音韵错误的词汇,语意谬误、语法不正确或是不合乎语用规则的话语,马上就会觉察到并做修正或是思考是否有其他含义,这就是后设语言的作用。如:"苹果"——"pīng duǒ"——"píng guǒ""自从有了互联网,我们的工作就变得事倍功半——(事半功倍)"。沟通是个体生存最基本、最重要的要素,它存在于个体间也存在于个体内。

(二)语言

语言是一种作为社会交际工具的符号系统。语言是一套人类社会中约定俗成的有规律的符号系统,是将声音、文字、手势动作及其他符号以系统化方式赋予意义的认知、表征系统。语言能力包括对信息的接受(理解)和运用(表达)的能力。语言包括语音、词汇、语法和语用。语音,即语言的物质外壳,是语言的外部形式,是最直接地记录人的思维活动的符号体系。它是人的发音器官发出的具有一定社会意义的声音。语音的物理基础主要有音高、音强、音长、音色,这也是构成语音的四要素。词汇,又称语汇,是一种语言里所有的(或特定范围的)词和固定短语的总和。语法,是研究词和词、词和词组组合规则的一种方式,是语言的结构方式,包括词的构成和变化、词组和句子的组织。语用,即语言的使用,即语言在一定情景中通过符合社会规则的方式进行使用的过程。

语言从要素上可以分为形式、内容和使用。语言的形式包括音韵、构词和语法。音韵主要是指语言系统中的语音层面,包含:在语言系统中应用的所有个别语音,以及词汇发音的基本规则,或是语音结合、排序形成词汇的规则,亦即声母与韵母结合的规则。例如,饭:"f+àn＝fàn"。构词主要是指词汇组成的规则,或是指语言中最小的有意义单位词素的应用规则,例如"桌椅"—"桌""椅"。语法主要是指词汇与词汇结合形成有意义的短语、句子的词序安排规则,例如"小猫吃鱼"——"鱼吃小猫",不同的词序排列规则,所表达的意思完全不同。内容即为语意,主要指语言系统中的意义,包括词汇及句子的意义。使用即为语用,主要是指在不同沟通情景中掌控语言使用及功能的社会规则,涉及如何以符合社会规范或约定俗成的方式使用语言与人对话、交谈、沟通,例如,问:"你吃饭了吗?"答:"关你什么事。"

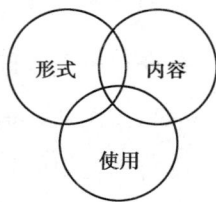

图 2-2　语言的形式、
内容与使用

(三)言语

言语是有声语言形成的过程,是在中枢神经系统控制下,通过周围发音器官而完成的。它是以特定的神经肌肉动作协调,产生不同的发声、发音类型,将语言表达出来的一种方式。言语的产生过程包括呼吸、发声、共鸣、构音和语音。言语康复的目标是清晰地、流畅地、有韵律感地发音。

沟通、语言及言语之间的区别和关系。语言是思维的外壳,是人类社会中约定俗成的符号系统,人们通过应用这些符号达到交流的目的。其表现包括符号的运用(表达)和接收(理解)。言语是表达语言思维的一种方式,是口语形成的生理过程,是神经和肌肉组织参与的发声器官机械运动的过程。沟通包括语言和语言之外的要素,语言包含了口语、书面语和手势语,语言之外的要素包括副语言、非语言和后设语言。语言和言语康复的最终目的是实现更好的沟通。

＞　二、言语和语言功能的评估

言语和语言功能的评估主要是围绕着言语和语言的相关概念进行,包括听觉功能的评估、言语(呼吸、发声、共鸣、构音、语音)的评估、语言(语言理解和语言表达)的评估。

(一)听觉功能评估

听觉功能评估是指对幼儿听觉能力进行评估的过程,听觉是通过听觉器官感知声音的能力,听觉是后天的,跟人的心理与认知相关。其训练的主要对象为听力障碍幼儿。另外,智力发育迟缓、脑性瘫痪、自闭症、语言发育迟缓等幼儿均可能伴有听力障碍。根据听觉功能发展的四阶段理论,即听觉察知、听觉分辨、听觉识别和听觉理解,听觉功能评估的主要内容与目的如下:听觉察知的评估主要是让幼儿判断声音的有无;听觉分辨的评估主要是让幼儿判断声音相同还是不同;听觉识别的评估主要是考察幼儿把握声音主要特性的能力;听觉理解的评估主要是考察幼儿语音和语义结合的能力。通过评估,可以确定幼儿的听力障碍类型、性质及程度等,为制订合理的康复方案提供依据。

1. 听觉察知能力的评估

听觉察知能力评估主要是考察幼儿关注声音意识的能力。具体包括两个部分。

无意察知能力评估:无意察知是幼儿聆听意识形成的前期阶段。在听的过程中,幼儿事先没有目的,也不需要任何意志参与。该阶段评估主要以评估者的观察为主。一般是在幼儿不经意的状态下给出声音刺激,观察幼儿是否能察觉到声音。声音刺激主要包括：低频音、中频音和高频音的乐器声，主频明确的滤波复合音，窄带噪声等。滤波复合音是指通过滤波器对复合音进行处理，保留该声音最主要的频段，以达到既能突出声音的频率特性，又能保留原有声音特征的目的。窄带噪声是指将白噪声（所有频率具有相同能量的随机噪声）经过带通滤波器滤波后形成的某一频段的噪声。无意察知能力的评估工具主要使用主频明确的乐器，涵盖低、中、高各频段，如鼓（250~500 Hz）、双响筒（1 000~2 000 Hz）、锣（3 000~4 000 Hz）等。

有意察知能力评估：有意察知是幼儿初步具有聆听意识的表现，幼儿事先有预定的目的，并需要一定的意志参与。该阶段评估主要是在幼儿和评估者的互动中完成。评估者在提醒幼儿注意的情况下给出声音刺激，观察患者是否能察觉到声音。有意察知能力的评估工具主要有两类：一是主频特征明确的林氏五音/m/、/u/、/a/、/sh/、/s/及卡片；二是可以控制声音强度的专用设备，如便携式听觉评估仪、听觉评估导航仪，其中采用的声音主要包括啭音、窄带噪声和滤波符合音三种。啭音是指纯音信号在某一中心频率处发生音调高低的连续周期性变化的调频音，听起来像警车的声音。应用啭音有以下优点：一是啭音有较好的频率特性；二是啭音更能引人注意，能提高幼儿对声音的兴趣；三是啭音可减少驻波的产生，降低环境对测试的影响。

一般而言，在进行听觉察知能力评估时，如果幼儿对声音没有明显的反应，则从无意察知开始；如果幼儿对声音有一定的反应，则从有意察知开始进行评估。

2. 听觉分辨能力的评估

听觉分辨能力评估主要是考察幼儿能否分辨不同的声音，即分辨声音声学特性的能力。进行评估时，由评估者给出两个具有相同或不同声学特性（如时长、强度、频率、语速等）的声音，要求幼儿判断声音相同还是不同。评估时，由评估者拿着评估卡片并发出两种声音，让幼儿根据声音指出对应的卡片，评估内容包括幼儿对时长、语速、强度、频率四方面感知的评估。时长评估包括不同时长的单元音和不同音节的词语，其中单元音主要选择不同时长的/a/，词语则选择单音节、双音节和三音节等不同音节数的词语；语速评估也包括单元音和词语，单元音同样选择/a/，词语则选择幼儿易理解的名词或动词；强度评估同样包括单元音和词语，图片中物体形状的大小与声音强度的大小相对应，如大猫和小猫分别表示大声和小声等，幼儿需要根据声音的强度指出相应的图片；频率评估包括音调、语调和声调三部分，其中音调包括升调、降调和平调以及不同的音高，语调主要包括高兴和不高兴两种，声调则包括汉语的 4 个声调。

3. 听觉识别能力的评估

听觉识别能力评估主要是考察幼儿把握声音的整体特征并识别出声音的能力。

进行该项评估时,一般是由评估者给出一种声音刺激,要求幼儿在多个图片或实物选项中挑出与目标音对应的选项。听觉识别能力评估主要通过最小音位对比识别能力评估完成。

我们采用的最小音位对比识别能力评估工具为华东师范大学刘巧云等研发的《儿童音位对比式识别能力评估》词表。该词表将仅存在单维度差异的声母音位对(共87对)和韵母音位对(共92对)作为识别材料,可全面细致地考察幼儿音位对比的识别能力。

4.听觉理解能力评估

听觉理解能力评估主要是考察幼儿将音和义结合起来的能力,即幼儿是否理解声音的意义。听觉理解能力评估分为词语理解和短文理解两个部分,其中词语理解已有比较成熟的评估工具,而短文理解由于其复杂性,目前暂无统一的评估工具。下面仅对词语理解的评估工具进行简要介绍。

目前,词语理解能力的评估主要采用《儿童听觉理解能力评估》词表。该词表包括无条件词语、单条件和双条件短语。无条件词语是指不具有其他修饰或说明意义的单独词语,如眼睛、苹果等。训练中选用的词语主要为日常生活中常见的名词、动词和形容词。单条件短语是指在短语中具有一个修饰或说明意义的词语,如红色的苹果(红苹果)等。其中,红色的是形容词,起到说明与修饰苹果的作用。双条件短语是指在短语中具有两个修饰或说明意义的词语,如红色的大苹果等。其中,"红色的"与"大"均是形容词,起到说明与修饰苹果的作用。

(二)言语功能评估

言语功能是用声音来进行的口语交流,即人类说话的能力,是语言的主要内容,是人类运用语言的过程。言语的形成,主要是由肺部喷出气体,经气管进入声道,形成声音。声道包括喉、声带、咽、舌、软腭、硬腭、牙和唇。言语的产生过程主要涉及三大系统及五个功能版块。三大系统是指呼吸系统、发声系统和共鸣系统。五个功能版块主要是指呼吸、发声、共鸣、构音和语音。言语功能的评估内容就是针对这五个功能版块进行。

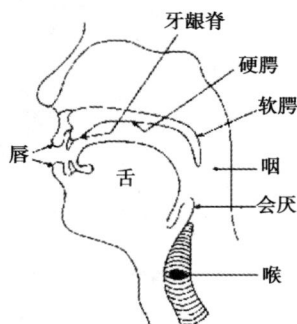

图2-3　人体发声结构

1.呼吸功能的评估

呼吸系统的功能是指吸入新鲜空气,通过肺泡内的气体进行交换,使血液得到氧并排出二氧化碳,从而维持正常人体的新陈代谢。我们通常将呼吸分为生理呼吸和言语呼吸,生理呼吸即维持生命体征的呼吸功能,言语呼吸是在生理呼吸的基础上,支持言语发声发音的基础,是言语产生的动力源。在言语过程中,需要瞬间吸入大量的气体并维持平稳的呼气,这种呼吸协调过程要求呼气运动与吸气运动之间相互协同和拮抗。常见的呼吸方式包括胸式呼吸和腹式呼吸:胸式呼吸是呼吸时以肋间肌群的舒缩活动为主,引起胸部的起伏明显;腹式呼吸是呼吸时以膈肌舒缩活动为主,引起腹腔内器官位移,造成了腹部的起伏。呼吸障碍在临床上的主要表现为:呼吸方式异常(如胸式呼吸)、呼吸支持不足(如说话声音小、句子短)、呼吸与发声不协调(起音方式异常,如硬起音、软起音、吸气时发声)等。呼吸障碍的评估主要可以分为:主观评估和客观测量。主观评估的方法是通过呼吸时触摸胸腹部的起伏,判断呼吸方式是否正常。客观测量主要是通过最长声时进行。最长声时是指一个人在深吸气后,持续发单韵母/ɑ/的最长时间。最长声时是对呼吸功能评估的重要数据,如果出现异常就说明患者呼吸功能存在问题,如呼吸方式异常、呼吸支持不足等。

表 2-1　中国人最长声时的参考标准(单位:秒)

年龄	男	女	年龄	男	女
4	1.7 ~ 6.1	1.3 ~ 6.1	11	9.9 ~ 13.1	9.6 ~ 14.8
5	4.1 ~ 6.5	4.1 ~ 6.1	12	10.8 ~ 14.8	9.6 ~ 14.8
6	6.4 ~ 8.4	5.9 ~ 7.9	13	11.3 ~ 17.7	10.6 ~ 17.0
7	7.7 ~ 10.9	7.7 ~ 10.1	14	10.7 ~ 22.7	11.5 ~ 19.1
8	7.4 ~ 13.4	7.7 ~ 11.7	15	11.8 ~ 23.8	10.2 ~ 22.6
9	8.4 ~ 14.0	9.0 ~ 12.6	16	20.2 ~ 27.4	14.6 ~ 19.0
10	8.8 ~ 15.6	8.4 ~ 14.4	17	21.2 ~ 30.0	14.5 ~ 18.9
			18 ~ 40	22.4 ~ 27.2	14.8 ~ 18.4

2. 发声功能的评估

发声功能的评估是对特殊幼儿在发声过程中发声系统是否异常进行的评估。发声系统是指声带言语发音器官的一部分,主要作用是声带振动:肺呼出的气流经过气管通过喉部时,处于喉部的声带可在气流的作用下产生振动,发出声音。发声系统的主要器官是喉咙和声带。发声系统是言语产生的振动源,它有三种功能:其一,气流形成的声门下压作用于声带,使两侧声带边缘在靠近到一定程度时产生振动,发出浊音;其二,开启声带,发出清音;其三,作为发声系统的重要组成部分,为构音系统提供了必要的声学能量。发声障碍的临床表现主要表现为:音调异常(如音调过高、过低或者单一)、响度异常(如响度过大、过小或单一)、音质异常(如声音嘶哑、粗糙、带气息声)。发声功能的评估主要可以分为主观评估和客观测量:主观评估可以通过听觉感知来进行评估,如采用音乐辅助法来评估音调;在客观方面音调评估可以采用言语基频测量,响度评估可以使用言语响度测量,音质评估可以使用电声门图测量,常见的设备包括实时言语测量仪、喉功能检测仪、电声门图仪等。

3. 共鸣功能的评估

共鸣功能的评估是对特殊幼儿在发声过程中共鸣系统是否出现异常进行评估。共鸣系统是舌、唇、软腭等共鸣器官协调运动产生言语聚焦,从而形成不同的共鸣,常见的共鸣包括口腔共鸣和鼻腔共鸣。共鸣系统是言语产生的共鸣腔。共鸣腔主要是由咽腔、口腔、鼻腔及其附属器官所组成的,当声源通过咽腔、口腔、鼻腔时,会产生不同的共鸣,从而形成不同音色的言语。共鸣障碍的主要临床表现为:口腔共鸣异常(前位聚焦、后位聚焦和喉位聚焦)、鼻腔共鸣异常(鼻音功能亢进和鼻音功能低下)。针对共鸣障碍的评估主要可以分为主观评估和客观测量。口腔共鸣异常的主观评估主要采用韵母音位和声母音位的主观听觉感知评估。以韵母音位的主观评估为例:/i/的舌位最高、最靠前,若发这个音的时候,仍能感觉舌位靠后,说明患者可能存在后位聚焦问题;/u/的舌位也是最高的,但其最靠后,若发这个音的时候,仍能感觉舌位靠前、声音单薄,说明患者可能存在前位聚焦问题;/ɑ/的舌位最低,处于水平轴的中央位置,若发音时感觉舌位过于靠下,声音像埋在喉咙里,则说明患者可能存在喉位聚焦问题。客观测量则是利用专门的仪器设备对汉语核心韵母ɑ、i、u的共振峰进行测量。鼻腔共鸣异常的评估也可以采用主观评估和客观测量。主观评估也是通过听觉感知对幼儿的鼻音功能进行评价,如采用具有或不具有鼻辅音的语料,通过捏鼻和不捏鼻进行感知鼻音功能。客观测量主要是采用鼻流量检测的方法。

4. 构音功能的评估

构音系统由口腔、鼻腔、咽腔及其附属器官所组成,其中最主要的构音器官是下颌、唇、舌、软腭,四者又称口部结构,它们各自的灵活运动以及彼此间的协调运动是产生清晰语音的基础。构音障碍是指由于构音器官的运动异常、协调运动障碍,或未能理解及掌握构音音位所需的特定运动,而导致构音不清(即声韵调异常)的现象,从而影响言语的可懂度。构音功能评估内容包括口部运动功能评估和构音语音能力评估两部分,构音功能评估包括口部运动功能评估和构音语音能力评估两部分,每部分又包括主观评估和客观测量。口部运动功能评估的主观评估主要是评估下颌、唇、舌在静止状态及不同运动状态下的能力,其客观测量主要有下颌距、舌距、舌域图、口腔轮替运动速率和声道形状监测等。构音语音能力评估的主观评估主要采用黄昭鸣构音50词词表,客观测量主要包括清浊音检测、浊音鉴别、清音鉴别等。

5.语音功能的评估

语音是在构音的基础上,将单个音节按特定的次序或组合连接起来,形成有意义的句子。训练并提高幼儿在句中连续而清晰地发音的能力,是他们语言发展的坚实基础。语音的产生是以构音清晰、准确为前提的,构音器官各自的灵活运动及之间的协调运动是产生连续语音的必要条件。语音功能的评估一般是指利用特定的材料,对幼儿发出连续语音的清晰度进行评价。通过复述一篇短文,进行字清晰度、句清晰度和连续语音清晰度的计算。

字清晰度=(单字目标音正确个数/目标音总个数)×100%

句清晰度=(句中目标音正确个数/目标音总个数)×100%

连续语音清晰度=(句清晰度/字清晰度)×100%

(三)语言能力评估

智力发育迟缓、脑性瘫痪、自闭症、听力障碍等幼儿均可能伴有语言障碍,因此语言障碍的评估也有非常重要的作用。就目前而言,对语言能力的评估测量方法大体分为三类,即筛查法、标准化测试及非标准化测试法。筛查法是指采用一些较为简单、快捷的方式来评价幼儿语言能力发展的大致状况的一种方法。标准化测试是指采用一些标准化测试工具对幼儿语言能力进行测量评估。非标准化测试是指在自然环境下,采集幼儿的语言样本,通过样本分析来评价幼儿的语言能力,非标准化测试具有较高的生态效度。

语言能力的评估包括四个维度,即评估幼儿在语音、语义、语法、语用方面是否存在异常。语言能力评估的主要内容包括语音能力、词汇-语义能力、语法能力以及语用能力。根据评估内容及幼儿语言发展水平,经常从四方面进行语言能力评估,即基本沟通能力、词语理解与表达能力、句子理解与表达能力、语言综合运用能力评估。

1.基本沟通能力评估

基本沟通能力评估主要考察幼儿对环境中的非言语声、表情、手势动作等有无反应,以及是否会用这些方式表达自己的需求、想法等。例如,当听到有人喊自己的名字时,是否会微笑或转头,会不会跟人挥手等。这些是非常基本的沟通技能,正常幼儿能在学会第一个有意义的词之前,具备这些基本的沟通技能。而某些语言障碍幼儿往往存在基本沟通障碍。例如,自闭症幼儿对于他人的语言和行为并无积极反应。因此基本沟通能力评估也是语言能力评估的重要内容,对入园的特殊幼儿,我们通过游戏观察和活动引导进行该项能力评估。

2. 词语理解与表达能力评估

词语理解与表达能力评估是语言能力评估的重要组成部分。主要的评估工具有刘巧云编制的《汉语普通话儿童语言阶梯式评估》,该测验可用于评估 2～4 岁幼儿的词语理解能力,适用于智力落后、听力障碍等特殊幼儿早期语言障碍的辅助筛查。该测验包括 2 道例题,40 道正式测题,其中测试名词的有 23 题,动词 12 题,形容词 2 题。测验以软件形式呈现,施测形式为听词指图。在评估词语理解与表达能力时,主要包括常用的核心名词、核心动词和核心形容词。

此外,还通过美国学者邓恩父子 2007 年修订的皮博迪图片词汇测验第四版对 2 岁 6 个月及以上幼儿的词汇理解能力进行评估,其具有标准化的可参照常模。PPVT-4 分为 A 、B 两册,每册均由 228 道测试题目组成。测试时,受试者只需根据目标词从 4 幅图片组成的图卡上进行指认即可。PPVT-4 具有较高的信效度,且施测简便,评分客观快速,但形式较为单一。

3. 句子理解与表达能力评估

句子是语言运用的基本单位,是由词和词组构成的、能够表达完整意思的语言单位。句子的评估主要分为句子理解和句子表达。句子理解和表达的评估较为复杂,对于特殊幼儿尤其是有语言障碍的幼儿来说,我们结合实际需求,主要考察幼儿是否能理解和表达最常用的一些句子。例如,刘巧云、王珩超用句式仿说的方式考察幼儿句子理解与表达能力。同时句子的理解与表达是在词语理解与表达能力达到一定程度时才得以实现的,它不仅考察幼儿对句子含义的理解,同时也考察幼儿对句式及语法的理解与使用。

4. 语言综合运用能力评估

语言综合运用能力主要是语言能力的最高阶段,是评价幼儿语言能力的重要指标,我们一般通过谈话和叙事来评价幼儿语言综合运用的能力。谈话是指两个或两个以上的人就某一主题进行的交谈。谈话是人们最常采用的语言交流方式,也是幼儿沟通能力发展的重要途径。谈话包括谈话的发起、谈话过程中的应答和轮流、谈话主题的深入与转换、谈话的总结和结束等要素。谈话的评估主要考察幼儿对这些关键要素的把握和表现。叙事是一种脱离语境而进行的有组织的语言表达。叙述者需要启动记忆系统中与叙述主题相关的知识、选择适当的词语或句子来表达、关注幼儿的注意力和感受等。叙事包括口语叙事和书面语叙事。我们经常采用的形式是口语叙事,即让幼儿讲述一段故事,然后转录所有内容,并对叙事过程中的平均句长、词汇量等进行记录与统计。

> 三、言语与语言能力的康复

(一)听觉康复

听觉康复是指对听力障碍者进行科学的听力补偿与重建,再全面系统地评估,然后制订和执行个别化康复方案,同时进行监控的过程。

听觉康复的目标:使听力障碍者"听清、听懂",使他们的交流困难最小化,并减轻交流困难带给他们的痛苦。听觉功能包括四个阶段:听觉察知、听觉分辨、听觉识别、听觉理解。

表2-2 听觉功能四个阶段

	内涵	作用
听觉察知	感知声音的有无,有意识聆听声音	提高听觉反应速度,增强听觉敏感性
听觉分辨	判断声音的异同,区分不同的声音	大脑真正认识声音的开始,学会比较
听觉识别	指出已知的声音,明确声音的特性	分析细节的差异,并整合为总体的特征
听觉理解	实现音义的结合,形成声音的概念	听、视觉与动觉等能力的整合

1.听觉察知能力训练

听觉察知能力是人们感觉到声音的存在并做出准确反应的能力,是最基本的听觉功能发展水平。该阶段是听力和听觉连结的阶段,是听觉感知实现从无到有的质的飞跃阶段。目的在于考察和提高幼儿有意识地判断声音有无的能力。

听觉察知的训练主要分为无意察知训练和有意察知训练。

(1)无意察知训练:无意察知是聆听意识形成的前期阶段,这一阶段主要通过新颖、节奏感强的声音激发幼儿对声音产生兴趣。

(2)有意察知训练:有意察知是聆听意识形成的重要阶段,这一阶段的核心目标是让幼儿能够对不同频率、不同强度的声音做出有意识的反应。

2.听觉分辨能力训练

听觉分辨能力是指人们在具备了听觉察知技能的基础上,对声信息的时长、语速、强度、频率的差异正常辨别的能力。听觉分辨能力的训练主要是区分声音异同,发展幼儿利用超音段线索进行分辨的能力。

听觉分辨能力的训练主要包括综合分辨训练和精细分辨训练。

（1）综合分辨训练：综合分辨能力的训练是指对多维度差异语音分辨的训练。该阶段选择的材料无论在时长、强度还是频率方面差异都较大，幼儿只要能抓住其中一个维度的差异即可区分两者的不同。

（2）精细分辨训练：精细分辨能力训练是指对在时长、强度、频率、语速等方面仅有一个主要维度存在差异的语音进行分辨的训练。

3.听觉识别能力训练

听觉识别能力是将刺激声和发声物体进行匹配、掌握语音的多种特性的能力，它是反映个体听觉能力的重要依据。

听觉识别能力的训练主要包括词语识别训练和音位识别训练。

（1）词语识别训练：词语识别能力训练将帮助幼儿尽可能清晰地聆听日常生活中的词语。包括单音节词、双音节词的识别训练。

（2）音位识别训练：音位识别能力训练将帮助幼儿清晰地识别含音位对的词语。主要包括韵母音位对比识别（92 对）和声母音位对比识别（87 对）。难易程度上可以分为"容易""稍难""较难""很难"。

4.听觉理解能力训练

听觉理解能力是在分析并整合声音特性的基础上，能将声音特性与语言、认知等结合起来，理解意义甚至能做出联想和反馈。它是听觉能力发展的最高阶段。听觉理解能力训练考察和提高幼儿音和义结合的能力，使幼儿能真正懂得声音的意义。

听觉理解能力的训练主要包括词语理解训练和短文理解训练。

（1）词语理解训练：词语理解训练是要幼儿学习大量词语，在基本概念成熟的基础上，多方位地理解词语的内容，不经过事先的聆听直接根据图片的内容选出目标词语。主要包括单条件词语理解、双条件词语理解、三条件词语理解。

（2）短文理解训练：短文理解旨在训练幼儿理解篇章内容的能力。主要包括情景对话、故事问答和故事复述。

①情景对话。根据设定的情境，激发幼儿产生符合情境内容的对话，以提高幼儿在情景对话中的听觉理解和表达的能力，使幼儿能在真实情境中展开拓展性对话，锻炼幼儿的口语表达能力。

②故事问答。通过提问故事的细节，以训练幼儿把握和理解短文关键信息的能力，以此检验幼儿的听觉理解能力。还可以适当地提一些开放性问题，以促进幼儿创

造性想象力的发展。

③故事复述。训练幼儿通过听觉理解、记忆故事并能进行流利清晰复述的能力,有助于增强幼儿自觉的有意记忆,提高其连贯性语言的表达能力。

(二)言语矫治

言语矫治主要是针对特殊需求幼儿在言语产生过程中所出现的障碍进行矫治,言语矫治以促进治疗法为主,包括呼吸障碍的矫治、发声障碍的矫治、共鸣障碍的矫治等,构音障碍和语音障碍主要采用口部运动治疗、构音语音运动治疗的方法。

1. 呼吸障碍的矫治

呼吸障碍的临床表现主要包括:呼吸方式异常(如胸式呼吸);呼吸支持不足(如说话声音小,句长短);呼吸与发声不协调(如说话一字一顿);起音方式异常(如硬起音、软起音、吸气时发声)。

针对呼吸障碍首先要调整呼吸的方式,通过生理腹式呼吸训练来进行呼吸方式的调整。呼吸支持不足的矫治方法主要有:快速用力呼气法、缓慢平稳呼气法和逐字增加句长法。针对起音方式异常的矫治主要有:唱音法、哼音法、气息式发音法和甩臂后推法。

2. 发声障碍的矫治

发声障碍的临床表现主要包括:音调异常(如音调高、低、单一);响度异常(如响度过大、过小);音质异常(如声音嘶哑、粗糙、带气息声)。

针对音调异常的矫治可以采用音调梯度训练法,针对响度异常的矫治可以采用用力搬椅法,针对嗓音音质异常的矫治可以采用吟唱法、哼鸣法等。

3. 共鸣障碍的矫治

共鸣障碍的类型主要包括口腔共鸣障碍(前位聚焦、后位聚焦、喉位聚焦)、鼻腔共鸣障碍(鼻音功能亢进、鼻音功能低下)。针对口腔共鸣障碍的前位聚焦,可以采用发一些发音部位靠后的音如 g、k 的后位音法来进行矫治。针对后位聚焦可以采用发一些发音部位靠前的音如 b、p 的前位音进行矫治。针对喉位聚焦可以采用伸舌法。针对鼻腔共鸣障碍中的鼻音功能亢进可以采用口腔共鸣法,针对鼻音功能低下可以采用鼻腔共鸣法。

4. 构音语音障碍的矫治

构音语音障碍临床最主要表现为遗漏(如 bāo 发成 āo)、替代(如 bāo 发成 pāo)、歪曲(无法识别具体的音)。构音语音障碍的矫治,主要分为两个部分。

(1)构音器官运动的治疗

主要包括下颌运动治疗、唇运动治疗和舌运动治疗。下颌运动最常见的表现为下颌向下运动和下颌向上运动,可以通过张嘴发长音 a——来进行训练;唇运动最常见的表现为圆唇和展唇运动,可以通过亲吻和发 u 音来训练圆唇能力,通过微笑和发 i 音来训练展唇能力;舌是最重要的构音器官,舌可以向不同方向进行灵活运动,可以通过食物诱导舌向前、向下、向上、向左、向右等方位的伸舌运动。

(2)构音语音能力的治疗

构音语音能力的训练常见的是声母音位的治疗,声母音位的治疗包括:音位诱导、音位习得、音位对比和音位强化。

①音位诱导训练是构音语音训练中最为重要的一个阶段,它的主要目的就是帮助幼儿诱导出被遗漏、替代或者歪曲的声母音位,是从无到有的过程。分析未掌握的音位原因及其错误走向(遗漏、替代或歪曲),进行针对性的训练。

②音位习得训练促进幼儿初步地习得该音位,将对在诱导阶段诱导出的音位进行类化。

掌握目标音位:

单音节(/音位+单韵母/、/音位+复韵母/、/音位+鼻韵母/)如:拔(bá)、抱(bào)、棒(bàng)

双音节(前)、三音节(前)如:包(bāo)子、包(bāo)饺子

双音节(后)、三音节(后)和三音节(中),如:面包(bāo)、大书包(bāo)、肉包(bāo)子

③音位对比训练,当幼儿新习得的目标音位没有达到一定的熟练程度时,极易与该目标音位相关的最小音位对产生混淆。最小音位对是和该目标音有且只有一个方面存在差异的音,如 bāo 和 pāo,声母的音位分析中发音部位相同,都属于双唇音,发音方式也相同都属于塞音,有且仅有是否送气的区别,p 是送气音,b 为非送气音,因此,bāo 和 pāo 构成了最小的音位对。

④音位强化。声母音位治疗的最终目的是在生活中能够用该音位进行准确的交流,所以必须通过音位强化训练模仿各种日常情景中对于该音位的运用,在日常的情境中强化目标音位,可以帮助幼儿将所习得的目标音位更快地迁移到日常生活的使用中去。

(三)语言训练

语言训练主要围绕语义、语法、语用方面来进行,将目标融入在集体课和个训课中,通过情景模拟的形式强化训练内容,注意语言训练中一定要以沟通为最终目的,在

自然情景中进行泛化,言语与语言的康复训练应将集体、个别和家庭康复相结合。

1.语义训练

(1)相关概念

构词和语义是沟通的核心,音韵、语法、语用只是表达着意义的形式或人际互动准则。

(2)特殊需求幼儿的语意问题

①词汇广度与深度发展的问题,如:幼儿经常用这个、那个指代所要表达的句子意思。②词汇意义过度类化,如:幼儿习得"球"之后,看到其他圆形的物品都会称之为"球"。③词汇错用,更多表现在数量词的错误使用,如:一个猫、一个衣服等。④多义词理解的困难,如"包袱""做梦"等,幼儿可能只能理解字面的意思。⑤象征性/比喻性语言的理解问题,如:弯弯的月亮像小船;圆圆的月亮像月饼。⑥词汇寻取困难,幼儿不知道如何用词汇表达,常话到嘴边说不出来。⑦语意组织的问题,有些特殊幼儿很喜欢说话,但是说话没有逻辑性和重点,如:我这个好玩,回家,妈妈。

(3)语义训练——词汇教学的内容及策略

语义训练中词汇教学的内容主要来源于生活中常见的词汇以及幼儿感兴趣的词汇,比如:指图或指物说出人、事、物、活动的名称;类别关系词汇;同义词、反义词;词汇定义;概念教学;空间关系、比较关系、亲戚关系等。

词汇教学可以参考的教学活动设计如:①分类游戏,使用不同种类的物品卡片如不同种类的蔬菜、水果、交通用工具等让儿童进行分类;②词汇连接游戏,可以提供几个词汇请儿童依据其关系说出其他词汇名称,如:苹果、橘子、香蕉、_____,让儿童继续往下说;③词语猜谜游戏,老师描述相关的功能、特征、属性等,让儿童猜一猜图片上是什么。

2.语法训练

(1)相关概念

语法是指句子中词汇与词汇结合的顺序或遵循的规则。

(2)特殊儿童的语法问题

①词汇较一般儿童出现晚,正常幼儿在一岁左右出现第一个有意义的词,而后在出现50个词之后,出现了语言的爆炸期,开始出现词组,特殊幼儿有的到两岁半或三岁了还没有出现第一个有意义的词。②只能将词汇简单罗列,没有基本逻辑语序,如:电视,妈妈,要。③常使用不完整句、词序颠倒,如:喝水,要,我。④较少使用结构复杂的句子。⑤对否定句、被动句理解较差。

（3）语法训练的内容及策略

儿童语法的训练主要是在句子中进行的，按照不同的标准，句子可以分为多种类型，按照结构可分为单句和复句两大类，单句中主要包括主谓句、谓宾句、主谓宾句和特殊单句，如把字句和被字句；复句的训练包括因果复句、转折复句、递进复句、条件复句、假设复句等。

语法教学中可以参考的教学活动设计有：①句子仿说，呈现两张图片，猫和狗，老师说"这是一只小猫"，让儿童用相同的句式说另外一张图片"这是一只小狗"。②语句加长/增肥，如老师说"我有一个苹果"，引导儿童接着说"我有一个大大的苹果""我有一个大大的红苹果"等。③故事表演，将《龟兔赛跑》的故事通过表演的形式展现出来，让儿童理解特殊句式"小兔子被乌龟超过了"。

3. 语用训练

（1）相关概念

语用主要是指在不同沟通情景中掌控语言使用及功能的社会规则，涉及如何以符合社会规范或约定俗成的方式使用语言与人对话、交谈、沟通。

（2）特殊需求幼儿的语用问题

①沟通意图不明确；②无法主动沟通或开启话题；④维持话题存在困难；⑤答非所问，如妈妈问"你要喝水吗"，幼儿回答"电视要看"；⑥刻板语言的不断重复。

语言的使用是为了沟通与达成社会互动的功能，有效的沟通除了需要使用正确的音韵、语义及语法，进行知识理解和表达沟通，更需要依据沟通对象、话题、场合的不同，说出适当的话语。

（3）语用训练——交谈能力训练的内容及策略

儿童交谈能力的训练主要包括话题的开启、话题的维持、话题的修正和话题的结束。

语用训练中可以参考的教学活动设计有：①夸夸你、夸夸我，让儿童选择一个好朋友说说他的优点，夸夸他，拉近儿童之间的友谊，为开启交谈提供基础；②玩具巡游记，让儿童先向好朋友介绍自己最喜欢的玩具，包括玩具的玩法、来历以及自己为什么喜欢这个玩具，然后分享给身边的小朋友；③传声筒，老师和其中一个儿童说一句话，让儿童将这句话传递给下一个儿童，训练儿童语言记忆和表达及与他人互动的综合能力。

对于语言能力较差，或是人格特质退缩的儿童而言，在人际互动中，主动开启话题，常常是件很不容易的事情，因此教师在正式教学或平时的互动中，应教导他们如何引起他人的注意,学会开启话题。可以设计帮助幼儿与他人主动交谈/互动的教学;可以进行沟通讯息的修补与澄清;可以进行说者—听者角色的轮替;可以加强肢体语言的理解。

思考题

1. 沟通、言语和语言的基本概念和关系是什么?
2. 语言言语康复所包含的内容是什么?

第三节　运动康复

　　运动是幼儿发展的重要领域,运动功能是其他各领域发展的基础条件,运动经验是幼儿思维发展的重要养料。若幼儿的运动能力有明显的落后,会广泛限制幼儿参与各类生活和学习活动,需要针对运动能力优先开展干预。当然还有一部分幼儿可以基本通过大部分评估项目,但是与大多数幼儿相比依然存在较明显的差距,这往往是因为运动经验缺乏和学习能力不足,在其他核心能力达标后依然可以运用本节介绍的方法开展干预。

＞　一、运动分析

　　运动分析,就是将我们日常的动作和姿势分解成细小的组成单元,便于我们找到幼儿的问题。例如,幼儿不能正常地行走可能是踝关节控制不足导致的,也可能是髋关节的问题,更有可能是髋关节和踝关节的共同问题导致的。若我们可以找到问题的根源,便可以制订明确且有效的康复目标。运动分析将会从基本运动能力、平衡和协调能力、运动发展这三个方面入手,掌握这部分知识也是学习评估方法的基础。如果读者是第一次接触幼儿运动功能的评估与训练,运动分析这部分可以帮助读者很好地理解运动评估和训练。

(一)基本运动能力

　　基本运动能力是指一些关节部位的基本运动模式,是连续运动的基本单元,是运动控制的基本条件。幼儿需要逐渐发展出这些能力,才能将这些基本单元组合实现具体功能。读者在学习这部分时需要清楚运动如何做出,以及这些基本运动对幼儿发展的作用何在,下文中列举的肌肉名称可便于读者查阅。

1. 头颈运动

头颈部的运动控制是幼儿发展平衡能力、控制姿势的重要基础。缺少头部控制能力，人很难完成翻身或保持坐姿。头颈部的运动由头部伸展、颈部伸展、头颈部合并伸展、头部屈曲、颈部屈曲、头颈部合并屈曲、头部旋转组成。我们通过控制分析主动肌，头部基本运动能力将从头颈合并伸展、头颈合并屈曲两个部分展开。

头颈合并伸展（下文简称"头颈伸展"），主动肌为头夹肌、头半棘肌、髂肋肌、头最长肌、头上下斜肌、头后大直肌。头颈伸展能力至关重要，它可以支持幼儿在俯卧位抬起头部，或在躯干直立的情况下支持头部保持直立，是身体主要的抗重力能力之一。

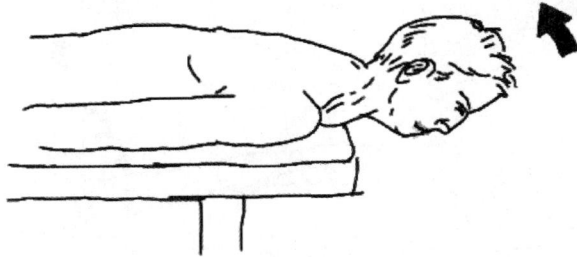

图 2-4 头颈伸展

头颈合并屈曲（下文简称"头颈屈曲"），主动肌为头前直肌、头长肌、各个方向的斜角肌、胸锁乳突肌。因此我们也可以通过仰卧位左右旋转头部的活动来测试幼儿头颈屈曲的能力，为幼儿控制视野提供基础。因此我们也可以通过仰卧位左右旋转头部的活动来测试幼儿头颈屈曲的能力。头颈屈曲与头颈的伸展肌群共同收缩可以保障幼儿在坐姿下保持头部直立。实践中我们可能发现幼儿可以在俯卧位抬起头部，但是在坐位头部却不敢抬起，这是由于头颈屈曲能力不足，幼儿无法稳定地保持头部直立。

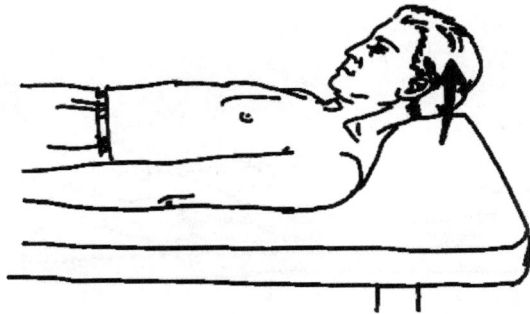

图 2-5 头颈屈曲

总的来说，头颈运动是幼儿运动发展的基础，首先需要评估，若发现问题需要及时干预。提高幼儿头颈部运动能力，需要头颈伸展与屈曲能力平衡发展。

2. 躯干运动

躯干是人体的核心,我们保持坐姿和站姿、爬行、行走都需要躯干保持稳定。在幼儿早期的运动中多采取的是整体模式,头颈与躯干往往同时做出同方向的控制。例如,幼儿在俯卧位抬起头部,躯干也一同做出后伸控制。躯干运动能力包含了躯干伸展、骨盆抬高、躯干屈曲、躯干旋转。我们将从躯干屈曲与伸展两个方面展开介绍。

躯干屈曲,主动肌为腹直肌。躯干屈曲对幼儿在仰卧位下翻身起到重要作用,同时,幼儿在坐姿下将重心向身体前方调整就需要身体做出躯干屈曲的控制。幼儿躯干屈曲能力不足,在坐姿保持时常常采取前倾坐姿,甚至无法保持坐姿。因此,可以看到我们在评估中使用翻身、坐、坐立起等动作来评估躯干屈曲能力。

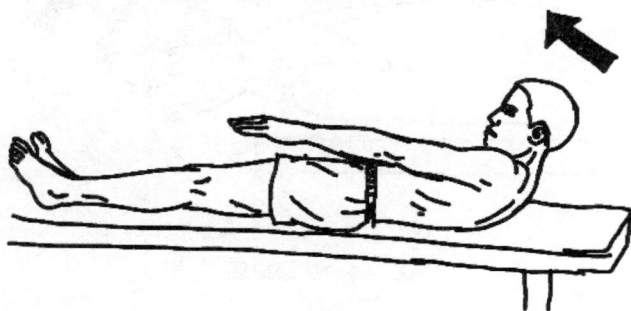

图 2-6　躯干屈曲

躯干伸展,主动肌为胸最长肌、胸髂肋肌、胸棘肌、腰髂肋肌。躯干伸展的主动肌是对抗重力保持躯干直立的主要肌群,幼儿在可以坐起来以前,在卧位下通过伸展髋、头颈和躯干在俯卧位完成抬头抬躯和翻身至仰卧位的控制,通过足够的练习开始借助上肢逐渐从卧位转向坐位。良好的躯干能力可以帮助幼儿对抗重力保持躯干直立(如坐、站立、行走),或在卧位下翻身。只有躯干屈曲和伸展能力同时良好发展,才能保证躯干控制的稳定性。

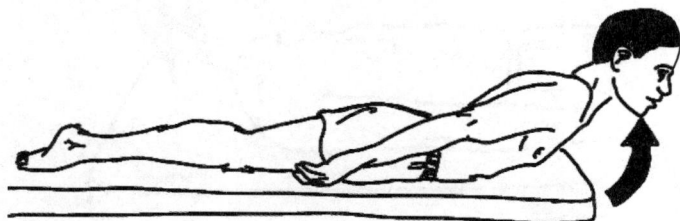

图 2-7　躯干伸展

3. 上肢运动(不包含手部运动)

上肢对运动发展意义非凡,良好的上肢能力可以支持坐、爬、站等很多姿势和活动。在实践中很多幼儿的运动重塑面临损伤严重、环境不利等很多障碍,基本的上肢控制能力是支撑幼儿运动发展甚至生存的重要突破口,应当给予足够重视。因为上肢涉及的关节和活动方向众多(肩胛外展和上旋、肩胛上提、肩胛内收和下旋、肩胛下压和内收、肩关节屈曲、肩关节伸展、肩关节水平外展与内收、肩关节外旋与内旋、肘关节屈曲伸展、前臂旋前旋后、腕关节屈曲伸展),我们将从肩关节前屈后伸、肩胛下压内收并上肢上举、肘关节屈曲伸展展开介绍。

肩关节前屈,主动肌为三角肌、喙肱肌。肩胛下压内收,主动肌为前锯肌。幼儿通过前屈肩关节让手部处于视野范围内,这对于幼儿探索发展手部功能作用重大。手部功能与上肢功能是一体两面,任何一面受到限制,都会限制上肢与手部的共同发展。幼儿肩关节前屈配合肩胛外展上旋可以做出上肢支撑躯干保持膝手爬姿,这对爬行和四肢协调能力、平衡能力都至关重要。

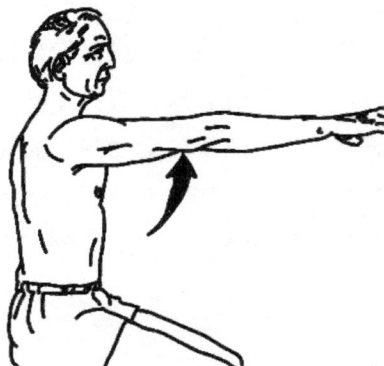

图 2-8 肩关节前屈

肩关节后伸,主动肌为背阔肌、大圆肌。在早期,幼儿俯卧在床上依靠肩关节后伸、抬起躯干逐渐掌握上肢支撑翻身坐起。同时肩关节后伸能力是幼儿稳定保持坐姿的必要能力,幼儿肩关节前屈后伸活动会不断促进肩胛带的稳定,这给手部功能发展提供了稳定基础。因此有力稳定的肩部控制能力是精细运动发展的根基,也是粗大运动发展的重要支撑。

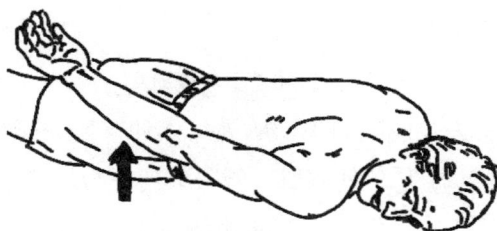

图 2-9 肩关节后伸

肘关节伸展屈曲,肘关节伸展的主动肌为肱三头肌。肘关节屈曲的主动肌为肱二头肌、肱肌、肱桡肌。对早期幼儿来说,肘关节的屈曲伸展作用主要体现在上肢伸出支撑身体,伸手取物送到嘴边探索等。实践中我们会碰到痉挛型脑瘫幼儿,上肢控制不足,肘关节长期屈曲抱在胸前,很难打开,肌张力异常高。初学者往往会花费大部分精力牵伸高张力肌群,其实这么做的效果很小,牵伸与主动控制应当相互结合并在同时期开展,被动牵伸是辅助策略,并不能直接塑造能力。在康复中只注重肘关节伸展练习是初学者常犯的错误,反复地主动控制肘关节屈曲伸展肌群才有助于改善屈肌痉挛。以上这两点在所有肌张力异常高的情况下都适用。

4. 上肢与手部运动

手部运动是人类制造和使用工具的基础,幼儿可通过手部运动实现生活自理、模仿操作和使用工具。这里我们将从前臂旋前旋后、腕关节伸展屈曲、手指各关节屈曲伸展、拇指掌指和指间关节的屈曲和伸展、对掌这几个方面展开介绍。

前臂旋前的主动肌为旋前方肌、旋前圆肌;前臂旋后的主动肌为肱二头肌、旋后肌。幼儿通过前臂旋前可以将手掌朝向前方,我们在评估中通过摘取墙上悬挂物品的活动测试此项能力,又通过将食物送入嘴中的活动测试前臂旋后。前臂的自如活动可以大幅增加手掌的操作范围,实践中肘关节屈伸不好的儿童,前臂旋转能力也发展不足,尤其是共同使用肱二头肌的旋后动作。因此,改善屈肘伸肘特别有助于前臂旋前与旋后能力的发展。

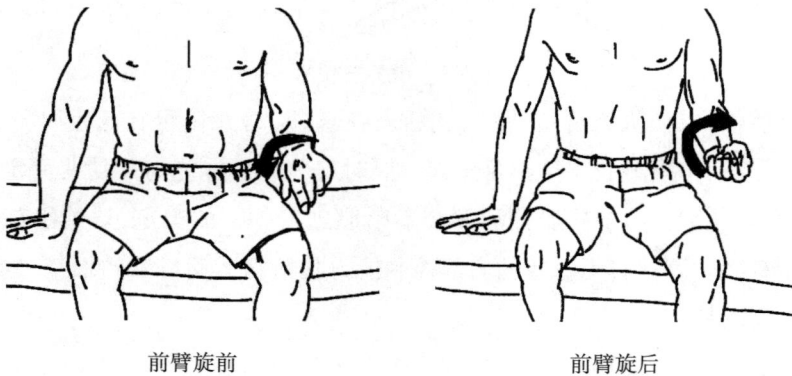

前臂旋前　　　　　　　　　　前臂旋后

图 2-10　上肢运动

腕关节伸展屈曲,腕关节伸展的主动肌为尺侧伸腕肌、桡侧伸腕长短肌。腕关节屈曲的主动肌为桡侧屈腕肌、尺侧屈腕肌。腕关节伸展与屈曲带动手掌的悬垂和抓取物品,也包括一些拍打挤压的动作。我们的评估使用幼儿伸手取物测试腕关节伸展,使用挤压橡皮泥等动作测试腕关节屈曲。

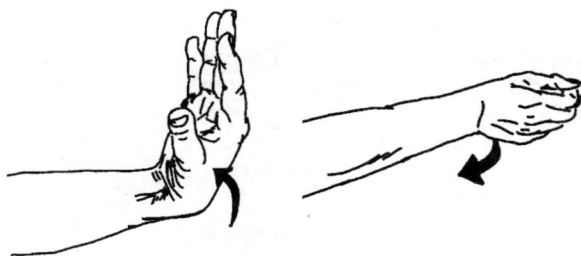

图 2-11　腕关节屈曲、伸展

手指各关节屈曲与伸展,手指掌指关节屈曲的主动肌为蚓状肌、骨间肌;手指指间关节屈曲的主动肌为屈指浅肌、屈指深肌;手指掌指关节伸展的主动肌为伸指肌、伸食指肌、伸小指肌。手部运动能力的发展表现出从整体运动向分化运动发展的规律,整掌抓放物品是指关节控制发展的第一阶段,由尺侧与桡侧运动分离(尺侧桡侧可以分别控制)向掌指关节和指间关节运动分离(近端掌指关节锁住,活动远端指关节;或远端关节锁住,活动近端掌指关节)发展是第二阶段,五指分离运动(五指可以分别控制)是第三阶段。这些组合动作的发展都依赖以上基本运动的熟练控制。

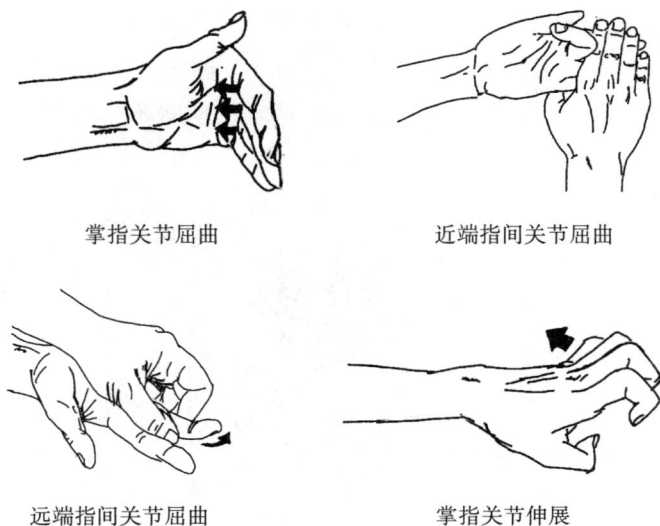

掌指关节屈曲　　　　　　　　　近端指间关节屈曲

远端指间关节屈曲　　　　　　　掌指关节伸展

图 2-12　手指关节运动

拇指掌指关节与指间关节屈曲的主动肌为屈拇短肌、屈母长肌;拇指掌指关节与指间关节伸展的主动肌为伸拇短肌、伸母长肌;拇指关节外展的主动肌为外展拇短肌、外展拇长肌;拇指关节内收的主动肌为内收拇指肌,拇指的活动范围很大,可以做出水平内收外展、垂直外展、内收等动作。拇指到小指的对掌,其主动肌为对掌拇肌、对掌小指肌。指关节的屈曲可以为手部提供有力的抓握,对掌增加了手掌在尺侧与桡侧方向上的抓握性能。幼儿通过对掌运动折叠手部,可有效增加抓握的效率。

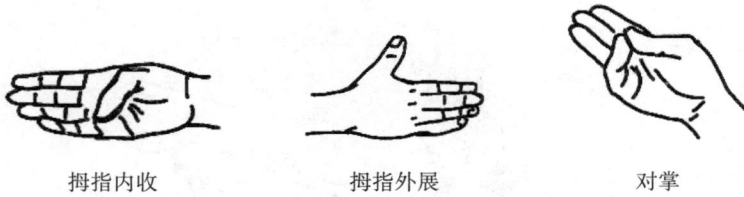

拇指内收　　　　　　拇指外展　　　　　　　对掌

图 2-13　手指运动

5.髋关节运动

爬行和站立需要髋关节提供动力和保持稳定,而且幼儿翻身保持坐姿也缺不了髋关节的重要作用。髋关节运动包含髋关节屈曲、髋关节伸展、髋关节外展、髋关节内收、髋关节外展、髋关节外旋、髋关节内旋。

髋关节屈曲的主动肌为髂肌和腰大肌。幼儿借助屈髋动作翻身、爬行、保持坐姿。幼儿早期在仰卧位通过髋关节屈曲,抬起下肢并进行把玩,这样的屈髋"练习"对日后翻身和维持坐姿有着重要意义。而部分运动障碍幼儿髋关节持续处于卧位,髋关节长时间保持静态伸展,没有足够主动控制经验,无法通过活动髋关节翻身,并且还会出现臀肌痉挛、髂腰肌无力的现象。部分年龄较大的幼儿长期保持坐姿,则会出现髂腰肌痉挛、臀肌无力的现象。若要要求此幼儿主动屈髋,往往幼儿很难大幅度做出屈髋动作。这么看来屈髋对幼儿卧位、坐位和立位的活动影响极大,而且屈髋与伸髋能力需要积少成多地同步积累。

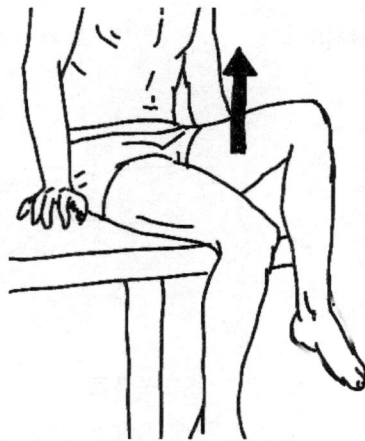

图 2-14　髋关节屈曲

髋关节伸展的主动肌为臀大肌、半腱肌、半膜肌和骨二头肌。婴儿早期以卧位为主要姿势,可以利用屈髋和伸髋的交替动作,伸髋蹬腿带动身体向头部上方移动。而之后的爬行、保持站立和行走都需要伸髋肌群提供主要的动力,髋关节伸展肌群是重要的抗重力肌群。

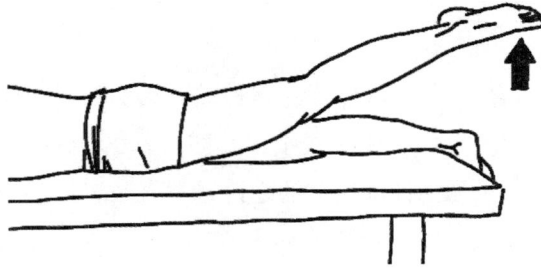

图 2-15 髋关节伸展

髋关节外展的主动肌为臀中肌、臀小肌、阔筋膜张肌。髋关节内收的主动肌为内收大肌、长肌和短肌、耻骨肌和骨薄肌。髋关节的自由度很高,可以在多个解剖面上活动。这样可以保证我们在体面上快速朝更多方向移动。幼儿通过髋外展和内收动作,可以在坐姿下自如活动身体、爬行时跨越障碍、保持稳定的立位等。尤其是在保持平衡方面,髋外展内收能力不足的痉挛型幼儿往往在站立时总是双脚超过肩宽,走路摇摆明显,腿像圆规一样画圈。这些幼儿都有一个共同的特征:髋关节外展内收无法自如做出,且不能保持短时间的单足站立。因此,可以看出髋关节的外展和内收保障了人的移动和静态、动态平衡。

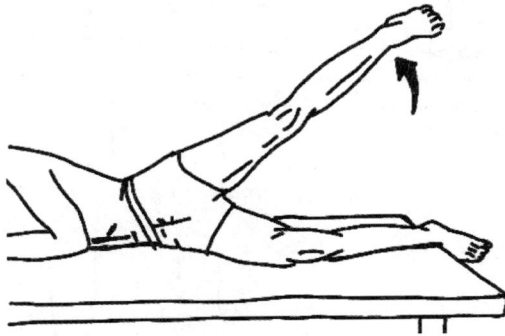

图 2-16 髋关节外展

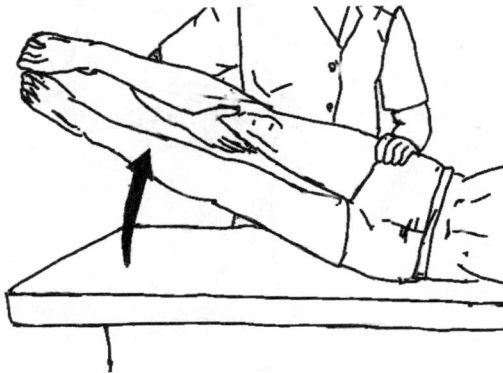

图 2-17 髋关节内收

6. 膝关节运动

膝关节的控制方向有伸展和屈曲,无论保持站立姿势还是行走都需要控制伸展和屈曲的肌群共同作用,缺一不可。在实践中,运动障碍幼儿膝关节经常表现出膝过伸的特征,很多资料都给出了加强伸膝肌群的建议,但是保持站立不仅仅依靠伸膝肌群,幼儿常伴有膝过伸的情况下,屈膝肌群一样表现不佳。伸膝与屈膝是一体两面,共同发展,步行中承重侧的屈膝肌群在伸髋、蹬地的过程中起到了重要作用。在站立时,屈膝和伸膝肌群共同收缩保证膝关节的稳定。因此在训练时,伸膝与屈膝同样重要。

膝关节伸展的主动肌为股外侧肌、股内侧肌、股中间肌、股直肌(也称股四头肌),股四头肌收缩为身体站起提供了对抗重力的最主要来源。在评估中我们经常以坐位向站位转移测试股四头肌的功能。膝关节屈曲的主动肌为半腱肌、股二头肌、半膜肌。在评估中我们经常以俯卧屈膝来测试屈膝肌群的功能。

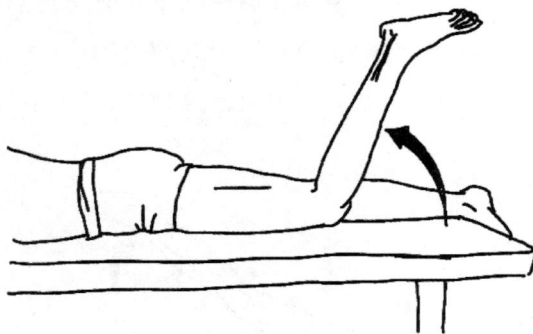

图 2-18　膝关节屈曲

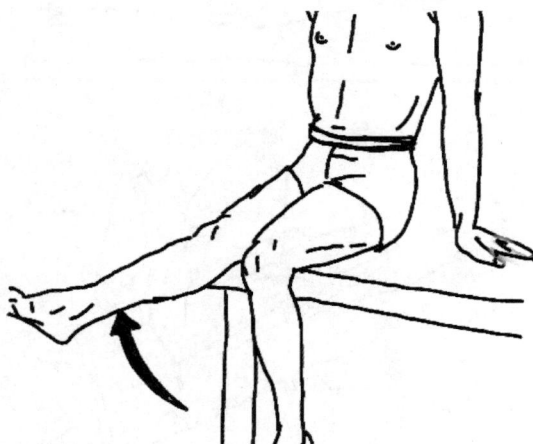

图 2-19　膝关节伸展

7.踝关节运动

踝关节的主要运动包括踝背屈(分为背屈外翻、背屈内翻)和踝跖屈。踝关节控制是站立行走的最终着力点,踝关节功能的好坏很大程度上影响了站立姿势和步态。实践中痉挛型的脑瘫幼儿踝关节往往会出现以下问题:活动度低、肌张力高、持续保持踝跖屈状态、主动的踝背屈和踝跖屈出现控制困难。

踝关节跖屈的主动肌为比目鱼肌和腓肠肌。踝关节背屈跖屈的自如控制,为人体在站立位提供了踝关节平衡控制策略。踝策略可以让身体身体快速精准调整,保证重心不偏离支持面。踝关节活动受限,会在站立位使用跨步策略来替代,所以经常看到这类儿童不断前后跨步才能保持站姿。踝关节背屈的主动肌为胫前肌、胫后肌、腓长肌、腓短肌。

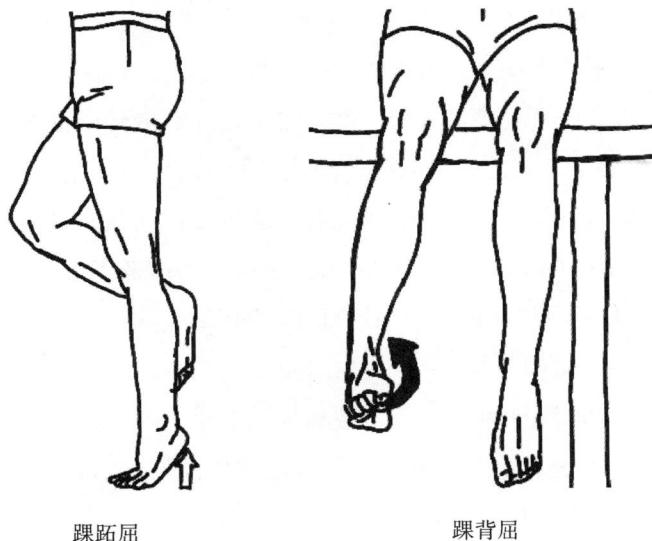

踝跖屈　　　　　　　　　　踝背屈

图 2-20　踝关节运动

(二)综合运动能力

综合运动能力是人在中枢神经的决策和指挥下,运用感知觉系统、神经系统和肌肉骨骼系统在环境中移动、保持姿势以及利用上肢完成工作的能力。综合运动能力是基本运动单元的组合,不过这种组合不是简单的加法,甚至更像是减法。例如,行走需要下肢与躯干的各个部位协调配合,还要在过程中保持平衡。这就好像多个系统累加起来完成一个综合的任务。而在幼儿发展过程中,运动往往是由整体向分化发展,幼儿由整掌抓握物品向只控制拇食指的对捏发展,参与动作的部位逐渐减少。本节内容包含粗大综合运动能力和精细(上肢与手部)综合运动能力。

1. 粗大综合运动能力

首先我们来介绍粗大综合运动能力,平衡与协调能力是其中两个重要方面。平衡能力是指幼儿在移动时或保持某种姿势时,通过调整重心维持姿势的稳定。平衡是移动、跑跳等复杂运动的基础。而完善的动作控制系统和正常的感官系统是平衡的基本条件。因此我们上一部分介绍的基本运动能力就是最基本的身体控制,开展平衡能力的训练需具备一定基础。而协调是指个体完成稳定、准确、有控制的运动能力。平衡与协调能力,需要有效地控制身体在不同的姿势下,做出重心移动,保持姿势。

下面我们将介绍一些综合运动活动,这些活动是按照常用姿势分类(即卧位、坐位、跪位、立位)梳理的,在实践教学中我们需要评估儿童在这些活动上的表现,掌握这些活动对教育康复工作者开展评估和实施干预都至关重要。

(1)卧位的平衡与协调

在卧位下,虽然躯干和头部没有直立起来,但是幼儿通过抬起并把玩下肢,极大地减少了支撑面积,在这种不稳定的姿势下幼儿也可以左右翻转来练习重心移动。我们对无法保持稳定坐姿的幼儿常常采取卧位平衡的评估和练习。同样的幼儿在俯卧位也有需要做的平衡练习,俯卧位前臂支撑左右移动重心转换至手支撑。幼儿可以借由这个活动逐渐掌握从卧位转移至坐位的能力。这些活动涉及了重心转移和四肢协调,教育康复教师或康复师可以对以上活动进行评估和训练。

(2)坐位的平衡与协调

要想保持稳定的坐姿,头部、躯干、上肢和骨盆都要达到一定的基本控制能力。坐位的平衡与协调是个体运用感知觉对刚才提到的部位进行控制的一个过程,是个体积累经验学习的过程。因此幼儿还应当积累学习以下活动的经验,这也是发展路径上的必要环节。

首先要介绍的是坐位的平衡保护,幼儿在坐位下平衡被破坏可以利用上肢向前方、侧方、后方支撑保持坐姿;并且幼儿可以主动向侧方转动身体,直至可以转移至四点爬姿。

接下来要介绍的另外一个坐位的平衡活动对行走时躯干的回旋非常必要——幼儿在坐位左右转移重心晃动身体,依靠上肢保持平衡。重心转至左侧居高左侧上肢,反之亦然。这两个活动对幼儿躯干与骨盆的协调和重心移动有很好的帮助,通过练习还可以促使幼儿更快地学习保持爬行姿势。

(3)膝手爬姿的平衡与协调

一些幼儿可能在训练下掌握了保持膝手爬姿的方法,但是在膝手爬姿下表现出僵硬紧张,针对这种情况我们可以在膝手爬姿下引导幼儿做出左右重心移动,最大范围地探索重心偏离中心的距离。即使摔倒也是好的,反复在坐姿和膝手爬姿之间转换。

除了左右侧的重心移动练习,还需要教会幼儿前后移动重心:一是重心前移与重心左右移动结合向左前方或是右前方移动重心,这时配合四肢完成爬行的学习。二是膝手爬姿下重心后移,手部逐渐离开地面然后伸髋并直立躯干实现从膝手爬姿向跪姿转换。三是膝手爬姿下向手足爬姿转化,接着练习从手足爬姿向站姿转移。

(4)高跪姿的平衡与协调

幼儿在掌握跪姿后需要多练习,在跪姿下左右转移重心,重心转移至左侧时举高左侧上肢,转向右侧同样举起右侧上肢。这对幼儿练习单侧下肢的承重和平衡能力很重要。而单侧跪姿下,练习前后移动重心,在引导下完成从单侧跪姿向站姿转移。

(5)立位的平衡与协调

立位的平衡协调活动主要包括前后步站立、站立与蹲位转移、站位左右转移重心、步行时躯干与骨盆分离运动。

2.精细综合运动能力

精细综合运动能力,是由上肢和手部基本运动单元组合而成,但在发展中却不全是能力与能力的加法,很多情况下是运动从整体运动中逐渐分化出来。精细综合运动能力是以下能力的组合:稳定性、协调性、精准性。

(1)稳定性

稳定性是精细运动的基础,主要指在精细运动过程中,上肢、肘关节、腕关节为精细操作提供稳定基础。例如,在黑板上写字,肩关节和肘关节运动幅度相比腕关节较小,但是正是因为肩关节和肘关节的稳定,腕关节才能自如控制完成书写。

(2)协调性

协调是一个内涵丰富的运动属性,在这里我们主要是指双手协调、手眼协调、单手的各个指关节协同配合。协调性不足的表现有:无法系扣子、剪圆形、涂色等。

(3)精准性

早期幼儿的手部运动以整体运动为主,幼儿采取的是费力却不精准的控制方式,后期逐渐分化出了精准控制特定指关节的能力,精细运动的效率也大幅提高,而这种分化包含:掌指分离,掌指关节与指间关节可以独立控制;桡尺分离,手掌尺侧与桡侧可以分别控制;五指分离,各个手指可以分别运动。

> **二、运动发展**

运动发展是幼儿学习并积累经验的过程,人类生存的物理环境决定了我们面临爬行、站立行走等共同的学习任务。运动康复目标是帮助幼儿恢复基本的移动、姿势保持和手部操作功能,而这些技能的习得往往体现出一系列普遍的规律,运动发展的路径和规律就是学习这些技能的必经之路。这条必经之路就是本部分介绍的重点内容,其包括粗大运动和精细(上肢与手部)运动的发展。

(一)粗大运动发展

身体各个部位的控制能力从出生开始就同时发展,幼儿在没有坐起能力时,就已经开始积累下肢运动经验,为站立行走做准备。幼儿学会翻身、坐、爬行、站立、行走这个线性的过程,是由基本运动单元不断发展和组合而成。强调这个线性发展过程并非忽视发展的复杂性,恰恰是考虑了运动发展与环境的动态性、复杂性。本章是在翻身、坐、爬行、站立、行走这个发展方向下,分析整理各个部位的控制能力发展和各部位能力组合。

1.卧位阶段

幼儿刚出生时对身体控制并不能达到自如的程度,不自主反射动作非常容易被观察到,如果把这个时期分为两个阶段,一个是感知阶段,另一个则是自主运动阶段。在感知阶段,幼儿主要的活动以全身性不自主活动和各类反射控制为主。幼儿在其中获取控制身体的经验。随着不断发展,幼儿进入自主运动阶段,全身性不自主活动依然是主要活动,但自主性动作越来越多了。此阶段早期翻身等身体位移活动较难做出,但上肢与头颈部位的控制具有较明显的成果。通过控制头部和上肢观察和探索环境,由于有丰富的反馈经验,肩关节与头部的控制能力迅速提升。其中上肢可以做到:仰卧位下对抗重力前屈肩关节、伸直肘关节并且伸展腕关节拿取面前物品、仰卧位下外展内收肩关节滑动上肢、在俯卧位控制肩部和肘关节支撑上半身离开支持面少许时间。

上肢的发展拓展了幼儿的活动探索空间,增加了主动行为的自我效能感,促进了自我意识的发展。为翻身、由卧位向坐姿转移提供了基础条件。上肢功能是运动能力从幼儿到成人发展道路上的必要一环,不可或缺。其中头颈部可以做到:通过颈前屈曲肌群收缩在仰卧位下左右转动头部;随着颈后伸直肌群和颈前屈肌群的共同作用,身体直立状态下,头部由前倾直立向真正直立控制发展;在俯卧位,也可以做头颈部伸展,将头部抬离支持面,且维持时间越来越长。

卧位阶段,躯干、髋关节、膝关节、踝关节等也通过各种反射性活动获得了各个方向的控制经验。这些动作也是从整体活动开始的,例如:仰卧屈髋、膝、踝,将下肢蜷缩抬起;仰卧伸展躯干、髋关节、膝关节、踝关节,通过蹬腿带动身体在床面向头部上方移动;俯卧位伸展躯干、髋关节以及头颈部,靠肚皮支撑四肢抬起。

2. 坐位控制阶段

幼儿的躯干能力、头颈控制能力以及上肢控制能力有了质的提升,这个时期的运动以自主活动为主。幼儿控制躯干做出伸展、屈曲、旋转的动作,更自如地做出翻身、坐姿、卧位与坐位转换。需要注意的是,这些活动对上肢功能的依赖比较大,需要幼儿控制肩关节内收、肘关节伸展、肩胛外旋外展的肌群肌力都达到 4 级。这时幼儿可以在协助下保持一会儿独立坐姿,这是由幼儿躯干伸展和屈曲能力提升带来的变化,幼儿的坐姿从前倾坐姿逐步发展至稳定的直立坐姿。

在学习保持坐姿的过程中,上肢的控制也在逐渐发展,包括:上肢取物探索更准确、伸直屈曲控制自如流畅、坐姿时上肢向身体各个方向做出保护性的平衡反应(前保护、侧保护、后保护)。

同时骨盆在保持坐姿和卧位向坐位转移的控制中起到了重要作用。躯干从床面直立起来需要髋关节屈曲后再伸展提供动力。在保持坐姿时髋伸展和屈曲肌群需要协调配合才能保持平衡。比起上一个以卧位为主的阶段,髋关节的作用逐渐凸显出来,为之后发展直立行走奠定基础。

3. 爬行控制阶段

幼儿采用爬行作为主要的移动方式,肩关节与上肢各个关节经过前一段时间的学习发展,可以做出以下控制:在四爬姿势下,肩关节前屈、肩胛外旋外展;在爬行时骨盆交替做出屈曲伸展的动作,伸髋与屈髋肌群肌力达到 4 级。这个阶段是四肢协调发展的关键期,也是髋关节双侧伸屈交替控制的关键学习期。幼儿在这个阶段髋关节伸直弯曲、外展内收的力量和速度都有大幅度提升,为行走奠定基础。

4. 跪位控制阶段

此阶段是爬行控制阶段的后期,随着幼儿的骨盆以及骨盆部位以上充分发展,幼儿会很快掌握扶物站立、独立站的动作。幼儿的髋关节外展内收能力进一步完善。可以在爬行中跨过较高的障碍物、保持一小会儿的高跪姿。控制膝关节做出由高跪姿向站立姿转移,这个过程中膝关节、踝关节的伸展肌群肌力都需要达到 4 级。

5. 立位控制阶段

经过跪位控制阶段的发展,幼儿控制髋关节外展内收肌群肌力进一步提高;控制膝关节、踝关节肌群伸展肌力达到 4 级,可以扶物站立移动,这个过程中踝关节反复做出屈踝伸踝,保持身体平衡,幼儿在这个阶段独立站立时间逐渐增加。在不依靠支持的独立站立过程中,踝关节控制能力起到重要的作用。

6.行走控制阶段

这个阶段是移动姿势保持的最终阶段,并不是指人的运动能力在这个阶段停止发展,而是指康复目标的最终阶段。随着单侧下肢的控制能力的提高,幼儿可以保持平衡并应对一些不复杂的外部环境,这个阶段髋外展与内收、踝关节屈曲和伸展是重点发展任务,也是运动向这个阶段发展的必备条件。这个阶段儿童逐渐可以做出稳定的半跪姿势,行走步幅逐渐增大(踝关节伸展与屈曲主动肌群肌力达到 5 级)。髋、膝、踝关节在这个阶段快速发育,力量不断提升,幼儿可以做出脚尖、脚跟行走,单脚站立的技巧性动作。长时间稳定地利用单侧骨盆下肢保持平衡是更复杂的活动的基础。

(二)精细运动发展

虽然精细运动发展受到重力环境的影响相对粗大运动较少,但由于神经系统和运动系统发育发展的同质性,精细运动发展也展现出一些明显和潜在的规律。参与精细运动的部位和关节很多,要想找到并解决幼儿在这方面的问题,需要分解精细运动,我们可以将其分解为三个方面:上肢稳定性方面、协调性方面、分化程度方面。以下将从这三个方面介绍精细运动发展规律,之后的评估和训练都以这些规律为线索。

1.上肢稳定性

稳定的肩部与上肢是手部功能实现的基础,上肢稳定性指肩胛、肩关节、肘关节、腕关节的稳定性,体现出由近端向远端发展的总体规律。0~2 个月时,幼儿在卧位会出现肩部与肘部不自主的运动,在 4 个月左右可以伸手抓握眼前的摇铃等物品。幼儿经过这几个月的发育和运动经验的积累,逐渐掌握了自如控制上肢伸向目标物体,即展现出不自主向自主运动的发展。

接下来幼儿可以紧紧抓握物体摇摆上肢,虽然幼儿在这个时期还不能把玩手中的玩具,但是展现出远端固定、近端自如活动的运动模式。这个运动模式逐渐演变成近端固定、远端活动的变化,这种新的模式可以让幼儿完成伸手摘取挂在高处的物体、搭叠多块积木等活动。与此同时,手部运动能力也和肩部与上肢的稳定性相互促进,共同发展。

这种运动模式的变化和力量的提高,都离不开粗大运动活动,这些活动非常常见:俯卧位前臂支撑抬头抬躯、坐位上肢支撑、爬行等。其中爬行对幼儿的上肢稳定性有重要作用。

2.分化程度

分化程度是指手部运动从整体的(共同屈曲和伸展)运动,发展到相对独立的控制,手部运动越来越精准高效。这体现出以下规律:整掌抓握向尺、桡侧抓握发展,掌指关节与指间关节的整体运动向独立运动发展,腕关节的独立运动,拇指功能的不断提高。

整掌抓握向尺、桡侧抓握发展,是指幼儿早期采取整掌抓握的抓放物体策略,逐渐地可以使用尺侧或桡侧抓起更小、更难抓的物体。尺侧与桡侧的功能逐渐独立分化了出来,具体表现还有:一手抓多个物体,并且还可以独立释放其中某一个物体。

掌指关节与指间关节的整体运动向独立运动发展,是指幼儿早期掌指关节与指间关节以整体形式进行合并屈曲和伸展,表现出抓握物品靠近手掌的状态。随着抓握经验的积累,掌指关节与指间关节的运动逐渐分化,如掌指关节做大幅度的屈曲,指间关节的屈曲幅度相对较小,抓握的物品距离掌心较远。这种抓握模式更精准、更省力。

拇指与食指功能的发展极大地扩展了手部运动功能,幼儿从手部整体运动模式向手部各指的独立模式发展。幼儿从单独使用食指操作较小的物体开始,逐渐可以使用拇指食指对捏抓取小物件。握笔方式也逐渐从四指环绕握笔,发展到拇指食指捏住笔尖的方式。

3. 协调性

协调的概念内涵范围很广,这里主要是上肢协调、双手协调与手眼协调。手眼协调的发展可以使幼儿依靠视觉信息精准控制或修正动作,像书写、系扣子、使用工具这类活动都离不开手眼协调。手眼协调的发展是一个经验积累的学习过程,上肢稳定性和手部灵活性为这个学习提供了必要的基础,因此我们会在幼儿精细运动协调性发展整理中看到一些关于稳定性和灵活性的行为。

从手眼协调来看,幼儿依靠视觉信息引发并修正动作。幼儿早期以不自主的上肢运动为主,随着不断发育和学习,幼儿逐渐可以准确地将上肢伸向物体;之后,幼儿逐渐可以利用肩部与上肢的稳定控制,在视觉信息的引导下精准地进行积木堆叠;随着手部运动机能的发展,儿童可以更灵活地使用一些工具,并根据视觉反馈信息进行调整,如仿画线段、使用剪刀等。

从双手协调来看,生活中涉及双手的任务有很多,如双手抱起或翻转物体、剪纸活动等。需要注意的是,手部控制能力的发展也决定了双手协调能力的提高,换句话说,幼儿的双手协调能力是在双手参与的任务中积累提高的,双手参与任务需要幼儿具备基本的上肢稳定性和手部运动能力。例如,前臂旋前旋后能力决定了双手操作范围,前臂旋转受限会影响抱起较大物体的活动,因此在训练中应当重视这些基本运动的训练,提高能力。

上肢协调方面主要是指幼儿上肢完成特定任务的运动表现,随着幼儿的发展,上肢动作越发流畅、连贯、准确,主要体现出由整体向分化发展、由近向远发展的规律。这些规律可以在幼儿的涂鸦任务中很好地体现,起初儿童涂鸦只是不连贯的竖线、点,接着可以画出横线和联系的往返横线。这些线段显示出幼儿的运动轨迹:肩部和肘部是幼儿主要的活动部位。逐渐地,幼儿肩部和肘部的协调控制能力提高,画出了变化更多的连续大圆。连续的大圆会越画越小,因为腕关节的参与状态从紧张发展到自如活动。这正是由整体向分化、由近向远的发展规律。

表 2-3　精细运动发展里程碑

月龄	里程碑行为	发展规律
0 月	握持反射,当幼儿碰触大人手指、毛巾等,可以保持抓握 15 至 30 秒。	功能发展:握持反射带来整掌抓握、手指各个关节屈曲内收。
4 月	主动抓握面前的花铃棒。	功能发展:整掌抓握、手指各个关节屈曲内收、伸展外展。
5 月	整手抓握一块约手掌大小的积木。	功能发展:整掌抓握进一步发展。
6 月	利用手掌尺侧抓握一块积木。	功能发展:儿童可以独立使用尺侧与桡侧进行抓握。
6 月	双手把玩一块积木。	功能发展:幼儿的双手在中线合作,手眼协调能力进一步发展。
6 月	一手一块积木抓握 15 秒。	功能发展:幼儿抓握动作逐渐熟练,消耗注意减少,可以自动保持抓握状态。
7 月	旋转肩关节和旋转前臂摇晃花铃棒。	功能发展:幼儿手指屈曲力量提升,在保持抓握同时,可以做出同时旋转肩关节与前臂的动作。
7 月	用食指、拇指、中指的远端抓起积木,积木距离手掌有明显的间隙。	功能发展:抓握点逐渐靠近指尖,远离手掌。抓取控制经验的增加,使幼儿根据记忆、视觉信息判断物体的重量,更精准地抓取物体。
7 月	将手中的积木从一手换至另一手。	功能发展:幼儿双手传递需要视觉、触觉本体觉等多感觉信息修正双手的动作,逐渐熟练后形成较为固定的自动程序。
8 月	揉皱一张纸。	功能发展:双手抓握能力进一步提高。
8 月	用食指指尖触碰挤压细小物品(绿豆)。	功能发展:伸食指肌控做出分离动作,视觉与精细肌肉的控制交汇在指尖,这也是绘画写字的基础。

月龄	里程碑行为	发展规律
9 月	拍手。	功能发展:精准的双手接触代表幼儿的双手协调能力与上肢力量的提升,同时腕关节屈曲伸展的能力也在拍手中得以体现。
11 月	从小粒食物上方,用食指和拇指捏起食物。	功能发展:拇指功能提升,拇指逐渐成为手部功能的核心。
11 月	脱袜子。	功能发展:标志着手指屈曲力量提升。
12 月	可以打开厚纸书。	功能发展:幼儿在做这个动作时,拇指屈曲与内收,远端指间关节屈曲,前臂旋前旋后配合。
12 月	翻转瓶子倒出瓶中的黄豆。	功能发展:幼儿通过前臂旋前、肩部外展做出这个动作。
12 月	点状与竖线涂鸦。	功能发展:这是幼儿涂鸦的初始状态,涂鸦经验不多,以肩部活动画出图案。
13 月	抓起两块积木,拇指食指侧一块,其余三指一块。	功能发展:通过指关节外展内收和屈曲伸展的组合完成这个动作,之后逐渐发展为五指分离的抓握。幼儿可以保持其中一块积木握在手中,放开另一块积木。
13~14 月	以肘为轴的往返的弧线涂鸦。	功能发展:随着涂鸦的经验增多,幼儿控制肘关节的屈伸在纸上反复画出线条。在这个动作中,肩关节稳定非常重要。
15~16 月	搭三块正方形积木,叠在一起。	功能发展:儿童采取指尖抓放,抓放准确快速。肩部有力稳定才能叠的更高。在这个动作中,肩关节稳定非常重要。
15~16 月	握笔时拇指食指靠近笔尖,其余三指环绕握笔的姿势出现。	功能发展:拇指食指的能力还不能控制笔,还是以手指环绕握笔为主。
15~16 月	涂鸦时以肩肘为轴画出连续大圆。	功能发展:幼儿在涂鸦的后期用肩和肘配合在纸上画圆,而且随着腕关节的灵活参与可以让圆越画越小。
19~20 月	经常可以一次翻开一页厚纸书。	功能发展:随着语言认知发展,幼儿翻书的次数越来越多,手指对页数的触觉把握越来越准确,力道也越来精准。
23~24 月	模仿画竖线。	功能发展:幼儿有意的控制落笔收笔,仿画的开始标志着涂鸦时期结束,幼儿开始练习控制笔画出线条。
25~26 月	使用剪刀剪开纸。	功能发展:指间关节屈曲控制,拇指与四指的掌指关节做屈伸控制。

续表

月龄	里程碑行为	发展规律
27～28月	仿画横线,线段有明显的终点。	功能发展:幼儿有意地控制落笔收笔,仿画的开始标志着涂鸦时期结束,幼儿开始练习控制笔画出线条。
29～30月	用4块左右的积木模仿成人搭出简单几何形状。	功能发展:不仅手部与上肢的控制技巧越来越好,而且可以辨认并模仿一些简单几何形状。
33～34月	仿画封闭的圆。	功能发展:儿童有意地控制落笔收笔。
37-38月	剪直线并逐渐开始剪圆。	功能发展:这个动作需要双手协调与手眼协调发展,双手协调不好可能出现抓纸的一侧手腕不活动的情况。
37～38月	可以涂色。	功能发展:幼儿的手眼协调能力提升,控制越来越精准。
54～55月	把长方形纸从中线对折。	功能发展:这个动作需要幼儿运用捏的动作,双手协调配合,一手捏住一手翻动纸,眼睛同时控制对齐,腕关节于各个指关节分离控制,压住不同的地方。
41～42月	握笔时,拇指腹与食指腹捏笔,中指远指关节抵住笔的握笔姿势。	功能发展:成熟的控笔技巧,拇指与食指更有力。拇指食指中指更熟练。

> ## 三、运动康复评估

运动康复评估的最主要目的是对幼儿运动能力和生态环境进行评价和分析,制订适合每一位儿童和所处环境的运动训练方案。通过本节的学习,我们需要了解粗大运动能力评估、精细运动能力评估以及人际互动质量与参与度分析这三个部分。

(一)粗大运动能力评估

评估时首先根据儿童在日常环境中的综合表现,确定儿童与环境适应的等级。等级1:在环境中无法保持稳定坐姿;等级2:在环境中可以保持稳定坐姿,有较多机会在室内小范围移动;等级3:在环境中可以保持稳定坐姿,有较多机会在室内较大范围移动;等级4:在环境中可以保持稳定站姿,有较多机会在室内较大范围移动;等级5:在环境中可以保持稳定站姿,有较多机会在室外较大范围移动。儿童有且只有一种等级,等级数越大,代表儿童的粗大运动能力越好,每个等级都有该等级必备的基本和综合运动能力。每一项基本能力都是综合能力发展的基础,因此若儿童对应阶段的基本能力未达到3分,就应当设置成为训练目标。当对应阶段的基本运动能力达到基本要求,才可以提升综合运动的训练目标。

若评估目标只为判断儿童入学安置方式,则无需进行具体的项目评估,只需进行儿童与环境的适应等级评判。

表2-4　儿童与环境的适应等级评判

儿童与环境的适应等级	姿势保持与转移支持	移动支持
等级1 在环境中无法保持稳定坐姿	需要全身固定式轮椅、站立架、活动地垫提供日常摆位。需要定时地完全辅助转移姿势	需要照顾进食、移动和如厕;需要无障碍设施和轮椅以及成人的完全辅助
等级2 在环境中可以保持稳定坐姿,有较多机会在室内小范围移动	需要较低座椅、活动地垫提供日常摆位。需要定时地少量辅助转移姿势	需要照顾移动和如厕;需要无障碍设施和轮椅以及成人的完全辅助
等级3 在环境中可以保持稳定坐姿,有较多机会在室内较大范围移动	需要活动地垫提供日常摆位	需要照顾移动和如厕;需要无障碍设施和轮椅以及成人的少量辅助
等级4 在环境中可以保持稳定站姿,有较多机会在室内较大范围移动	需要加重课桌、椅子、助行器	需要无障碍设施和同伴或成人的少量辅助
等级5 在环境中可以保持稳定站姿,有较多机会在室外较大范围移动	无	长时间、远距离移动需要轮椅和成人少量辅助

1. 粗大运动能力评估示例——基本运动能力评估

以等级1阶段的评估为例,被评估儿童无法保持稳定坐姿,需要对等级1的基本和综合运动项目逐步开展评估。目的是分析阻碍儿童学会保持坐姿的主要障碍。若想学会坐姿的保持和转换能力,需要头颈、上肢、躯干、髋关节这些部位具有一定的基础能力。

粗大运动能力评估示例

因此针对不会坐,或是坐不稳的问题,我们需要评估头颈屈曲与伸展能力,观察幼儿能否自如旋转头部以及在俯卧位抬头抬躯。通过仰卧位缩腿蹬腿的动作测试幼儿髋关节控制能力,在卧位下的测试远不及站立行走难度大,但是对于还不会坐的幼儿来说难度刚好,因此在不同等级的运动能力评估中,测试同样的部位,测试难度会随着等级的提高而提升。髋关节作为坐姿的基底,能够自如屈曲和伸展对于保持坐位至关重要。要想保持坐姿,还需要躯干能够保持直立,上肢能够支撑身体离开平面。

以下展示了能力处于等级1的儿童的具体评估项目,所测评的都为该阶段儿童能力进阶的必要项目,不达到3分则需要针对性的训练。

表 2-5 基本运动能力评估

评估项目	操作说明	评分标准
b1.1 头颈屈曲能力	让儿童处于仰卧位,头正中位。在儿童身体两侧呼唤吸引儿童,观察儿童能否在保持四肢对称的状态下回旋头部。	0 分:头部不能保持在正中位
		1 分:头部可保持在正中位 1~3 秒钟
		2 分:头部可保持正中位,但头部一回旋四肢就出现非对称性姿势
		3 分:即使头部回旋四肢也能保持对称姿势
b1.2 头颈伸展能力	让儿童处于俯卧位,在儿童头部前方吸引儿童抬起头部至直立状态。	0 分:头部完全不能抬起
		1 分:头部可以稍稍地抬起,但下颌不能离开垫子
		2 分:头部可抬起,但不能直立
		3 分:头部可直立
b1.3 髋关节屈曲能力	儿童处于仰卧位,通过指令或刺激足底诱导儿童右髋、膝关节屈曲至完全屈曲状态。	0 分:右侧的髋、膝关节完全没有屈曲
		1 分:右侧的髋、膝关节稍有屈曲活动
		2 分:右侧的髋、膝关节可屈曲至中途
		3 分:右侧的髋、膝关节能完全的屈曲
b1.4 髋关节屈曲能力	儿童处于仰卧位,通过指令或刺激足底诱导儿童左髋、膝关节屈曲至完全屈曲状态。	0 分:左侧的髋、膝关节完全没有屈曲
		1 分:左侧的髋、膝关节稍有屈曲活动
		2 分:左侧的髋、膝关节可屈曲至中途
		3 分:左侧的髋、膝关节能完全的屈曲
b1.5 髋关节伸展能力	儿童处于仰卧位,老师一手抓脚踝弯曲儿童右下肢,一手掌推弯曲下肢的足底,引起蹬腿。	0 分:右侧的髋、膝关节完全没有伸展
		1 分:右侧的髋、膝关节稍有伸展活动
		2 分:右侧的髋、膝关节可伸展至中途
		3 分:右侧的髋、膝关节能完全的伸展
b1.6 髋关节伸展能力	儿童处于仰卧位,老师一手抓脚踝弯曲儿童左下肢,一手掌推弯曲下肢的足底,引起蹬腿。	0 分:左侧的髋、膝关节完全没有伸展
		1 分:左侧的髋、膝关节稍有伸展活动
		2 分:左侧的髋、膝关节可伸展至中途
		3 分:左侧的髋、膝关节能完全的伸展
b1.7 肩关节前屈、上肢伸展能力	儿童仰卧位,通过悬挂玩具诱导儿童上肢越过中线伸向对侧的玩具	0 分:上肢完全不能伸向身体的正中方向
		1 分:上肢稍有伸向身体正中方向的意向与动作
		2 分:上肢可向上方伸出,但不能越过正中线
		3 分:上肢可越过正中线伸向玩具

评估项目	操作说明	评分标准
b1.8 肩关节后伸、上肢伸展能力	儿童处于俯卧位,头部竖直位,肘伸展,胸部也离床	0分:上肢完全不能支撑身体
		1分:上肢稍有支撑身体动作
		2分:上肢可支撑抬头抬起躯干,保持少于3秒
		3分:上肢可支撑抬头抬起躯干,保持多于3秒
b1.9 躯干伸展能力	儿童处于俯卧位,向右侧翻身成为仰卧位	0分:完全不能翻身
		1分:稍有翻身的意识
		2分:只能翻到仰卧位的中途
		3分:可向右侧翻身至仰卧位
b1.10 躯干伸展能力	儿童处于俯卧位,向左侧翻身成为仰卧位	0分:完全不能翻身
		1分:稍有翻身的意识
		2分:只能翻到仰卧位的中途
		3分:可向左侧翻身至仰卧位

2. 粗大运动能力评估示例——综合运动能力评估

运动能力在等级1的幼儿需要在卧位姿势下积累重心转移的经验,为之后在坐位的发展做准备。需要重点评估:幼儿在躯干直立时头部的平衡能力;幼儿在卧位时重心转移能力;从卧位向坐位转移的能力。以上这些评估项目若幼儿无法独立完成,应当设为康复目标,教师可以直接引导幼儿在卧位体验各类重心转移的控制感。但是请注意综合运动能力以基本运动能力为基础,只有基础运动能力通过3分评价后,再将综合运动设为训练目标。例如,幼儿在俯卧位下左右转移重心这个能力就需要头颈伸展、肩胛稳定、躯干伸展的基础能力。这些能力基本具备后再进行综合能力的训练更容易达成目标。

表 2-6　综合运动能力评估

评估项目	操作说明	评分要点
C1.1 头部平衡	儿童在支持下坐位,保持头部直立	0分:儿童完全无法保持头部直立
		1分:在少量支持下,儿童能保持头部直立
		2分:儿童可以独立保持头部直立1~5秒
		3分:儿童可以独立保持头部直立5秒以上

续表

评估项目	操作说明	评分要点
C1.2 卧位重心转移	仰卧位抬起下肢把玩下肢,并转移重心	0 分:儿童完全无法抬起下肢,并无法转移重心
		1 分:儿童稍有抬起下肢的动作,无法转移重心
		2 分:儿童可以抬起下肢和把玩,但无法转移重心
		3 分:儿童可以抬起下肢和把玩,可以自如转移重心
C1.3 俯卧位重心转移	儿童处于俯卧位,左右转移重心,至前臂支撑	0 分:儿童完全无法转移重心,至前臂支撑
		1 分:儿童稍有重心转移动作,无法转移至前臂支撑
		2 分:儿童通过转移重心,转移至前臂支撑途中
		3 分:儿童可以通过转移重心,转移至前臂支撑
C1.4 前臂支撑至双手支撑	儿童俯卧位前臂支撑,左右转移中心,至双手支撑	0 分:儿童完全无法转移重心,至双手支撑
		1 分:儿童稍有重心转移动作,无法转移至双手支撑
		2 分:儿童通过转移重心,转移至双手支撑途中
		3 分:儿童可以通过转移重心,转移至双手支撑
C1.5 俯卧位转移至坐位	儿童从俯卧位双手支撑转移至坐位	0 分:儿童完全无法转移至坐位
		1 分:儿童稍有转移至坐位的动作
		2 分:儿童可以转移至坐位的途中
		3 分:儿童可以转移至坐位

(二)精细运动能力评估

1.上肢稳定能力评估

(1)上肢伸展:幼儿处于侧卧位,在幼儿面前可以触及的位置方放置玩具,幼儿可以前屈肩关节伸手碰触玩具。

(2)上肢屈曲:幼儿将手放入口中。

(3)前臂旋转:可以吃手,抓东西吃。

(4)上肢综合:幼儿有意识地反复上举、放下上肢。

(5)上肢伸展:在辅助下坐于桌前,伸手碰触前方桌上的玩具。

(6)上肢伸展:仰卧位伸手拍打悬挂在头部上方的玩具。

(7)前臂支撑:俯卧位前臂支撑抬头抬躯。

(8)前臂支撑:俯卧位前臂支撑抬头抬躯,重心左右转移,抬起一侧上肢。

（9）肩部内收上移：双手抱较重的物品举起，肩胛外展上旋，肩关节水平内收。

（10）肩部外展，评估抓握力量：揉纸撕纸。

（11）双手支撑：在膝手爬姿下，前后左右转移重心。

（12）双手支撑：爬行（对双手协调非常有帮助）。

（13）肩部稳定：从墙上撕下魔术贴，将魔术贴贴到墙上的准确位置。

（14）稳定肩部：搭放 3 块积木。

（15）稳定肩部：搭放 5 块积木。

2. 手部运动能力

（1）随意整掌抓握（含腕关节伸展）：主动伸展上肢抓取面前的物品，可能随着注意力转移，物品会掉。但是注意力集中的情况下可以抓握很久。

（2）腕关节屈曲：整掌拍打面前桌面、在桌面上压扁胶泥（用掌面摩擦砂纸、粗糙的布、沙子等，压手印）、悬垂掌、指关节外展托举盘子。

（3）随意整掌抓握：抓握物品可以短暂摇摆上肢。

（4）释放：听到或看到指令，可以放开手中的物品。

（5）同时抓握：幼儿可以一手一个物品抓握一段时间（增加抓握的经验）。

（6）尺侧桡侧分离：利用尺侧抓握、利用桡侧抓握。

（7）抓握力量：把袜子从脚上脱下来（拉玩具车、撕纸揉纸、拧毛巾）。

（8）屈腕：屈曲腕关节，将手放进广口瓶里抓物品。

（9）食指分离：用食指点和挤压绿豆（手指戳洞游戏）。

（10）拇指食指捏：用拇指食指从碗里拿出黄豆（翻书、提高指腹感觉和用手指远端操作工具）。

（11）尺侧桡侧分离：单手抓两块积木，分别释放（搬运游戏、吊车游戏；年龄小的幼儿直接抓取小物品，会选择尺侧桡侧分离）。

（12）尺侧桡侧分离：单手四指环绕拇指向上抓握一只筷子，将筷子向拇指上方不断推出。指关节外展、拇指屈曲。

（13）掌指分离：从瓶口上方伸入手指抓取小丸，或呈鸭嘴状态抓捏书本。屈曲四指掌指关节，指间关节伸展（沙子塑形、胶泥塑形）。

（14）掌指分离：抓大于手掌的气球，指尖抓握。掌指关节伸展，指间关节屈曲。

（15）掌指分离：用四指勾拉抽屉把手，屈指间关节。

（16）掌指分离：用拇指将缠在四指上的橡皮圈脱去。

（17）掌指分离：使用剪刀，指间关节屈曲，掌指关节屈伸控制。

（18）掌指分离：将掌心的硬币推向指尖。

（19）拇指食指捏：可以从多页书中捏起一页，可以从多层布料中捏起一层。

（20）五指分离：拇指食指中指控笔。

（21）五指分离：在手中翻转积木。

（22）对掌、五指分离：拇指与四指指腹连续对捏。

3．协调能力

（1）手眼协调：幼儿于桌面用手拍打左面指定位置（洞洞板玩打地鼠）。

（2）双手协调、掌指分离：双手把玩物品，拨弄旋转物品观察（①把玩玩具纸盒、玩具；②双手拿起重物）。

（3）双手协调、掌指分离：抓握物品，离开掌心（①缠厚绷带、强制离开；②指腹触觉游戏；③练习抓握较小物品，可以不用太小的物品，如笔、小积木）。

（4）手眼协调：以肘为轴连续涂鸦（涂鸦活动、划水游戏、鼓槌敲打）。

（5）肩肘协调：画出连续大圆进行涂鸦（涂鸦活动、翻转操作大积木）。

（6）手眼协调、腕关节：以腕关节为轴画出连续小圆。

（7）手眼协调：仿画线段和圆。

（8）手眼协调：剪直线、曲线。

（三）人际互动质量与参与度分析

分析人际互动质量分析是为了改善幼儿与成人的互动情况的测评，这与运动能力的评估同等重要。为了说明这一点，我们来看一个常见情景：

小明的精细运动功能有明显的不足，教师希望小明跟随引导练习拇食指对捏，但是小明的社会性和语言发展也存在落后，在课堂参与度方面有明显问题，对老师的指导和要求不配合不回应。家长在指导小明参与日常活动方面也有同样的困惑，不知道怎么让孩子更配合。如此看来，影响儿童运动功能发展的因素不仅仅只有运动障碍本身，儿童与成人的人际互动质量也是重要因素之一。

学习是幼儿主动构建知识的过程，从广义的角度看，运动康复是幼儿的一个再学习过程。既然是学习，我们必须认真考虑幼儿康复的主动性，因为主动性是影响学习效果的重要因素。幼儿学习的主动性来源可以分为两个方面，幼儿自身需要和成人需要。随着幼儿社会性的发展，成人需要也逐渐地被内化为儿童的需要。举例来说，幼儿对专业人员提供的康复辅具或教具产生了浓厚的兴趣，在专业人员预设的活动中完成了康复动作的学习，这时幼儿的主动性来自个体本身需要；如果幼儿并不愿意努力坚持学习穿衣活动，但是在母亲温柔坚定的要求下，孩子不得不再次举起上肢努力尝试,这时幼儿的主动性则来自已经被内化的成人需要。因此,人际互动是康复训练的主要形式,人际互动质量直接决定了康复训练的效果。

幼儿每天都在参与生活,但参与的程度不一样。参与度是指幼儿参与生活的行为与活动目标的一致性、参与行为的独立性。例如,在幼儿园的一个日常活动中,小明由于运动方面的困难不愿意加入,虽然在老师和小朋友的辅助下完成了任务,但无论是在意愿上还是行动上,小明都没有努力。在这个活动中幼儿确实参与了,但参与行为与活动目标不一致,独立性较低。每一位幼儿都需要在衣食住行和游戏方面花费大量的时间,如果康复训练的效果可以延伸至生活中,势必会带来事半功倍的效果,因此评估幼儿在生活中的参与度,也是至关重要的。

1.人际互动质量分析

人际互动质量分析需要采取行为观察的方式进行,任何对人际互动的陈述都不如行为表现得直接。我们可以透过三类活动对人际互动质量进行分析:新学一项技能、进餐、日常游戏活动(由成人根据幼儿能力选择,可以是绘本阅读,也可以是家家酒)。与幼儿互动的成人应当是幼儿的主要照料者或是教育者。三类互动活动的时间控制在20分钟为佳,并且需要对以下三个方面进行观察:成人的控制度、期待水平、互动有效性情况。

成人控制度是指成人对幼儿行为的控制程度,主要反映的是幼儿对成人的依从程度。控制度高的幼儿语言理解能力不一定要很好,但是他们都很希望与照料者维持亲密的关系,这是幼儿服从成人的内在动力。在这样的动力驱使下,幼儿不断积累人际交往经验,并将其迁移到其他人身上。控制度越好,幼儿的依从性越好,因此控制度是检测人际互动质量的有效指标,也应该是专业人员努力提高的目标,不论是运动康复还是语言治疗或是其他的专业人员。在测评中可以通过任务完成数在总任务数中的占比来表示。

适当的期待水平是指成人安排的任务难度适合幼儿的能力,如幼儿上肢不能做全范围的自主运动,影响穿衣功能。若任务要求是独立完成穿衣,那么对幼儿来说就是较困难的。若任务要求是在全家长的全程辅助下完成穿衣,那么对幼儿来说就过于简单了。这两种难度都不易于幼儿发展。适当的任务难度是成人控制度发挥作用的重要条件,为幼儿发展提供了真正参与的机会。在测评中的指标为首次完成任务(首次完成任务是指,成人安排任务后,幼儿没有在成人辅助的情况下,首次就顺利完成了任务)数比任务总数。

有效的互动是一种有利于幼儿建立社会参照的高效的互动,是在难度适当的任务中提高控制度的关键做法。脑损伤有时不仅局限在运动方面,多重障碍幼儿往往需要我们用更多的方法走进幼儿心理,引导其主动学习。有效的互动在过程中强调,互动双方产生语言和非语言的双向信息交流,有利于幼儿形成稳定且积极的性格。当互动发生时,幼儿无论是在指令下或是自发做出互动行为,成人给予有效回应都算是有效互动次数。

表2-7　评估活动　学习涂色(学习一项新技能)

测评领域:精细运动、语言理解、人际互动质量	
准备:大白纸、颜料、水杯、水彩笔	
活动流程	测评目标
1.让家长指导儿童安坐等待,若无法安坐,直接交给家长,要求儿童穿上。	通过家长向儿童下达指令,测试儿童对常见指令如坐下、起来、穿等的理解。观察家长对幼儿期待是否合理,难度是否适合儿童。
2.教师分发涂色服装给家长,家长穿上(围裙),向儿童示范并要求儿童也穿上。如果儿童无法完成,辅助其完成。	通过示范的方式,观察儿童的模仿水平、独立完成程度。观察家长对幼儿期待是否合理,难度是否适合儿童。家长对儿童行为是否进行了有效的回应。
3.教师拿出颜料,打开盖子挤到调色盘中,用笔涂抹。交给家长,向儿童示范拧开盖子、涂抹均匀。要求儿童仿照完成。有意给儿童拧瓶盖制造困难,引发求助行为。	主要测评儿童模仿能力中的工具操作、用笔技能。同时也观察人际互动质量中的控制度、期待水平、有效互动情况。测试儿童表达需要的能力。
4.涂抹完成后在画板上涂鸦,能力好可以让儿童在指定位置仿画线段,能力不足涂鸦即可。	主要测评儿童模仿能力中的工具操作、用笔技能。同时也观察人际互动质量中的控制度、期待水平、有效互动情况。
5.让儿童换笔涂抹指定单一颜色和指定两种颜色混合。	测试颜色认知、A 和 B 词组理解,以及人际互动质量的有关指标(同上)。
6.若以上都能完成,让儿童把指定颜色颜料给妈妈、老师。	测试颜色认知、单要素指令理解和双要素指令理解,以及人际互动质量的有关指标(同上)。
7.能力较好让家长带着画小鱼的简笔画、能力不好让家长画出小鱼让儿童涂色或者画出水波浪。	评估通过行为组合获得技能的能力,评估精细运动中的手眼协调能力,分析人际互动质量的有关指标(同上)。

通过上述设计教师组织幼儿和家长一起参与,拍摄视频之后对人际互动行为进行分析。通过事件观察法对每一次的互动和指令进行具体分析。记录分析不同难度的指令,按照由易到难的顺序依次为:动作辅助、先语言指令后动作辅助、情境性指令、模仿、独立语言指令;同时也要计算总任务数量和任务完成数量、目光对视次数、成人的

情绪反馈(微笑肯定、无特别表情、皱眉不满意、生气训斥);最后要分析儿童提出要求的方式和次数、成人给予满足的次数、儿童放弃次数、有效互动次数。

2.参与度分析

幼儿参与日常生活,积累了有用的经验,并利用这些知识和技能适应生活。无论幼儿能力好坏,他们都全面地参与了吃饭、穿衣、出行等日常活动,但是每个幼儿参与的程度不同。例如:同一名幼儿,由于运动能力不足,奶奶在协助其进餐时把食物送入幼儿嘴中,而母亲在喂饭时,要求幼儿从倾斜的椅子靠背上坐起,才把食物喂入口中,幼儿还要用抬手表示吃完了,转动头部表示想吃什么菜。同一名幼儿在同一项活动中,展现出不同水平的参与度,上述例子中后者参与度更高,独立性更强。

参与度主要通过观察与访谈两种形式评估,可以对幼儿的日常生活进行直接的观察;也可以通过对主要照料者进行访谈,了解孩子的日常参与情况。以下为访谈提纲与分析要点。

访谈围绕着平常的一天所做的活动。根据每一个活动,访谈主要围绕以下几点展开:

(1)幼儿做了什么——分析参与性、独立性、幼儿表现与常规表现的实际拟合度,分析幼儿如何保持姿势和移动

(2)家庭成员做了什么——分析家庭资源、要求与支持

(3)家庭和社会文化对幼儿做法的看法——家长期待

(4)家长对幼儿行为的解释

(5)6个月后家长对幼儿的期望

(6)家长最关心幼儿的问题(具体)

> **四、幼儿运动能力的教育康复目标制订**

经过对评估方法的介绍,假设我们通过运动能力评估可以获得以下重要的信息:幼儿的发展等级、幼儿基本运动能力以及综合运动能力。在幼儿发展生态取向下我们通过人际互动质量与参与度分析可以获得以下重要信息:幼儿的人际互动质量和参与度。我们应当如何将这么多评估信息整合成康复目标呢?接下来我们会一一介绍。

(一)教育康复目标制订原则

接下来我们会介绍如何制订教育康复目标,但在此之前需要了解一些基本原则。知道了这些制订方法背后的原则才能做到融会贯通。

1. 由易到难,循序渐进

在制订康复目标时,需要遵循由易到难的原则。这个原则是幼儿学习的基本规律,听起来简单,但是很多专业人员或家长会经常忽视这一点。这个原则易懂却难以落实,其问题的关键在于家长或一些专业人员对于难度与幼儿能力和幼儿运动发展的关系不熟悉。因此,虽然由易到难的道理是清晰直白的,但是若想真正在工作中践行这个原则,需要了解任务难度与幼儿动机的关系,以及幼儿运动发展的理论知识。

2. 把握宏观发展方向

具有运动障碍的幼儿,一定有很多测评项目不能达成,我们不能把所有项目对应的能力都设为干预目标。这样没有重点,眉毛胡子一把抓,很难出效果。那么根据幼儿运动的发展方向制订干预方向是可行的方法。因此每个发展等级所要测试的项目对应的是这个阶段幼儿发展的主要任务,不能够太难也不能过于简单。对于新手来说不可随自己经验跳出幼儿当前等级的能力测评项目,去训练一些生活中常用到的一定技能,例如行走、站立等,很多家长和新手专业人员却经常这么做。因此要遵照每个等级的发展任务制订目标,过易过难都不适合幼儿的发展。

3. 发展是基础,功能是核心

制订教育康复目标,单纯依据幼儿运动发展为线索是不足以解决问题的。因为幼儿的康复需要时间的积累,幼儿进行有益发展的运动学习的时间,直接决定了康复效果。然而影响幼儿学习的因素很多,专业人员需要结合幼儿的发展环境,制订真正满足家庭和幼儿需要的干预方案。因此制订教育康复目标,不仅要依据运动发展这条线索,还要参考幼儿所处的生态环境,保证专业康复方案可以持续地影响幼儿的生活。

贴近生活的、功能化的目标可以提高幼儿在生活中的参与度,可以增加幼儿学习的机会。但是,幼儿能力不足,短期内完全实现正常的功能是困难的,因此家长或科技的辅助支持就是唯一途径了。幼儿在参与中逐渐减少对支持的需求,是评判支持有效性的关键指标,因此幼儿在辅助下参与活动的难度应当是适合的。不宜过难也不宜过易,怎么才能保证难度适当呢?发展目标(主要依据发展规律制订的目标)与功能目标的结合是关键。功能目标保证了教育康复与生活紧密联系,发展目标确保了发展目标的难度是适合幼儿的。

(二)制订发展性目标

发展性目标就是依据幼儿发展水平制订的适合幼儿现阶段的运动康复目标,例如:幼儿髋关节稳定性不好,幼儿平衡能力不足。我们制订了提高幼儿股四头肌、臀中肌、臀大肌控制能力的训练目标。发展性目标可以帮助我们准确地找到适合幼儿的干预方向和重点。但是只靠发展性目标很可能无法帮助我们达到目标。成人的态度、幼儿的意愿、康复训练的强度……都会是关键因素。我们还需要在发展性目标的基础上制订贴近生活的功能性目标。

（三）制订功能性目标

功能性目标……情况，制订的适合幼儿的生活化康复目标。例如在"发展性……髋与下肢能力不足，行走姿势异常，容易摔倒，无法独立……订了功能化的目标：幼儿可以通过爬行和扶物从地面站起的方法……目标的制订既基于幼儿运动发展，也参考了幼儿所处的环境。确保活动……意愿执行的，成人认可，而且在日常生活中有大量操作的机会。

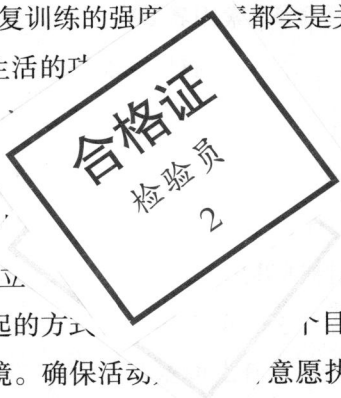

因此通过上面介绍的各种评估，我们需要结合幼儿发展情况，制订幼儿下阶段的发展方向。在这个基础上，分析幼儿所在的环境、幼儿和成人相处的情况，制订一个可行的生活化康复目标。发展性目标与功能性目标的结合让我们的康复训练能够高效率地帮助到家庭和幼儿。

> 五、幼儿运动能力的教育康复方法

按照专业人员是否参与的规则，幼儿运动康复实施的形式分为专业人员实施与照料者实施、专业人员指导两种形式[①]。通常，照料者实施、专业人员指导这种形式所占的时间最长，因此可以看出人际互动质量和生活参与度分析的重要性。本节主要列举专业人员实施的康复训练原则和常用活动，照料者实施的方法与范例在实践篇列出。读者可以先了解熟悉一些更基础的训练活动，然后再将其与幼儿生活联系起来。

（一）幼儿运动能力的教育康复实施原则

（1）要让幼儿认识到康复动作的要求，教师与幼儿应当在如何控制身体方面有着共同的认识。由于运动障碍的缘故，幼儿会采取代偿的方式完成当下的动作，有时教师不得不停下游戏活动的引导来规范幼儿的动作，并且主动的学习更加有助于提高康复效率，因此教师需要确保幼儿清楚地知道康复动作应当如何完成。

一般来说，教师通过语言提醒、肢体提示，以及明确的任务目标来让幼儿了解康复动作的要求。"语言提醒"是在幼儿动作不到位时，老师下达语言指令，提醒幼儿做到

[①]专业人员是指掌握本章节中介绍的知识技能，具有实施运动康复能力的人，一般是教师、治疗师。照料者是指不知道运动康复知识和技能的人，一般是家长。

位;"肢体提示"是幼儿能力不足以完成动作或完成意愿较低时,教师用肢体提醒或协助幼儿完成;"明确的任务目标"是根据需要设置视觉反馈目标,通过活动目标的达成限制动作,教师需要在过程中根据情况适当地给予支持,避免代偿。例如:用触碰挂在高处的物品,引导幼儿做出上肢抬起的动作,若幼儿上肢抬起高度不够,就不能拿到物品。有时受到幼儿认知水平的限制,教师常采用某一个活动或任务为媒介,把动作的要求清晰传达给幼儿。在上面的例子中,教师的目标是让幼儿举高上肢,幼儿的目标是拿到物品,这样二者的目标完全相同,促使康复效果得到提高。

(2)降低康复训练难度,提供适合辅助,脑瘫幼儿在学习新的运动控制技巧时,是有难度的,幼儿面对难题时往往会产生回避的选择。而且难度较大的任务,幼儿也很难独立应用在生活中,这不利于幼儿在生活中巩固康复效果。因此教师需要通过:节律性运动、减少重力影响、小步前进、整体带动局部、反射诱发的方法降低幼儿完成动作控制的难度。

"节律性运动"是教师辅助幼儿身体做出前后、左右的重心来回转移,当儿童逐渐熟悉并适应后,即可较容易地重复之前的节律性动作。

"减少重力影响"是通过转变幼儿完成任务的体位,减少来自身体带来的阻力。例如,在幼儿上肢控制能力不足的情况下,较难在坐姿下前屈前关节伸手取物,教师可以安排幼儿采取侧卧位在其所及范围内放置玩具,这样幼儿就可以用较小的肌力控制上肢活动。

"整体带动局部"是幼儿通过整体性动作完成某些部位的训练,随着幼儿运动功能的发展,更多精准的动作可以从整体性的动作中分化出来,对于幼儿来说整体运动是他们熟悉的运动模式且更容易做出。因此康复训练中,当幼儿较难做出一些动作时,教师应该尽可能促使幼儿调动更多部位做出整体性动作。例如:幼儿难以做出踝背屈动作,可以让幼儿下肢整体做出屈曲动作,这样幼儿在整体运动中可以相对容易的做出踝背屈。

"反射诱发"是利用人体与生俱来的反射性动作诱发出目标动作,例如:若想训练幼儿上肢支撑能力,可以令幼儿俯卧在治疗球上,向前推动治疗球,幼儿随之进入头低臀高的位置引发幼儿的降落伞反射,这时幼儿会较容易做出上肢支撑动作。

(3)在训练中增强幼儿运动的反馈:增强视觉、触觉、本体觉的反馈,引导幼儿把注意力放在动作与知觉反馈的联系之上。

(4)促进幼儿在训练中的主动调整:儿童在运动中会选择以下几种调整,主动调整、被动调整、无法调整。应当尽量促使幼儿根据任务目标主动调整。

(5)丰富幼儿的动作模式:动作程序和参数同样重要,重复训练有助于建立程序,变换姿势,重量、距离、速度等参数有助于丰富动作模式。

（6）促进迁移:教师需要观察儿童生活,训练活动要靠近生活功能,让儿童的训练可以学以致用。

（二）幼儿粗大运动能力的教育康复活动

训练视频

等级一　无法保持坐位,无法移动

1.头颈部伸展能力训练

目标:俯卧抬起头部少许时间

活动:（1）俯卧位,高角度支持下的抬头练习。教师位于幼儿前方,幼儿处于俯卧位。通过前方兴趣物吸引抬起头部,腋下支持角度根据幼儿能力调整,能力越差角度越大。教师也可位于幼儿的后方,通过给予足底压力,引发全身性伸展。

（2）俯卧橡胶球,前臂支撑,双肘与肩同宽,肩关节与肘关节屈曲90°,支撑上半身体重,治疗师可固定幼儿肘部并活动圆球,调节肘支撑及对称抬头。

2.头颈部屈曲能力训练

目标:仰卧左右转动头部观察

活动:（1）幼儿处于仰卧位,通过兴趣和喜好引发幼儿左右回旋头部。能力不足时,可以辅助头部完成,也可让幼儿躺在一定角度的平面,能力越差角度越大。幼儿靠在斜面上,教师缓慢拉幼儿上肢,引发抬头。

（2）幼儿坐于球上或是侧坐在教师腿上。治疗师辅助幼儿躯干,带动幼儿身体向后方向倾斜,引发幼儿的颈部矫正反射,也可使用棒棒糖吸引幼儿前屈头颈舔食,教师通过前后调整幼儿身体,增加和减少难度。

3.肩关节前屈,上肢伸展能力训练

目标:仰卧位前屈肩关节,伸直上肢与地面保持垂直2秒

活动:幼儿仰卧或俯卧在高位楔形垫上,在幼儿身体上方设置拉环,可以是摇铃、袜子、灯绳、吊环、玩具等引发幼儿上举上肢拉拽、摇摆（拉拽是训练肩关节后伸和上肢屈曲的活动）。

4.肩关节后伸能力训练

目标:俯卧支撑上半身离开支持面

取物练习:幼儿在辅助下处于坐位,让幼儿由前向后拉动绳子,绳子另一头系在玩具上。教师提示幼儿背阔肌、大圆肌、菱形肌收缩。若幼儿手无法抓握,教师提供适当辅助。

5. 髋关节伸展能力训练

目标:仰卧蹬地,带动身体向上移动

伸髋练习:辅助幼儿跪坐在桌面前,在桌面上摆放玩具,教师在幼儿身后,通过深压提示臀肌、股四头肌收缩,引导并辅助幼儿转换至直跪。

6. 髋关节屈曲能力训练

目标:仰卧蜷缩下肢抬起下肢 2 秒

活动:屈髋练习:幼儿处于坐位,斜靠于三角垫上。教师在前方放置玩具,吸引幼儿坐起拿玩具。教师可以深压髂腰肌、股四头肌上缘促进主动肌收缩。

7. 躯干伸展能力训练

目标:俯卧抬起头部上肢下肢 2 秒

活动:幼儿俯卧在高角度楔形垫上,教师位于幼儿身后,给予足底压力引发支持反射,引发全身性伸展动作。可以同时配合在幼儿上方放置玩具,同时引发肩关节前屈、上肢伸展。

8. 综合运动能力训练

目标:提高幼儿在卧位的姿势保持和重心转移技能

活动:头部平衡训练、仰卧位重心转移训练、俯卧位重心转移训练、卧位转移至坐位训练。

等级二　可以保持坐姿,可以在室内小范围移动

1. 上肢伸展、保护反应训练

目标:坐位平衡反应,上肢向躯干前后左右伸出,支撑保护身体

活动:(1)让幼儿坐在弹簧床上,教师辅助固定下肢,上下晃动弹簧床,破坏幼儿的坐位平衡,辅助幼儿伸出上肢保护身体。

(2)幼儿俯卧于球上,教师用躯干和双手控制幼儿,使之保持肩部前屈、上肢伸展的动作,教师身体前移,幼儿身体随之向下向前,保持臀高头低的姿势,利用降落伞保护反射支撑身体。

(3)在辅助下幼儿坐于桌前,在幼儿可以触碰的位置放置玩具,引导幼儿伸手取物。若是幼儿无法完成,给予辅助和指导。

2. 躯干屈曲与伸展能力训练

目标:在辅助下完成翻身控制

活动:(1)将幼儿放置在毯子上,放置 10 分钟后,向上抽动毯子辅助儿童翻滚。

(2)幼儿坐于橡胶球上,教师稳定幼儿骨盆,向一个方向拉动身体,引发身体的翻

正反应。身体向后移动,引发躯干屈曲和屈髋动作,身体向前移动,引发躯干伸展和伸髋动作。

3. 髋关节屈曲与伸展能力训练

目标:在坐位,身体前倾后仰可以恢复中立位

活动:幼儿处于坐位,将玩具放置在幼儿后方,辅助幼儿拿玩具,引发屈髋动作来保持平衡。将玩具放置在幼儿前方,引发幼儿躯干向前取物,并回到中立位,从而引发伸髋动作。

4. 腕关节与指关节伸展能力训练

目标:抓取挂在墙上的物品,或摊开手掌接大人递给的零食

活动:(1)若幼儿出现前臂旋前、拇指内收、腕关节持续屈曲,需要从被动出发,转动前臂做后旋,伸展腕关节、掌与指关节。通过沙子、触摸垫、毛刷等不同材质的物品适当刺激手掌,引发幼儿小范围主动探索寻找,从而增加近端关节(肩部、肘部)的活动,辅助完成腕关节指关节的活动。

(2)若幼儿肩部、肘部活动受限,则要遵循前面卧位关于肩关节和上肢的活动。若幼儿肩部肘部活动范围接近正常,可以让幼儿处于坐位,在桌面上放置适合大小的球类玩具,引发幼儿伸腕、伸展手掌。

目标:取物放物时,自如展开手掌和握拳

活动:让幼儿靠坐在45°的斜面上,与之互动引导其坐起,可辅助上肢协助。教师与幼儿面对面盘坐,在幼儿背后放置靠垫(接近90°),唱歌推拉幼儿的上肢引起幼儿的抓握、躯干和骨盆的弯曲和伸展。鼓励幼儿用力靠向靠垫,然后拉起重复。

等级三 可以稳定坐姿,在室内自如地大范围移动

1. 肩胛外展外旋、上肢伸展能力训练

目标:手部支撑身体抬离地面,保持膝手爬姿

活动:膝手爬姿,让幼儿处于跪坐姿势,爬出去探索。教师给予辅助,减轻上肢负担。

目标:爬行时单上肢短暂支撑身体

活动:幼儿处于四点爬姿,引导幼儿抬起一侧上肢,教师辅助控制好平衡。

2. 前臂旋后、肩关节水平内收能力训练

目标:幼儿手握塑料哑铃,使靠近尺侧哑铃互相敲击

活动:诱导幼儿在膝手爬姿下,控制手掌的方向做出不同的支撑动作。诱导活动可以是画图、打扫、印手印,或是简单的动作指令。幼儿需要在膝手爬姿下不断转变指

尖所指方向。

3. 髋关节伸展与屈曲能力训练

目标:爬行时单下肢短暂支撑身体

活动:幼儿处于膝手爬姿,要求幼儿抬起一侧下肢。能力不足时给予辅助,辅助减少下肢重力影响,抬起时辅助转移重心,另一只手辅助支撑侧骨盆。

目标:爬行时,髋关节灵活地伸展弯曲(协调较快速地爬行)

活动:设置新鲜和有挑战的环境,引发儿童爬行探索。

4. 踝关节伸直屈曲能力训练

目标:踝关节自如活动

活动:(1)幼儿坐于沙坑边缘,将脚伸入不同的沙洞,或不用手帮助将脚埋于沙下。(伸展)做出踝背屈只将脚尖露出(屈曲)。

(2)幼儿坐在椅子上,活动踝关节敲击地面,打节拍(伸展屈曲交替)。

(3)幼儿坐在橡胶球上,教师控制踝关节,先后移动身体,引发翻正反应和踝背屈。

5. 髋关节伸展能力训练

目标:保持高跪姿10秒,且髋关节充分伸展,躯干垂直于地面

活动:幼儿扶墙或橡胶球,保持高跪姿。根据能力选择适合的支持物,并保持支持物不动做出身体向侧方的移动。

6. 髋关节屈曲能力训练

目标:高跪姿,重心前移、后移可恢复平衡

活动:(1)幼儿保持高跪姿,要求主动移动重心,完成贴花、涂色、传递物品等任务。增加前后方向的大幅度活动,适当增加左右侧小幅度活动。

(2)幼儿高跪于平衡板,完成保持姿势、接球抛球等活动。平板前后摇摆可训练髋屈曲伸展能力。平板左右摇摆可训练髋外展内收能力。

7. 髋关节外展内收能力训练

目标:仰卧位做出髋外展与内收

活动:幼儿处于坐位,在幼儿身后放置玩具,引导通过控制下肢外展与内收转动身体。

目标:爬行跨过障碍物时,自如外展内收(分腿收腿)

活动:在幼儿爬行的路径上设置障碍物,如楼梯、滚筒。让幼儿爬上楼梯,爬过滚筒。

8. 膝关节的屈伸能力训练

目标:可以扶物,自如在爬姿和站立姿之间转换

活动:引导幼儿在颈部高度的桌面前以跪姿、站姿摆弄手中玩具。引发幼儿频繁做出侧行、跪姿、站姿的转换。

等级四　可以稳定站立,在室内移动

1.髋关节外展与内收能力训练

目标:扶墙半跪姿1分钟

活动:(1)幼儿扶物呈半跪姿,根据能力不同由易到难地设置支持物。做出小范围的重心转移。

(2)幼儿扶墙站立,在其身后放置玩具,引发幼儿左腿向身后伸展跨步、外旋支撑侧髋关节做出向后转身的动作。

(3)幼儿扶物在半跪姿和站立姿之间来回转换,教师给予助力支持。

(4)幼儿处于膝手爬姿,教师跪立用双膝固定幼儿一侧下肢,将重心转移至该侧,抬起另一侧骨盆,协助幼儿迈出非负重侧下肢,同时将双手放于幼儿腹部,协助抬起躯干,完成半跪姿,轻推诱发前方保护伸展反应。

2.踝伸展能力训练

目标:扶墙脚尖站立,够取高处物品

活动:在高于眼部的桌面,引发幼儿做出踮脚尖取物的动作。

3.踝背屈能力训练

目标:站立姿自如控制膝踝屈伸

活动:在幼儿前方地面放置玩具,引发屈髋、屈膝、屈踝动作。

等级五　可以稳定站立,在室外移动

1.膝关节与髋关节外展综合能力训练

目标:膝关节有力自如地做出后伸、前屈、外展、内收动作

活动:(1)扶物蹲站与半跪姿站起(髋、膝、踝关节伸展力量训练),在幼儿前方放置小凳,引导重心适当前移,保证支持面在前足部。

(2)站立姿向半跪姿转移。

(3)快速横向移动(髋外展内收)。

(4)开合跳(髋外展内收、踝伸展)。

(5)倒退跪走(髋伸展)。

(6)倒退行走(髋伸展)。

(7)推箱子(髋伸展)。

（8）站立姿跨障碍物（髋屈曲、外展），教师辅助。

2. 踝背屈能力训练

目标：可以快速有力地做出勾起脚背的动作

活动：幼儿站立在平衡板上，平衡板前后摆动。

3. 踝伸展能力

目标：独立脚尖站2秒

活动：幼儿面朝坡面站立在20°斜板上，脚尖支持身体。

（三）幼儿精细运动能力的教育康复活动

根据精细运动能力评估的结果，幼儿可能展现出若干类能力的不足。需要选择针对性的训练方案进行康复。以下整理并列举了针对各类能力不足，可以开展的教育康复活动。

1. 上肢伸展训练

上肢伸展能力决定了幼儿具有稳定上肢、将手伸向目标物的能力，是幼儿手部抓握功能的基础。近端上肢控制出现问题，远端手部功能则会受到限制，难以发展。因此需要从一些粗大运动和相对容易的训练开始，逐渐启动上肢功能。对于伸手取物有困难的幼儿，我们推荐从卧位和坐位（辅助）进行训练。因为这两个姿势适合能力较弱的孩子，以下列举了一些活动，以供参考。

活动：卧位把玩玩具

目标：肩关节前屈，上肢伸展，提高手部感知觉

准备：上肢运动能力不足，肌张力高的幼儿采取侧卧位，通过沙发、靠垫等支持帮助幼儿保持侧卧位。在幼儿面前设置感兴趣的物品，若幼儿上肢活动受限严重，可采取俯卧位，垫高腋下，支撑头部，让上肢自然处于身体前方视线范围内。

实施：成人通过语言和肢体辅助吸引幼儿伸手取物，注意建立双向沟通。通过玩具吸引幼儿关注成人，指导其提出需求。也多用语言和肢体信息，要求幼儿挑战将上肢伸出较远距离，即时给予反馈。

注意：采取什么姿势与幼儿粗大运动能力有关，若幼儿能力较好，可以采取仰卧在头部上方呈现玩具，也可以在辅助下的坐位进行训练。还要注意的是，幼儿躯干的稳定性和控制能力会影响上肢功能，幼儿能够保持稳定的坐姿，可以在卧位下移动重心，才能有更多机会使用上肢操作物体。提高躯干能力的训练活动可以参考粗大运动能力的教育康复活动范例。

2. 前臂旋转能力训练

活动:旋转前臂玩沙

目标:前臂旋前旋后,腕关节屈曲

准备:可以通过玩沙子的游戏,达到训练前臂旋转的任务。沙子的优点在于可以给前臂旋转的动作提供丰富的感觉回馈。幼儿有较好的依从性,服从指令,有利于训练的开展。

实施:如果是第一次训练,成人需要先示范。用手掌的尺侧接触沙子,将沙子聚拢,这是训练前臂旋后。再将手掌的桡侧与沙面接触,拨开沙子,这训练到前臂旋前与腕关节屈曲的能力。成人需要从双手辅助逐渐过渡到让幼儿独立做。

3. 腕关节屈曲、伸展训练

活动:压手印

目标:腕关节伸展与屈曲

准备:在墙面贴一张白纸,在幼儿左手上抹上水性颜料,在墙面上压出手印。抬手伸腕可以把手掌转向墙面,屈腕可以将颜料压在纸上。

实施:如果幼儿腕关节屈肌痉挛(表现出持续屈腕,被动伸腕会有明显的阻力),在墙面上压手印是比较难的,我们可以在桌面上进行。注意观察幼儿是否主动做出伸腕动作,成人多以辅助帮助幼儿找到运动的感觉。

4. 肩部稳定性训练

活动:爬行

目标:肩关节与肩胛带的稳定性

准备:地垫。

实施:成人要辅助幼儿,注意引导幼儿的重心尽可能向前,找到利用上肢承重的感觉。对于能力较好的幼儿,可以让成人抬起幼儿下肢,幼儿只用上肢在地垫上爬行。

5. 抓握能力训练

活动一:小桶搬运

目标:手部抓握能力,双手协调

准备:沙坑、泥土、小桶、水。

实施:成人引导幼儿在玩沙玩泥的过程中,双手抱水桶、单手拎水桶。幼儿能力不足时可以采取减少水量、幼儿与成人一同协作等方式辅助幼儿完成。

活动二:抛接小球

目标:手眼协调,指尖抓握(掌指分离)

准备:大小各异的气球。

实施:成人选择较大的气球,与幼儿进行抛接游戏,锻炼幼儿的手眼协调。用一手一个小气球的方式,一次运送两个小气球,锻炼幼儿指尖抓握的能力。若幼儿能力不足以单手抓起,可以换小一点的气球,循序渐进增加难度。

6. 食指能力训练

活动:涂一涂

目标:食指的感知觉,食指的独立运动能力

准备:餐盘、护手霜、水性颜料。

实施:成人指导幼儿把护手霜与水性颜料挤到盘子中。限制其他手指,只用食指在盘子里涂抹。

7. 拇指能力训练

活动一:小瓶子取物

目标:拇指与食指、中指对捏

准备:透明的玻璃瓶、小物件。

实施:在瓶子里放置玻璃小珠、黄豆等小物件,伸手进去拿。瓶子可以限制一些其他的手部抓取动作。如果没有适合的瓶子或者幼儿很难做到,就直接在桌面上练习。

活动二:鞋带拔河

目标:拇指食指对捏

准备:鞋带。

实施:成人辅助幼儿拇指指腹与食指中节指骨对捏,引导幼儿与成人用鞋带拔河。成人有意拔不过幼儿,引发幼儿的主动性。

8. 掌指分离训练

活动:推送橡皮筋

目标:掌指分离,拇指能力

准备:彩色橡皮筋。

实施:成人将橡皮筋套在幼儿的掌指关节处,引导幼儿将橡皮筋从手指脱去。避免幼儿在脱去的过程中指间关节也保持屈曲。若幼儿动作不正确,成人可以辅助多练几次。

9.协调训练

活动一:迷宫游戏

目标:手眼协调

准备:磁力贴、磁吸黑板。

实施:成人在黑板上画出迷宫,向幼儿示范或者拉着幼儿的手玩几次。让幼儿按着磁力贴移动到终点。根据幼儿能力调整迷宫的宽窄。

活动二:盛饭小能手

目标:手眼协调,腕关节与上肢控制能力

准备:碗与勺子,豆子或水果丁。

实施:成人指导幼儿用勺子把豆子分别盛到其他小碗里,邀请其他伙伴或是成人品尝。

活动三:打气球

目标:手眼协调,上肢稳定

准备:羽毛球拍与气球。

实施:成人将气球抛向空中,示范用球拍击打气球。可以逐渐减小气球的尺寸,以提高活动难度。

活动四:制作小蛇

目标:手眼协调,双手协调

准备:白纸与记号笔。

实施:成人先在纸上画出螺旋形状的图案,作为蛇的外形。指导幼儿用拇指食指由末端撕出小蛇的形状。提示幼儿沿着螺旋的线条撕。若幼儿能力不足,可由家长辅助完成,并及时给予鼓励。

思考题

1.粗大运动功能的等级划分标准以及意义为何?

2.每个等级的重点基本能力是什么,如何测试?

3.儿童在卧位、坐位、跪位、立位的重心转移学习任务分别是什么?

4.人际互动质量和参与度分析的作用分别是什么?

5.手部运动分化发展的规律和次序是什么?

第四节　情绪行为干预

学前段特殊幼儿普遍存在情绪行为问题,不仅影响到特殊幼儿自身在幼儿园的活动,也影响到其在家庭中的日常生活,还会对其他幼儿也产生干扰,甚至会危及自身及他人的安全或造成严重后果。处于学前段的幼儿缺乏处理和应对情绪事件的技能,自我控制能力较弱,为防止特殊幼儿与普通幼儿之间形成双向的情绪行为问题的不良影响,有必要对特殊幼儿的情绪与行为问题进行干预。

＞　一、情绪行为干预概述

情绪行为干预是采用情绪调节、行为矫正等方法和手段,帮助特殊幼儿减少负面情绪、改变其不良行为、使其与他人和谐相处并能正常学习和生活的一个过程。在开展情绪行为干预时,首先应了解特殊幼儿情绪行为的特点以及其常见的情绪行为问题,对特殊幼儿的情绪行为问题进行科学的评估,再为其制订干预的策略,选择干预的方法,在幼儿园的各项活动中和在家庭中开展情绪与行为干预。

(一)特殊幼儿的情绪行为特点

1.情绪与行为

情绪是对一系列主观认知经验的通称,是人对客观事物的态度体验以及相应的行为反应,一般认为,情绪是以个体愿望和需要为中介的一种心理活动。情绪具有独特的生理唤醒、主观体验和外部表现三种成分。符合主体的需要和愿望,会引起积极的、肯定的情绪,相反就会引起消极的、否定的情绪。

从不同的角度看待行为,可以对行为给出不同的定义。笼统地说,行为是个体在主客观因素影响下表现出来的任何可观察到的或者可测量的动作或者活动。行为不仅指的是个体外部的动作,也可以指个体内在的心理过程,但主要指的是个体外部的动作。

情绪与行为之间有密切的联系。情绪的外在表现包含行为,如哭闹、攻击即是情绪的外在行为表现。行为产生的原因包含情绪要素,且行为过程伴随情绪体验。在教导特殊幼儿不适当的行为问题时,必然涉及幼儿的情绪问题,故而常常将两者联系在一起讨论。

2.特殊幼儿的情绪行为特点

对于学前段幼儿来说,由于其本身的认知水平有限,情绪行为更多地与其基础的愿望有关,他们可以在没有认知参与下直接表现出高兴或生气的情绪行为,如下雨天父母不让孩子出去玩可能就会引发孩子的哭闹,孩子全然不理会父母不让出去玩的原因。另外,学前段特殊幼儿情绪极不稳定,一点微小的挫折或满足都可能转换孩子的情绪,如正在玩积木的小朋友看到妈妈离开会很焦虑,给一个正在生气的小朋友一小块饼干也许就能让他高兴起来。

处于学前段的特殊幼儿,除了有上述情绪行为特点外,情绪行为问题表现更为普遍。其原因主要是特殊幼儿的障碍导致相应的功能受限,他们会在社会适应中面临诸多的困难。当个体的愿望或需要不能达成,同时又不能以功能性的行为解决问题时,特殊幼儿的情绪行为问题就会凸显出来。如存在沟通障碍的幼儿因不知如何向同伴索要玩具而出现的打人行为,因不能完成老师的任务要求而出现的离座、尖叫等逃避任务的行为。

3.常见特殊幼儿情绪行为问题

不同障碍类型特殊幼儿出现情绪行为问题会有差异,但总的来说,都与其愿望与需要受挫有关。尤其在学龄前期,情绪发育尚未成熟,很不稳定,容易产生情绪问题。幼儿情绪障碍的发生率较高,约占2.5%,从婴儿期到青少年期都有可能发生,但不同的年龄阶段,其表现形式、表现程度有所不同。

特殊幼儿常见的情绪问题有以下3种。

(1)易激惹。学前期幼儿对情绪的控制能力较弱,喜怒均易外化。特殊幼儿由于受自身障碍的限制,在适应环境、理解他人意图方面都受到不同程度的影响,也更易受环境刺激的影响,出现易激惹的现象。表现为一点微小刺激就引发特殊幼儿强烈的情绪反应,如尖叫、哭闹,或是负气、拒绝等。

(2)焦虑。焦虑是指人们对不可预知的,但是即将到来的一些事件的担心或者害怕。焦虑是日常生活中非常常见的一种情绪,通常表现为人们可以觉察到的担心害怕,还会伴随着一些身体的改变,一般是在可以耐受的范围内。但是如果焦虑的程度超过了个体的耐受程度,会严重地影响到日常生活。特殊幼儿环境适应能力差,会更多地表现出焦虑情绪,主要有:①分离性焦虑。特殊幼儿与家人,尤其是与母亲分离时,会出现极度的焦虑反应。②境遇性焦虑。当特殊幼儿遭遇某些情境和任务时,如智力障碍幼儿在被要求完成学习任务、自闭症儿童面临与人交互的情境时,会表现出害怕和拒绝。

（3）恐惧。恐惧是指人或动物面对现实的或想象中的危险、自己厌恶的事物等产生的处于惊慌与紧急的状态。特殊幼儿在遇到一些危险程度不是很高或根本没有危险的事物或情境时，会产生过度的害怕，情绪反应激烈。这既与特殊幼儿本身的认知缺陷有关，他们易于将曾经的痛苦体验泛化，如遭遇其他幼儿的不良对待，会使他们害怕所有的小朋友甚至是幼儿园；也与家庭中教养方式不当有关，有的家长过于溺爱，孩子依赖性太强，就容易对陌生的环境和人产生恐惧。

特殊幼儿常见的行为问题有以下 4 种。

（1）攻击性行为。此类行为表现为肢体上的冲撞或是语言方面的冲突，如打人、秽语等，攻击对象有他人、他物以及自己。

（2）破坏性行为。此类行为表现为有意毁坏物品或公共设施，如摔打玩具，毁坏桌椅、餐具等。

（3）干扰性行为。此类行为表现为在教室内随意走动、尖叫等。

（4）抗拒性行为。此类行为主要表现为不听从教师指令，执拗，如堵耳朵，趴、蹲在地上不起，不睡觉，不吃饭等。

（二）情绪行为干预的理论基础

对情绪行为的生理学、心理学及社会学的研究结论揭示了情绪行为产生的原因、影响情绪行为的因素，这些理论成为情绪与行为干预策略方法的依据与指导。

1. 强化理论

情绪行为干预的强化理论主要包含巴甫洛夫的经典性条件反射和斯金纳的操作性条件反射理论，此类理论都是基于条件反射建立起行为模式。经典条件反射提出形成条件反射的基本条件，是无关刺激与无条件刺激在时间上的多次结合，即强化，进而形成无关刺激下的条件反射（行为）。如奖励物（无条件刺激）与指令（无关刺激）的多次结合能让孩子形成见到老师就问好的礼貌行为等。操作性条件反射建立在经典条件反射理论之上，提出一种由学习所形成的反应形式性条件反射，条件反射（行为）的建立是基于用奖励性的手段强化个体出现的某个反应行为，直到该反应成为条件反射行为。如孩子举手（反应行为）回答问题被老师表扬（强化）后，形成主动举手行为（条件反射行为）。

上述两种理论都强调强化的作用。在经典条件反射中，强化过程是通过条件刺激物与无条件刺激物的反复配对出现而完成的，在这个过程中，无条件刺激物就是强化物，行为在强化之后出现。如果强化消失，行为就可能消退。而在操作性条件反射中，强化过程是通过行为的结果对行为本身产生影响，如果行为结果满足了个体需求，那么行为就会持续出现,当然,如果行为结果不符合个体需求,行为就会消退。因此,在经典条件反射中,是强化决定了个体的行为反应,行为相对被动,而在操作性条件反射中,先出现行为,由行为的结果决定是否强化,行为更具主动意愿性。

2. 认知行为矫正理论

认知理论是关于有机体学习的内部加工过程,如信息、知识及经验的获得和记忆,达到顿悟,使观念和概念相互联系以及问题解决的各种心理学理论。认知行为矫正理论关注在行为的习得和改变过程中起着重要作用的认知因素,其主要的论点是,影响个体情绪和行为的主要原因是个体错误的认知观点,如不切实际的愿望、不合理的解释和看法等。因此,认知行为矫正理论认为,应该通过改变个体的不良认知来改变个体的行为。

认知行为矫正理论以艾利斯的 ABC 理论和贝克的认知行为理论为代表。在艾利斯的 ABC 理论中,A 代表诱发事件;B 代表信念,是个人的信念、认知、评价或看法;C 代表结果,即情绪与行为反应。艾利斯认为,诱发事件 A 并非引起结果 C 的直接原因,对事件 A 的认知即 B 因素才是决定结果 C 的中介因素。当事件 A 发生后,人们往往会根据已有的信念、价值观、期待、意念等对事件 A 形成主观的看法、态度和评价,进而导致不同的情绪和行为结果 C。因为每个人的认知和信念有差别,因此,同样的事件对于不同的人会引起不同的结果。

贝克的认知行为理论也认为行为和情绪以认知作为中介,个人的情感体验和适应行为都与认知有关。在情绪行为干预中,贝克更强调充分调动和发挥自身的潜在能力去反省和调整不良认知,改变不适当的情绪和行为。

3. 社会学习理论

班杜拉在一系列探讨人类行为获得的实验基础上,提出行为以认知为中心的间接学习形成,并且是个体与环境相互作用的结果,行为、环境、个体三者之间的交互作用决定了个体的行为。班杜拉提出的社会学习理论,也称观察学习理论,认为行为的获得是人们通过观察他人的行为及行为后果而间接进行学习的结果,学习者如果看到他人成功的行为,就会增加产生同样行为的倾向,如果看到受惩罚的行为,就会抑制产生这种行为的倾向。

观察学习包含注意、保持、动作再现和动机四个子过程。注意过程是强调观察者对榜样示范活动或行为的注意和知觉;保持过程是个体记住榜样所示范的行为,以表象符号或是语言符号的某种形式在观察者的记忆系统中保持下来;动作再现过程需要观察者将脑海中所保持的榜样行为的符号性表征转换成适当的行为,通常需要观察者不断地练习以熟练和准确再现行为;动机过程是观察者是否将榜样所示范的行为表现出来的内部因素,受反应的结果或者与反应有关的动机影响,如外部强化、替代强化和自我强化。

特殊幼儿在观察学习过程中会更依赖视觉表象符号,为观察者提供生动的具体形象的榜样行为方面的信息,可以让模仿更容易发生。同时,示范行为会获得有吸引力的结果,比如获得食物或玩具奖励,那么观察者就会展现行为,如果观察者直观体验到行为后果与观察到的后果一样,那么观察者更有可能表现出观察到的行为。

> ## 二、情绪行为问题的评估

在情绪行为干预中,评估既是基础环节,是干预实施的起点,同时又贯穿干预的全过程。全面准确的评估便于干预者掌握幼儿情绪行为的基本情况,判断需要进行干预的目标行为,制订有针对性的干预计划,并根据干预中幼儿的表现及时调整干预计划,以及通过评估了解干预的成效,为下一阶段的干预提供参考。

(一)情绪行为评估的目的

根据评估的目的不同,对特殊幼儿进行情绪行为评估可以分为情绪行为状况评估和情绪行为分析评估。前者又包括诊断性评估、过程性评估和终结性评估。

诊断性评估的目的主要有两个方面:一是确定情绪行为的性质,进而确定干预的目标,包括目标幼儿和目标行为;二是确定情绪行为问题的严重程度,作为设定干预的长期目标、中期目标和短期目标的依据,制订干预计划。过程性评估的目的主要在于评估干预方法对于改善情绪行为问题是否有效,为干预计划的调整提供依据。终结性评估是对干预计划实施的总结性评估,目的也包含两个方面:一是评估干预计划是否达到预期目标,判断干预方法是否适当;二是评估干预对象经过干预后的情绪行为情况,可为下一阶段干预计划的制订提供依据,即可作为下一阶段干预的诊断性评估。

情绪行为分析评估主要是对情绪行为产生的原因、影响因素进行评估,进而有针对性地选择干预的方法和手段。

(二)情绪行为评估的方法

情绪行为评估的主要有观察法、访谈法、问卷法和量表评估等形式,对应不同目的的要求可以采用不同的方法。

1.情绪行为状况评估

(1)量表评估

检核表以及评分表能确定可能的情绪问题行为,检核表可以单独使用,也可以与访谈法一起使用。行为检核表可以对某些具体行为发生的频率、强度以及持续时间进行核查,进而了解幼儿的情绪行为表现情况,帮助筛查出需要关注的情绪行为问题。

常见的检核表有:儿童行为量表(Achenbach's Child Behavior Checklist,CBCL),是目前世界上应用最为广泛的评价儿童行为问题的量表,用于筛查不同性别、年龄段儿童的行为问题,已有中文版修订版;Conners 氏问卷,是筛查儿童行为问题(特别是多动症)用得最为广泛的量表,使用范围为 3～16 岁儿童,包括父母问卷(PSQ)、教师问卷(TRS)(主要用于儿童在学校环境中的行为表现筛选)及简明症状问卷(即父母教师问卷,ASQ);Rutter 儿童行为问卷,从一般健康问题和行为问题两个方面对儿童行为进行评估,分为父母问卷和教师问卷,分别对儿童在家中以及在学校中的行为表现进行评估,适用于学龄儿童,能够区别儿童的情绪和行为问题,判断儿童有无精神障碍。

(2)观察与访谈评估

在评估特殊幼儿情绪行为问题时,可以通过观察幼儿的表现,以及和父母进行访谈,了解幼儿是否存在异常的情绪行为问题。观察与访谈时可借鉴问题行为的判断标准,即满足偏离常态:给他人或者自己的身体、生活、学习、工作带来危害甚至危险的情绪行为可视为问题行为。偏离常态指的是与普通人的行为相比行为表现出过度、不足或不适当。行为过度通常指的是与同龄的个体相比,个体的行为发生次数太多或者强度太高,比如自闭症儿童过多地抚触身体部位。行为不足的个体相比同龄个体其行为的发生频率较低或者强度不够,比如能力较低的特殊幼儿不能正常如厕。行为不适当,是指个体的行为与其所处的情境不匹配,比如特殊幼儿在公众场合躺地上玩闹。

在访谈、观察中还可进一步了解行为发生的频率、行为发生时每次持续的时间以及强度方面的信息,这些信息能更为详细地呈现幼儿在情绪行为上是否有偏离常态的表现,为评估提供了更好的评判依据。

2.情绪行为分析评估

在制订情绪行为干预计划时,往往要对情绪问题行为进行分析,以了解其发生的原因,进而对症下药,制订有针对性的干预策略。ABC 观察记录法是一种能对行为进行有效分析的方法。这种观察法被称为叙事观察法或者连续直接观察法。其中 A 指的是前奏事件或背景事件,即行为发生之前所发生的事件或当事者所处的环境,B 指的是情绪或问题行为,C 指的是行为结果,是情绪或问题行为发生后紧随其后产生的结果,可以是某种具体的行为成效,也可以是某种行为。运用这种方法,观察者可以对所关注的行为发生的背景、刺激事件和行为结果有一个全貌的了解,将行为置于其所发生的生态环境中,能更好地了解行为是否受环境因素影响,或是被行为结果所强化。

ABC 行为记录表可以按照情绪行为发生的过程进行连续的描述记录,也就是对行为发生过程中在周围环境里所发生的事件进行描述记录。这种评估方法所获得的资料不仅能够用于确定所需要矫正的问题行为,还可以进一步确定与行为发生有关系的环境因素,表2-6 是对某个幼儿园孩子的 ABC 观测记录表。

表2-8　林某某的 ABC 观察记录表

时间	背景(A)	事件(A)	行为(B)	C(结果)
8:40—9:00	早餐	老师让小朋友排队领取小蛋糕	小林跑到队伍前面抢老师手里的蛋糕	老师没有理会小林,继续发小蛋糕
		老师继续发蛋糕	小林哭闹	老师给小林蛋糕
9:00—9:25	音乐活动	老师让小朋友看动画片中的音乐片断	小林站起来大叫"我会唱",边唱边跑	老师让小林坐回座位
			小林坐下后不久,又兴高采烈地边唱边跑	老师抓住小林让他坐在自己身边
10:20—11:00	手工活动	老师让小朋友用橡皮泥捏小动物	小林抓起橡皮泥扔到地上	老师批评小林,让他捡起橡皮泥
			小林用脚踩橡皮泥	老师帮小林捡起橡皮泥
		老师和小林一起捏橡皮泥	小林安静地和老师一起捏橡皮泥,很开心	老师和小林一起完成了作品

上表所记录的是在幼儿园经常发生的一幕,如果不经分析,老师可能只会单纯认为小林太爱哭闹,老师的做法让小林安静下来,是一位有爱心的老师。然而,从上表中我们可以看到,小林的哭闹大多是为了得到老师的关注,而老师的做法恰好满足了小林的需要,在无形中强化了小林的哭闹行为,可以推测,小林在其他情境中哭闹行为也很频繁,因为在强化机制下,小林习得了用哭闹引起他人注意的行为。要矫正这个行为,得先阻断对其哭闹的强化过程,不再满足哭闹的行为功能,教会小林用良好行为引起他人的注意,如安坐、举手、帮助他人等,这样才能使小林的哭闹行为改善。

> 三、情绪与问题行为干预的方法

(一)基于强化理论的行为矫正技术

在强化理论基础上衍生出了一系列行为矫正技术,分别有用于增加行为和减少行为的技术。增加行为的技术,基础技术为正强化和负强化,正强化就是奖励那些希望出现的目标行为，以使这些行为得到进一步的加强，比如表扬、认可、赞许、奖励等；负强化是通过撤销或减弱原来存在的不良刺激以使目标行为得以增加或加强，如停止罚站促进学生更多表现出良好行为。将正强化和负强化应用于行为养成的系列技术，有塑造、链锁、渐隐等技术。

用于减少行为的技术，基础技术有正惩罚、负惩罚，以及消退等技术。正惩罚是当个体出现了不希望的行为时，施加令个体不愉快甚至是痛苦的刺激，以减少行为的发生。负惩罚是当个体出现不希望的行为，剥夺个体已拥有的奖励物或是正享有的活动、空间或物品，以减少行为的发生。消退则是不再对之前强化的行为给予强化，行为逐渐消失的过程。将惩罚和消退综合应用于系统改变不良行为的技术有厌恶疗法。

在情绪行为干预中，良好行为的增加往往伴随着不良行为的减少。所以在教育情境中，通常将用于增加行为和减少行为的技术结合起来使用，如代币制和行为契约既能培养良好行为，也能有效管理不良行为，可广泛应用于学校和家庭。

（二）合理情绪疗法

以艾利斯的 ABC 理论发展起来的认知改变技术主要着眼于改变个体的不良认知，进而改变情绪行为反应。合理情绪疗法分为五个步骤。第一步，客观描述诱发事件 A。要求不带任何主观态度和评价，仅呈现事件本身。第二步是识别对事件 A 的不合理的看法、态度或期待 B，目的是帮助当事者认识到事件发生后自己的认知状态。艾利斯总结了人们常见的不合理认知有三类：绝对化、以偏概全和糟糕透顶。第三步，识别情绪行为反应 C，目的是帮助当事者辨别自己的情绪行为状态。按照合理情绪理论的观点，不适当的情绪行为反应往往都是由不合理的认知所导致的，需要调整的是不合理的认知因素 B。第四步就是辩驳不合理的认知 B，以形成合理的认知。第五步是自我激励，是在认知改变的基础上，进一步探讨改变行为的可能性。

示例：杨杨在玩玩具时，因为别的小朋友不给他想玩的玩具，就去打了小朋友。利用合理情绪疗法的干预过程如下：

老师：杨杨刚才做了什么？是不是打人了？

杨杨：他不给我玩具，我想要，我就打他了。（第一步，描述 A）

老师：你想要他就必须给你，是这样吗？（第二步：识别 B）

杨杨：我想要吗？

老师：所以你很生气他没把玩具给你，是吗？

杨杨：嗯，我生气才打他的。（第三步，识别 C）

老师：那老师想要你的××，你给不给呢？

杨杨:不给,这是我最喜欢的。

老师:是啊,那个玩具另一个小朋友也喜欢啊,不能你想要就一定要给你,对吗?(第四步,驳斥 B)

……

老师:以后你想玩玩具,玩具在别的小朋友那,你可以怎么做呢?

杨杨:我可以向他借,或者等他玩一会儿再向他要。(第五步:自我激励)

(三)榜样示范与模仿

榜样示范模仿疗法指的是基于社会学习理论,个体通过观察榜样及其所示范的行为,进而导致个体增加或获得良好行为、减少或消除不良行为的一种行为矫正方法。学前段幼儿好奇心强,爱模仿他人,但会不分好坏或仅出于玩乐模仿他人的行为。示范模仿方法通过让幼儿观察行为及行为后果,帮助个体识别适当行为与不当行为。当观察到某个行为受到表扬和奖励,幼儿会学习这一行为,即使是之前习得的、由于受过惩罚而被抑制的行为。同时,榜样示范与观察学习可以有效地减少甚至消除个体的不良行为,并且当事者可以在不遭受惩罚的情况下,通过替代惩罚与消退,个体观察到不良行为的后果,学习到哪些行为是不适当的,为避免惩罚而能主动约束自己的不当行为。

榜样示范与模仿学习由示范和模仿学习两个阶段构成。在示范阶段,有符号性示范和现场示范两种形式。符号性示范主要通过电影、电视、录像、幻灯片、照片、录音、图片、文字描述等方式,向学习者呈现或示范正确行为。现场示范是由示范者在现实环境中,实际示范并引导个体模仿的过程。这种方法能够让示范者与观察学习者间有更多的互动,示范者可以根据学习者的表现更好地了解学习者的能力状况,有针对性地对困难的、关键的技能部分进行讲解与解释,也可以重复示范。对于观察学习者来说,模仿学习的节奏容易调控,也更能激发他们的学习兴趣。在模仿学习阶段,有参与性模仿学习和想象性模仿学习。参与性模仿学习是在榜样示范过程中边观察边模仿动作;想象性模仿学习是在榜样示范过程之中或之后,借助想象来仿效、学习示范者行为的方法。上述几种示范与模仿方式通常同时存在于幼儿的观察学习中,干预者也可以在幼儿园的一日活动中灵活采用不同的示范与指导策略,帮助幼儿改善不良情绪行为。

(四)游戏治疗

游戏治疗是指游戏治疗师通过创设自然、自由和宽松的游戏环境,与需要接受心理治疗的幼儿建立信任关系,使这些幼儿能在自然、和谐的游戏环境中真实地表现自己,既宣泄内心的负面情绪,又可获得感觉运动能力、言语能力、认知能力、情绪调控能力、社会交往技能等发展的机会。游戏治疗是一种心理治疗方式，是以心理咨询理论为基础，以游戏为媒介，对需要帮助解决行为障碍和心理困扰的幼儿进行观察、测量、分析并实施矫治或疏导的方法。

游戏治疗的本质是以游戏作为沟通媒介，为幼儿提供一个表达情绪情感的环境和载体，幼儿在游戏中去尝试不同的行为模式，而不用担心失败带来的现实后果。通过游戏，幼儿可以在轻松、安全的氛围中察觉自身存在的问题，探索新的行为方式，或是模仿学习他人的行为，引发内省，挖掘潜能，进行心理投射与升华，获得成长与改变。游戏治疗在学前教育段是应用最为广泛的干预方法，通常与认知干预、行为矫正联合起来使用。

游戏治疗总体上可归纳为两种主要模式：指导性游戏治疗和非指导性游戏治疗。指导性游戏治疗在对特殊幼儿的情绪行为问题进行诊断的基础上，有针对性地预先设计不同的游戏方案并实施，通常是结构性的游戏方式。干预者在游戏治疗过程中要创设包容、温暖和安全的游戏环境，消除幼儿的焦虑紧张，引导幼儿察觉问题，鼓励幼儿尝试新的行为，承担指导者的角色。非指导性游戏治疗模式不把游戏内容看得特别重要，不以任何方式指导幼儿的行动或谈话，相信幼儿解决他们自己问题的能力，幼儿有改变选择的权利。该模式强调与幼儿建立信任的关系，认为幼儿在这种信任的关系中获得的经验具有治疗价值。在游戏治疗过程中，允许幼儿完全自由表达他们的情感，治疗师要敏感察觉幼儿正在表达的情感并做出反应，这能使幼儿对他们的行为有深刻的了解。非指导性游戏治疗模式中，治疗师的角色不是医生、专家，而更像一名朋友，与幼儿建立温馨而友好的关系。

（五）艺术治疗

艺术治疗，又称艺术心理治疗，是一种心理治疗的介入方法。在艺术治疗的关系中，个案透过艺术媒材使心象得以通过视觉艺术的方式呈现，能通过创作释放不安的情绪，澄清旧有经验，将意念具体化，传达心理需求。此心象表达、反映与统整了个案的发展、能力、兴趣、人格、意念与内心的情感状态。艺术治疗师罗宾认为，人们内隐的思维多以视觉的方式呈现；同时，个体相当多的情绪体验内容，其本身的呈现形式就是前语言的，人们并不能将它们准确地用语言来表达，更容易通过艺术作品来表达，比如绘画、雕塑或拼图等艺术创作与表达，以及戏剧创作与表演等。艺术作品多半能透露潜意识的内容。个体能借助艺术表达恐惧、愿望和幻想，经由创作的过程，个体的情绪得以缓和，能正确处理挫折和冲动。在艺术创作中，个案可以在被社会所接受的氛围下宣泄自己的愤怒、敌视等情绪而不会伤害到他人。团体中的艺术治疗能使成员在陈述、分享作品时，唤起旁观成员的情绪反应和每个人的生活经验，促使其他成员积极参与活动,并增进团体间的互动和凝聚力。

个体借助艺术素材进行创作或进行游戏的过程中,治疗师可以参与其中,也可以在一旁观看但不参与,让来访者自我发挥。一幅画、一件雕塑或者用玩具拼出来的一幅场景等作品既是表达,也是交流,可以是个体、治疗师与作品之间的互动,也可以是个体通过作品和治疗师的交流或个体与治疗师直接的交流。艺术治疗提供表达、释放情绪的安全通道,可安全地释放消极的甚至是破坏性的情绪,使心灵得到升华,适用于遭遇灾难或事故的幼儿的治疗。如对经历了暴力事件的幼儿来说,艺术疗法更容易开启曾经身心受过创伤的幼儿的心门,打破尴尬和沉默的窘境。

第五节　社会适应能力干预

社会适应能力,是个体为了满足社会环境的要求,有效地适应社会生活的能力。学前特殊幼儿普遍存在社会适应问题,如智力障碍幼儿的核心障碍之一就是社会适应障碍,自闭症幼儿的社会适应能力存在显著障碍,注意缺陷多动障碍幼儿的社会适应能力也低于普通幼儿。因此,在学前融合环境中,应对特殊需要幼儿的社会适应能力进行干预,有效提升其社会适应性,从而促进他们社会化,更好地适应社会生活。

＞　一、社会适应能力干预概述

对学前特殊幼儿社会适应能力进行干预,应以社会适应能力干预的相关理论为基础,并注意学前特殊幼儿社会适应能力在概念、内容及特点方面的特殊性。

(一)社会适应能力

关于社会适应能力的定义,道尔 1953 年提出"社会适应能力是指人类有机体保持个人独立和承担社会责任的机能",即"个人独立处理日常生活与承担社会责任,达到与他的年龄和社会文化条件所期望的程度"。而心理学对社会适应能力的探讨更多地指向社会适应的心理功能,即具有特定社会适应心理结构的个体经历一定的社会适应过程,最后达到具有特定健康和发展意义的社会适应状态,是个体在与社会生存环境交互作用中的心理适应,即对社会文化、价值观念和生活方式的应对,是个体心理与环境保持平衡的能力。可见,社会适应能力,首先指的是适应能力,即个体在与环境相互作用的过程中,主动调节自身的机体和心理状态,使之与环境保持平衡的能力;其次,它是应对社会环境变化的一组复杂的技能,是个体为了满足社会环境的要求,而逐渐学会独立地掌握社会规范、学会自我控制与调节,从而有效地适应社会生活的能力。

　　根据以上社会适应能力的概念,结合学前特殊幼儿的身心特点,可知,学前特殊幼儿的社会适应能力是指学前特殊幼儿随着外界环境条件的改变而在心理上、生理上以及行为上各种适应性的改变,从而与社会达到和谐状态的一种执行适应能力,即学前特殊幼儿为了适应社会生活环境,如幼儿园生活,而调整自己的行为习惯或态度的能力。结合《3~6岁儿童学习与发展指南》中社会适应子领域的要求,融合幼儿园中学前特殊幼儿社会适应能力包含适应群体生活、遵守基本的行为规范及归属感三个方面。

(二)学前特殊幼儿社会适应能力特点

　　学前特殊幼儿社会适应能力的发展普遍低于普通幼儿,他们较难遵守学校规则、班级规范等各种社会生活要求,从而诱发情绪行为等多方面问题。

1. 学前智力障碍幼儿社会适应能力的特点

　　社会适应障碍是智力障碍幼儿的核心障碍之一,受其认知功能的限制,他们在面对新的情境或压力时,常无法面对并加以有效处理,因此较多出现焦虑情绪和社会适应问题。韦小满研究发现,智力障碍幼儿的社会适应能力明显低于同龄的普通幼儿的发展水平,且智力障碍幼儿的个体间差异明显大于普通幼儿的个体间差异。张福娟研究亦发现,所有年龄段的智力障碍幼儿的社会适应能力均明显落后于普通幼儿,中度智力障碍幼儿的适应能力明显落后于轻度智力障碍幼儿。智力障碍幼儿的社会适应受到环境的制约,在支持程度不同的环境其社会适应行为表现有差异。在融合幼儿园就读的智力障碍幼儿在学习焦虑、对人焦虑、孤独倾向、身体症状及恐怖倾向等方面比普通幼儿及就读培智学校的幼儿表现出更多问题。由此可见,在学前融合环境中,应对智力障碍幼儿的社会适应能力进行干预。

2. 学前自闭症幼儿社会适应能力的特点

　　自闭症幼儿的社会适应能力存在显著障碍,且发展显著落后于普通幼儿,表现出更多适应不良行为。学前自闭症幼儿对于规矩、规范,如班规、校规等理解困难,常需要多于普通幼儿数倍的具体、明确的说明与教导,才可能了解并遵守。学前自闭症幼儿一旦学会规则、规范便会努力遵行,但因缺乏弹性,所以遇到调整或些微改变时,常容易出现焦虑、生气的情绪或告状、抗议的行为。自闭症幼儿对不成文规定更存在理解上的困难,导致在群体中常会不知所措或有不当反应,灰色地带、模糊、弹性是他们需要应对的主要困难。因此,学前自闭症幼儿很难依照规范行事,在幼儿园中,他们常表现出不顺从、不合作、不遵守日常生活规范,我行我素,破坏秩序,干扰教学活动等社会适应不良行为。

3. 学前注意缺陷多动障碍幼儿社会适应能力的特点

注意缺陷多动障碍幼儿的社会适应能力与普通幼儿相比,低于后者 10~30 个标准分数。受其注意缺陷和多动特征的影响,注意缺陷多动障碍幼儿较难遵守学校和班级的行为规范、公共场所的规则、游戏活动的规则等。学前注意缺陷多动障碍幼儿在活动时注意难以持久,容易分心,常不断从一种活动转向另一种活动,不能按时完成指定的任务,忘记日常活动安排。他们常小动作多,在座位上扭来扭去,在教室或其他要求安静的场合擅自离开座位,到处乱跑或攀爬。他们在采取行动前缺乏思考、不顾后果、凭一时兴趣行事,因此常与其他幼儿发生打斗或纠纷,造成不良后果。在别人讲话时插嘴或打断别人的谈话,老师问题尚未说完时他们便迫不及待地抢先回答,也会轻率地去扰乱同伴的游戏,或不能耐心地排队等候,容易过度兴奋,也容易因受挫折而情绪低沉或出现反抗和攻击性行为,要求必须立即得到满足,否则就哭闹、发脾气。这些行为特点严重影响学前注意缺陷多动障碍幼儿的社会适应。

(三)社会适应能力干预相关理论

关于社会适应能力干预的相关理论,主要有皮亚杰的心理发展观、班杜拉的社会学习理论及埃里克森的人格发展学说。

1. 皮亚杰的心理发展观

皮亚杰认为心理发展的本质就是一种适应,是在主体与客体相互作用的过程中产生,并通过主体不断地自我调节而构造出来的一种心理机能。智力结构中的图式是个体社会发展的核心,通过适应环境的过程不断变化、丰富和发展起来。个体对外部环境的适应是通过同化和顺应来实现的,并达到与环境的相互平衡。个体对环境的同化或顺应是一种动态的适应过程。皮亚杰认为同化是将一定的刺激纳入个体已有的图式,当个体不能以原先的图式来同化新的刺激时,便要对它加以修改或重构,以适应变化的环境,但只有当同化和顺应的交替发生处于一种均势时,才能保证主体与客体结构之间的互动作用达到某种相对稳定的适应状态。这种不断平衡—不平衡—平衡的过程,即个体与社会环境的适应过程。

2. 班杜拉的社会学习理论

班杜拉的社会学习理论从人的社会性角度研究学习问题,强调观察学习,认为人行为的变化既不是由个人的内在因素,也不是由外在的环境因素单独决定的,而是由两者的相互作用决定的。人可预见行为可能的结果,因此,有时不需要实际地去体验它们,通过观察学习别人的行为结果,便可形成自己的行为。同时,人们可以评价自己的行为,为自己提供自我强化,并调节和控制自己的行为。社会学习理论强调个体、环境、行为三因素之间复杂的交互作用。

3.埃里克森的人格发展学说

埃里克森的人格发展学说认为,在人格发展中,逐渐形成自我的过程,在个人及其周围环境的交互作用中起着主导的和整合的作用。每个人在成长过程中都普遍体验着生物的、生理的、社会的事件的发展顺序,按一定的成熟程度,分阶段地向前发展。埃里克森人格发展理论认为,人格发展受社会与家庭环境的影响,人格发展是在环境的交互作用中进行的,个体心理发展的目的就是形成健康人格,适应社会。当适应环境出现危机时,人格就面临挑战,危机解决就形成了健康的人格,反之就出现适应不良。

＞　二、学前特殊幼儿社会适应能力干预

对学前特殊幼儿社会适应能力进行干预,能帮助他们更好地适应社会生活,提高学前特殊幼儿及其家人的生活品质。在对学前特殊幼儿进行社会适应能力干预时,应在遵循基本的干预流程(评估→拟订长短期目标→实施干预→再评估)的同时,注意依据学前特殊幼儿社会适应能力的特点和需求进行。

(一)学前特殊幼儿社会适应能力干预的意义

对学前特殊幼儿的社会适应能力进行干预,能有效提升他们适应群体和社会规则的能力,帮助他们更好地学习或生活,促进其多方面的能力发展,最终更好地应对社会发展的需求,更好地适应社会生活。

1.促进学前特殊幼儿社会化,更好地适应社会生活

社会适应能力是个体心理成熟与发育的主要标志,是个体在与社会生活、环境交互作用中一种非常重要的能力,它对个体适应与应对环境变化非常重要,是个体社会生活能力水平的表现。从自然人转化为社会人是人类个体必经的过程,而对学前特殊幼儿社会适应能力进行干预,能帮助他们更好地习得社会群体价值观和行为方式,促进其社会化的发展。在这个过程中,学前特殊幼儿习得适应群体的能力、与人交往的能力、适应社会规则的能力等,从而来应对社会发展的需求,更好地适应社会生活。

2.促进学前特殊幼儿多方面能力发展

对学前特殊幼儿社会适应能力进行干预,能有效提升其社会适应性,从而促进

其多方面能力的发展。提高学前特殊幼儿社会适应能力,能提升他们对环境的认识,更好地接纳情境的变化,促进他们对环境进行探索,从而提高其处理问题、解决问题的能力。提高学前特殊幼儿社会适应能力,能帮助他们更好地遵守学习或生活情境中的规则,帮助他们更好地进入学习或生活情境,从而促进其语言、认知等能力的发展。

(二) 学前特殊幼儿社会适应能力干预的流程

对学前特殊幼儿的社会适应能力进行干预的流程和其他能力干预相似,均是从评估开始,然后根据评估结果,拟定适宜的长短期目标,再根据目标和幼儿的特点选择具体实施的策略并实施干预,最后是对干预效果进行再评估,审视干预效果,讨论干预中的问题,总结经验和教训,为下一学期的干预做准备。但是,对学前特殊幼儿的社会适应能力进行干预的流程和其他能力干预的不同点在于评估环节,除了对幼儿已具备的社会适应能力进行评估外,还应对幼儿需适应的环境进行评估。因此,对学前特殊幼儿社会适应能力的干预流程如图 2-21。

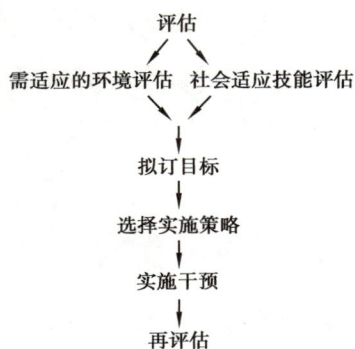

图 2-21 学前特殊幼儿社会适应能力干预流程图

(三) 学前特殊幼儿社会适应能力评估

对学前特殊幼儿社会适应能力干预的第一步,是对他们的社会适应能力进行精准的评估。在评估时应注意相关的评估原则,并采用适当的评估方法对学前特殊幼儿需进行适应的环境及环境要求他们具备的能力,以及对其已经掌握的社会适应技能进行评估。

1. 学前特殊幼儿社会适应能力评估原则

对学前特殊幼儿社会适应能力评估时应注意的原则包括个别化原则、生态化原则和客观化原则。

(1)个别化原则

个别化原则是在对学前特殊幼儿社会适应能力进行评估时应首要遵循的原则。人与人不同,生活轨迹、已有经验,均有各自的特点。学前特殊幼儿与普通幼儿之间有差异,同类型特殊幼儿之间有共同的特征,但同时也具有高度差异性,在障碍程度、行为表现、认知能力、社会交往能力、学习速度、阶段、特质、态度,需协助的程度,已有社会适应技能,对环境的需求等各方面均有所不同。因此,在对学前特殊幼儿社会适应能力进行评估时,应注意他们个别化的需求,依据其不同的特点、已有能力、发展潜能、环境要求,使用恰当的方式进行评估。

（2）生态化原则

人在社会环境中生活,因此要适应环境。每个学前特殊幼儿都是独立的个体,他们生活的轨迹和需要适应的生活、学习、社区环境均不一样。因此,在对学前特殊幼儿社会适应能力进行评估时,应置于他们的生活、学习情境中,分析他们与环境之间的关系,了解社会环境对学前特殊幼儿适应能力的需求,掌握他们已有的社会适应技能及需继续提高或改善的社会适应技能。

（3）客观化原则

对学前特殊幼儿社会适应能力进行评估,要遵守客观化的原则。在使用观察法进行评估的时候,应用感官进行观察,而避免使用感觉进行观察,如"小红很聪明"就是使用感觉进行的观察,是主观性评价,而"小红将书包放在教室规定的位置"是用视觉观察到的,是感官性观察,是客观性评价。同时在做访谈记录或观察记录时,也应做客观的记录,使用具体的、可观察到的方式进行叙述,并注意不要以偏概全。

2.学前特殊幼儿社会适应能力评估方法

对学前特殊幼儿社会适应能力进行评估常用的方法有访谈法和观察法。

（1）访谈法

对学前特殊幼儿社会适应能力进行评估,访谈法是常用的一种评估方式。通过访谈学前特殊幼儿的重要他人,如主要照顾者、幼儿园常规教学教师、园长、保育员、康复训练教师、融合班级中的普通幼儿等,甚至是其他儿童的家长,收集学前特殊幼儿社会适应能力的相关资料。

（2）观察法

观察者使用观察法对学前特殊幼儿在日常学习、生活情境中社会适应能力的情况进行系统的观察,完整地收集学前特殊幼儿社会适应能力的相关资料,并进行系统的记录和针对性的分析,全面了解学前特殊幼儿社会适应能力的现有水平和环境需求。

3.学前特殊幼儿社会适应能力评估内容

不同的社会环境和文化对不同年龄的个体提出的要求存在很大差异,因此在社会适应能力的研究中需要探讨个体所在的社会环境和文化,针对不同年龄个体可能提出的要求,分析和评估个体应该掌握的和已经掌握的各种社会性技能。对学前特殊幼儿社会适应能力进行干预前,应对学前特殊幼儿需适应的环境及环境要求他们具备的能力进行分析,并对学前特殊幼儿已经掌握的社会适应技能进行评估。

对学前特殊幼儿需适应的环境进行评估,可根据环境的范围,如对学校、家庭、社会环境进行评估;也可依照环境的时态,如对过去、现在(目前)与未来的环境进行评估;可对幼儿的"经常进行的活动"进行评估;亦可按一日生活的顺序对环境进行评估,如,早上起床—洗漱—吃早饭—背书包出门—去学校的路上—到学校—进教室—签到—放书包……

2012年教育部发布的《3~6岁儿童学习与发展指南》社会领域中社会适应子领域中提出,3~6岁儿童的社会适应能力包括:喜欢并适应群体生活;遵守基本的行为规范;具有初步的归属感三个目标。因此,融合幼儿园中学前特殊幼儿社会适应能力的评估内容也应是这三方面内容。

对学前特殊幼儿社会适应能力进行评估,无论依据环境的何种分类方式进行,都应基于学前特殊幼儿社会适应能力的三方面内容,并遵循人与环境的基本关系结构,即某人、何时、何地、与谁在一起、做什么、怎么做、做得怎样,进行观察或访谈,从而了解学前特殊幼儿在具体情境中从事活动的样态,在多次观察或访谈其在此环境、场合下的社会适应行为后,再做文字记录,记录尽量准确、精炼、客观,最终完整地呈现学前特殊幼儿需适应的环境及其在环境中的社会适应情况。

(四)学前特殊幼儿社会适应能力干预的目标与内容

学前特殊幼儿和普通幼儿的成长轨迹或有不同,但其也遵循幼儿社会适应能力发展的基本规律,关于他们社会适应能力干预的目标和内容,长期目标应与普通幼儿一致,短期目标根据学前特殊幼儿的身心特点进行调整。幼儿园中普通幼儿在社会适应领域的目标基于《3~6岁儿童学习与发展指南》,因此,学前特殊幼儿的社会适应能力干预目标和内容也应以《3~6岁儿童学习与发展指南》为依据。在《3~6岁儿童学习与发展指南》社会领域中社会适应子领域的目标与内容如表2-9所示,这既是普通幼儿在3~6岁阶段社会适应能力干预的目标与内容,也是学前特殊幼儿社会适应能力干预的长期目标与内容。

表2-9 《3~6岁儿童学习与发展指南》社会领域的目标与内容

目标	各年龄段具体内容		
	3~4岁	4~5岁	5~6岁
喜欢并适应群体生活	1.对群体活动有兴趣 2.对幼儿园的生活好奇,喜欢上幼儿园	1.愿意并主动参加群体活动 2.愿意与家长一起参加社区的一些群体活动	1.在群体活动中积极、快乐。 2.对小学生活有好奇和向往

目标	各年龄段具体内容		
	3~4岁	4~5岁	5~6岁
遵守基本的行为规范	1.在提醒下，能遵守游戏和公共场所的规则 2.知道不经允许不能拿别人的东西，借别人的东西要归还 3.在成人提醒下，爱护玩具和其他物品	1.感受规则的意义，并能基本遵守规则 2.不私自拿不属于自己的东西 3.知道说谎是不对的 4.知道接受了的任务要努力完成 5.在提醒下，能节约粮食、水电等	1.理解规则的意义，能与同伴协商制订游戏和活动规则 2.爱惜物品，用别人的东西时也知道爱护 3.做了错事敢于承认，不说谎 4.能认真负责地完成自己所接受的任务 5.爱护身边的环境，注意节约资源
具有初步的归属感	1.知道和自己一起生活的家庭成员及其与自己的关系，体会到自己是家庭的一员 2.能感受到家庭生活的温暖，爱父母，亲近与信赖长辈 3.能说出自己家所在街道、小区(乡镇、村)的名称 4.认识国旗，知道国歌。	1.喜欢自己所在的幼儿园和班级，积极参加集体活动 2.能说出自己家所在地的省、市、县(区)名称，知道当地有代表性的物产或景观 3.知道自己是中国人 4.奏国歌、升国旗时能主动站好	1.愿意为集体做事，为集体的成绩感到高兴 2.能感受到家乡的发展变化并为此感到高兴 3.知道自己的民族，知道中国是一个多民族的大家庭，各民族之间要互相尊重，团结友爱 4.知道国家一些重大成就，爱祖国，为自己是中国人感到自豪

(五)学前特殊幼儿社会适应能力干预的常用策略与方法

依据学前特殊幼儿社会适应能力的评估结果拟定目标后，将选取适当的策略与方法对学前特殊幼儿的社会适应能力进行干预。常用策略与方法有：观察学习法、视觉策略及社会故事。

1.观察学习法

观察学习是班杜拉社会学习理论的一个重要概念。观察学习指通过观察他人榜样所表现的行为及其结果而进行学习。班杜拉认为，人是在观察他人的结果和自己形成的结果的支配下，引导自己的行为，如看到他人成功和被赞扬的行为，就会产生同样行为的倾向；看到失败或受罚的行为就会削弱发生这种行为的倾向。观察学习是普通幼儿习得社会行为的基本途径，同时也是特殊幼儿学习社会行为的重要方式。

在对学前特殊幼儿的社会适应能力进行干预时,可使用观察学习法,让幼儿在观察和模仿中习得和巩固良好的社会行为。幼儿的教师和主要照顾者,应为学前特殊幼儿提供适合模仿的环境和榜样,引导幼儿进行模仿,并强化其适当行为,帮助特殊幼儿养成良好的社会行为,提升社会适应能力。

2. 视觉策略

在对学前特殊幼儿社会适应能力进行干预时,视觉策略是常用的且非常有效的策略。视觉策略是利用学前特殊幼儿用视觉获取信息的能力,来改善他们的社会适应能力。视觉策略可以帮助学前特殊幼儿有效参与活动,理解并处理生活及学习规则,减少害怕或焦虑情绪,增加在不同环境与情境中成功的可能性,提升独立所需的自我管理能力,从而喜欢并适应群体生活,遵守基本的行为规范并具有初步的归属感,最终提升学前特殊幼儿的社会适应能力。

所有能被学前特殊幼儿看见的事物,均可作为视觉策略的表现形式,主要包括:①人的肢体语言,如人的面部表情(微笑、皱眉、沮丧等),手势(伸出、碰触、指向),肢体动作(摇头、点头、弯腰……),身体方位,与人的距离,视线接触、凝视和转移等;②现存环境中的视觉线索,如玩具、教具或家具摆放的位置、方式,人和物的位置或移动,印刷物品(符号、标志、信号、标签或价格),图片,海报,照片,书籍,说明书,菜单等;③用于组织及提供信息的传统视觉工具,如日历、记事本、作息时间表、电视节目表、电影场次表、购物清单、笔记、地图、电话簿等;④为满足特殊需要而设计的工具,如功课表、日程表、选择板与清单、流程图、标记环境、行为提示单、规则表等。

视觉策略形式的选择,应依据学前特殊幼儿的能力、生活学习的环境、欲达到的目标,以及可以获得的资源而定。同时,视觉策略的形式应具有三大特征,视觉形式是学前特殊幼儿容易辨认的,容易理解的,并且是能被大众普遍理解的。视觉策略的使用应思考以下几个问题:①欲达到什么目标? ②将如何使用? 谁使用? ③采用什么形式? 如图文结合或只使用文字等。④视觉策略的形式,制作是否较容易、可行、可推广? 呈现是否清晰、易辨认、易理解、易认可? 是否符合使用者的身心特征? 解决以上问题,才能保证视觉策略的有效性,从而切实提升学前特殊幼儿的社会适应能力。

3. 社会故事

社会故事由美国教育学者卡罗尔·格雷提出,指由教师或父母,针对自闭症幼儿的学习需求撰写出短故事,内容可以是描述一个社会情境、一种观念、一个社会技能,或在情境中所涉及的相关社会线索和适宜反应。教学者将幼儿所处情境中的讯息线索和动作以视觉化的方式呈现,帮助自闭症幼儿认识情境中的相关线索,指导其做出适宜情境的应对技巧,改善其社会互动能力,增进其社会适应能力。社会故事在教育实践中行之有效,研究也证实社会故事能为各年龄段、不同类别的发展性障碍人士的社会适应能力发展提供有效的支持。因此,对幼儿园中的学前特殊幼儿社会适应能力进行干预,社会故事是一种有效的策略。社会故事策略的实施应遵循以下流程及原则。

(1)收集资料,确定具体主题

社会故事是基于某个特定幼儿的需求和身心特点而进行干预,因此,使用社会故事策略的第一步就是依据某一广义的情景场合或较大的主题区域,采用访谈和观察等途径收集幼儿的学习风格、能力、兴趣、困难以及这些因素对他们适应社会的影响等方面的相关资料。收集幼儿的相关资料后,再依据资料确定社会故事具体的主题,以及故事的焦点。

(2)编写社会故事

确定社会故事具体的主题后,依据基本框架书写故事内容。每一个社会故事的基本框架包括标题、开头、正文、结尾四个部分。开头包括一个清晰的主题句,正文加入进一步的描写或者解释,结尾重申初衷。标题、开头、正文、结尾构成的社会故事框架,能有效帮助儿童理清思路和提供清晰的信息。

社会故事的内容一般围绕 6 个"w"进行书写:背景描写(where),与时间相关的信息(when),相关的人(who),重要的提示(what),基本的活动、行为或者说明(how),以及这些内容背后的原因(why),即谁? 在什么时候? 什么地点? 做了什么? 做得怎么样? 以及为什么这么做?

社会故事的编写一般使用第一或第三人称,面向年龄较小的幼儿时较多使用第一人称"我"进行书写,在书写的时候应站在幼儿的角度去思考,文字或语言应尽量使用肯定的语气,少描述消极行为,以突出积极行为,同时提供适合幼儿兴趣和能力的图解,以增强其对文本的理解。

社会故事中的句型一般有两种:描述句和指导句。描述句,是对情境中有关的人、事、时、地、物等相关信息的客观描述,准确地描述情景的相关方面,包括外部和内部要素。描述句不含假设、偏见、判断和未经确认的观点。描述句是可靠的信息传递者,描述与主题相关的可以观察得到的外部要素,包括与那些不那么显而易见的要素相关的想法、感受、文化、期待等;描述句也通常描述或涉及另一个人或一类人的内部状态,包括但不限于知识、想法、感受、信仰、观点、动机、健康、疾病、个性等。指导句是通过描述有效的回应或可能的选择,如"在我空闲时,我可能会画画、看书或玩玩具";指导句也可以是指导幼儿参考主要照顾者或教师提供的建议或提醒,一些他们能帮到幼儿的事,如"我的老师会告诉我游戏中可以怎么做"。为了保证每个故事都将重点放在互动或事件的描述上,要求社会故事中使用描述句的次数至少是指导句的两倍,以确保社会故事都是在描述,而不是在指导。

社会故事有一定的编排格式,即内容和插图的个别化编排和表现手法,包括故事的长度、句子结构、词汇、字体/字号,以及文本和插图的布局。格式的编排应依据幼儿的年龄、能力和兴趣进行。

学前特殊幼儿的社会故事一般比较短,大多为3~12个短句,清晰明确的插图,再结合儿童的经历、重要关系、兴趣和爱好进行编排。同时,格式的编排要注意重复、节奏和韵律,这样的格式比较符合学前特殊幼儿对常规和可预测性的依赖,以及重复学习的特点,如"去幼儿园。我可以,走路去幼儿园;我可以,坐公交车去幼儿园;我可以,坐爸爸的车去幼儿园。我可以和妈妈去幼儿园;我可以和爸爸去幼儿园;我也可以和奶奶去幼儿园……"这样的重复方式,能抓住幼儿的注意力,同时让幼儿将似曾相识的感觉注入一个新的或者不同的话题中,帮助幼儿更好地理解故事内容。

撰写完社会故事后,在讲述前应对其进行审读与修改,确保社会故事清楚、有意义、有趣。可让幼儿的其他重要他人,如照顾者或教师审读故事草稿,并给出反馈意见,避免错误的同时,也能在社会故事应用前,让所有人都了解故事的进度。

(3)实施社会故事

格雷提出两种社会故事的具体实施方式,实施者必须根据幼儿的能力与学习特质,选择最适宜的实施方式。第一种是对于有阅读能力或基础的幼儿,教师或幼儿的主要照顾者可以和幼儿一起阅读社会故事。先由主要照顾者或教师读一遍,再由幼儿读一遍。当幼儿熟悉该社会故事后,每天读一次即可。第二种是对于不会阅读或没有口语能力的幼儿,可以将社会故事制作成录音文件,让幼儿自行播放录音,并跟着录音带阅读。若社会故事超过一页,则应有信号提示,告知幼儿应翻页。当幼儿学会操作社会故事播放后,幼儿每天跟着录音读一遍,且不应超过一遍。上述两种教学方式,不论采取何种实施方式,均应在实施后检视幼儿对社会故事的理解和应用程度,并根据幼儿的实施情况进行修订和调整。

(六)学前特殊幼儿社会适应能力干预的实施与再评估

根据学前特殊幼儿的具体情况,选择适宜的策略并设计相关的实施活动或方案,然后在幼儿需适应的相关环境中实施。在实施过程中应注意同一策略在不同情境中的泛化,如视觉策略可以在学校环境中使用,也可以在家庭环境中使用,这样,能最大效度地提升学前特殊幼儿的社会适应能力。还应注意,幼儿社会适应能力的提升是一个长期的过程,幼儿的主要照顾者或教师,不能过度急迫,压迫幼儿,这样会适得其反。

同时,无论用何种策略和方式对学前特殊幼儿的社会适应能力进行干预,干预后都应进行再次评估,分析和讨论幼儿干预前、后的变化,总结经验和教训,为进一步的干预做准备。

思考题

1. 简述幼儿认知能力的发展过程是怎样的。

2. 简述特殊幼儿认知能力康复治疗主要内容。

3. 沟通、言语和语言的基本概念和关系是什么?

4. 语言言语康复所包含的内容是什么?

5. 粗大运动功能的等级划分标准以及意义为何?

6. 每个等级的重点基本能力是什么,如何测试?

7. 幼儿在卧位、坐位、跪位、立位的重心转移学习任务分别是什么?

8. 人际互动质量和参与度分析的作用分别是什么?

9. 手部运动分化发展的规律和阶段是什么?

10. 简述特殊幼儿常见的情绪和行为问题。

11. 情绪与行为矫正的方法有哪些?

12. 简述学前特殊幼儿社会适应能力的特点。

13. 简述学前特殊幼儿社会适应能力干预的目标与内容。

实践篇

第三章

学前特殊幼儿的认知康复实践

现代生理与心理学研究结果表明人类从出生到 6 岁,大脑发育完成了 80% 左右,学前期(3～6 岁)是个体发展可塑性最强、智力发展最快的时期。发展心理学认为,早期经验对个体终身发展具有突出的重要性。研究指出,早期,幼儿的神经系统正处于发育的过程中,可塑性强,在这个阶段对幼儿开展早期脑(左、右脑)功能的开发与训练,能够在极大程度上促进个体智力的发展,教育与康复都能达到效率最大化。

特殊幼儿认知能力的发展水平显著低于正常幼儿,对其进行系统、科学与有效的认知训练能够促进其认知能力的补偿与提升。认知训练的对象主要包括智力发育迟缓、脑性瘫痪(伴有智力障碍)、自闭症及语言发育迟缓等幼儿。与普通幼儿相比,特殊幼儿认知发展既有特殊的一面,也有存在共性的一面。皮亚杰的相关理论指出,虽然特殊幼儿各项认知能力的发展可能相对滞后,但是仍然依照一般的认知发展阶段向前发展。以上不同障碍类别幼儿认知特点主要有以下共性特征:①注意力涣散,易受外部无关信息的干扰;②观察能力低下,缺乏观察的目的性及有效的观察策略;③记忆缺乏明确的目的,识记速度慢,工作记忆容量小,缺乏有效的记忆策略;④推理能力差,难以同时从多个维度对信息进行加工;⑤在认知活动中,缺乏计划性,自我监控及自我评价能力差。同时,在启蒙知识方面,特殊幼儿对颜色、图形、数字、时间、空间、物体的量等相关基础知识的掌握,与正常幼儿比较相对较晚,且掌握不牢固。

学前特殊幼儿的认知康复实践只要充分考虑到特殊幼儿的认知特点,并采用科学与系统的认知训练手段和方法,依据正常幼儿的发展阶段就能够取得良好成效。把握学前幼儿心理发展的关键期,及早开展认知能力训练,对于其脑功能开发具有事半功倍的效果,可为其毕生发展奠定良好的基础。

> ## 一、符合特殊幼儿认知发展规律

普通幼儿认知发展规律是对特殊幼儿开展认知康复与教育的重要依据。从总体上看,3～5 岁幼儿的认知发展处于具体运算阶段,该阶段的幼儿开始运用表象来表示外界事物,重视事物的外部特征,其思维具有一定的可逆性、具体性、自我中心性和刻板性。6～15 岁幼儿的认知发展处于抽象思维加速发展阶段,能在一定的情景下,使用认知策略去解决相应的问题,同时其元认知能力也在不断发展。由于生理与心理在不同程度上存在障碍,特殊幼儿各项认知能力的发展相对滞后。对他们进行认知能力的训练,首先要了解其认知能力发展的现有水平以及特点,然后制订具有针对性的训练方案,遵循小步子、常循环、多反复的训练原则。

> ## 二、认知能力训练与语言学习相结合

语言是思维的外在表现,认知水平与语言能力具有密不可分的联系,认知能力的训练必须与语言学习相结合。具体来说,特殊幼儿的认知训练依赖一定程度的语言能力作为媒介。对于特殊幼儿,教师在对其开展认知能力训练的同时也应兼顾幼儿的语言能力发展情况,采用幼儿熟悉且能够听懂的简单口语进行指导。

> ## 三、认知能力训练与幼儿生活经验相结合

幼儿认知能力训练必须遵循由易到难、从简到繁、从具体到抽象的过程。对特殊幼儿而言,在训练的初期阶段,训练内容要容易、简单与具体形象,这就需要将训练内容与特殊幼儿的生活经验密切联系起来。例如在基础训练的颜色教学中,就可结合身上衣物的颜色进行教学。在分类与推理能力训练中,也应尽量以幼儿已有的生活经验与知识为前提。另外,最好选择幼儿熟悉的场景进行训练,例如学校、自家小区、超市和动物园等。这样,才能以幼儿已有知识为起点,帮助他们梳理与组织原有知识,从而获得新知识,使其不断登上认知发展的新台阶。

成人有责任帮助幼儿发展适应生活和社会的认知能力。教师提供的活动应促进每一位幼儿的发展,但对于有特殊需要的幼儿,教师应对相关教学与康复活动做出对应的调整。在活动中教师应注意使用简单的语言和简短的提示。当要求幼儿完成一件事时,应让他充分明白要求,并为他树立一个榜样,鼓励他模仿,观察他的行为反应,随时调整要求。采用小步子教学法,每一小步活动中难度逐步递进。当幼儿形成了一种技能后,可变换多种方法运用这种技能。

本章将综合各节内容,通过对临床康复案例的分析,详细介绍学前特殊幼儿的认知康复实践的相关内容。

第一节 生活活动中的认知康复教育

在幼儿园中,生活活动是对特殊幼儿开展认知康复活动的重要环节。该类活动的目标是训练幼儿学会各种生活方法。这是幼儿园教育中较为重要的组成部分,对幼儿

的身心发育和能力培养起着重要的促进作用。

在生活活动中开展认知康复教育，干预方向应以丰富特殊幼儿启蒙知识为主，通过帮助其增进生活常识，提高基本认知能力。此外，在生活活动中，认知康复和教育还有助于同时提高幼儿的生活自理能力，帮助特殊幼儿在班级中适应集体活动、提高参与程度。

> 一、生活活动中的启蒙知识干预

认知发育迟缓幼儿的启蒙知识发展缓慢，对颜色、图形、数、时间、空间等基础概念的建立，表现出迟缓甚至是迟滞的现象。在干预中，应充分利用生活活动的各个场景与机会展开训练，尽量让幼儿处于放松状态，从他们易于接触到的实物入手，由具象到抽象地拓展幼儿对颜色的认识，逐渐让幼儿发展对颜色、图形、数、时间、空间等的识别、命名及表达的能力。

（一）认识颜色

案例：小文是一个 4 岁的智力障碍女孩，平时在各方面智力发育中都比别的孩子慢，对颜色、图形等基本概念不能进行准确的识别和表述。因此，教师在生活活动中采用认识水果训练帮助该幼儿提升颜色认识能力。

训练要点：

颜色认识训练应为幼儿创造一个色彩丰富的环境，以识别红、黄、绿、蓝、白、黑等基本色为主要训练目标，基本达标后可以适当增加橙、紫等混合色和近似色，将颜色认识训练与生活活动结合，提高训练的生态化效应。

训练步骤：

幼儿园老师与家长共同制订了小文的颜色认识训练措施，具体分为以下两个步骤。

第一步，认识颜色。在幼儿的生活活动中，例如进餐活动时，老师可以多次向幼儿描述食物的名称和颜色，如"这是红色的西红柿""那是黄色的香蕉""这是白色的米饭"。

图 3-1　启蒙知识——认识颜色

第二步,命名颜色。根据幼儿的认知发展相关规律,3 岁左右的幼儿已能说出一些基本色的名称,可让他尝试给一些基本颜色命名,如老师拿出一个橙色的橘子问:"小文,这是什么颜色的橘子?"让幼儿说出颜色的名称——橙色。

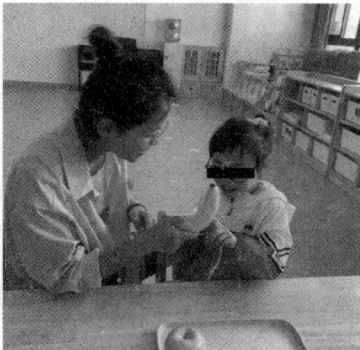

图 3-2　启蒙知识——命名颜色

(二)认识图形

案例:西西是一个 4 岁的唐氏综合征男孩,受到原发障碍的影响,该幼儿平时在各方面智力发育中均较为迟缓,对颜色、图形等基本概念不能进行准确的识别和表述。结合该幼儿的认知特点,教师在生活活动中采用饼干分类训练帮助该幼儿提升图形认知能力。

训练要点:

图形认识训练应注意在幼儿的生活活动中充分启发幼儿从常见的生活物品入手,观察物品的形状,并逐步形成图形的概念。例如在进餐活动时,老师可以同步开展图形感知训练游戏:饼干分类。训练目的主要是通过对不同形状的饼干进行分类,训练幼儿对图形形状的感知能力。训练涉及的道具包括各种形状的饼干块。

训练步骤:

第一步,在进餐点心时给每个孩子一包形状丰富的小饼干,让幼儿撕开包装袋后在盘子里根据形状对饼干进行分类,同一形状的放在一起。

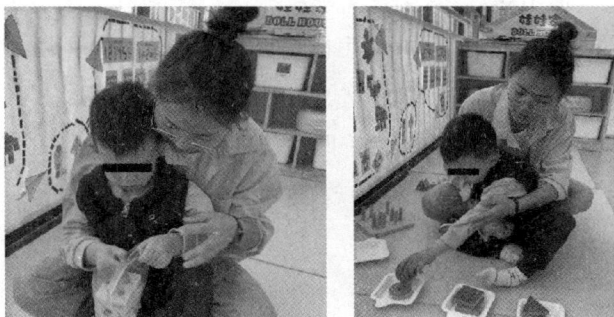

图 3-3　启蒙知识——认识图形

第二步,在老师的提示下,每一次听一听、找一找、吃一吃,听到老师说出对应的图形名称,然后找到相应的小饼干,最后把小饼干吃掉。

图3-4　启蒙知识——认识图形

(三)数概念建立

案例:丁丁是一个5岁的孤独症男孩,伴有智力发育迟缓,对颜色、图形等基本概念有初步的认识,但未建立良好的数概念,仅能做到1到10的唱数,但未建立数的完整概念,不能按物点数或者按数取物。结合该幼儿的认知特点,教师在生活活动的进餐活动中积极强化幼儿的按数取物的能力。

训练要点:

按数取物是数概念发展的较高阶段。需要有唱数和按物点数作为能力基础。在进餐活动中,老师可充分利用食材,在进餐活动中同步开展数概念的相关认知训练。

训练步骤:

第一步,唱数。在进餐活动以外的其他生活活动中,均能进行有关的数概念认知训练。训练的第一步先开展唱数训练。如在午睡活动中,教师可带领准备午睡的小朋友进行唱数训练,让幼儿练习从1到10的唱数,共练习三轮。在唱数的同时也让幼儿逐渐恢复平静安稳的情绪状态,有助于午睡。

第二步,按物取物。在幼儿有了稳定的唱数能力后,教师可以在进餐活动中同步进行按物取物的训练。为了帮助孩子较快地达到这一阶段,教师可以先教按物取物作为按数取物的过渡。即先让幼儿学会"按照给出的物体的数量取出相应数量的物体",如老师先将要分给小朋友们的牛奶先堆放在桌子前,老师拿起一盒,让每个孩子学着老师拿一盒。

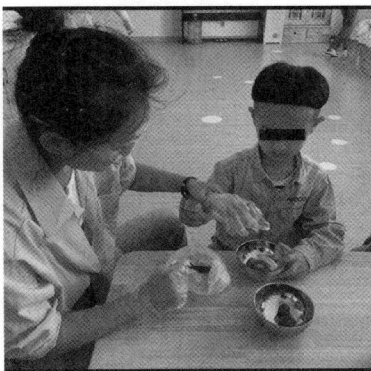

图 3-5 启蒙知识——数概念的建立

第三步,按数取物。在学会按数取物后,学习按给出的数目取出相应数量的物体,老师说出让小朋友们拿取的圣女果数量,然后让孩子自己去餐盘中拿取圣女果。直至幼儿在连续 4 次任务中能够稳定做对 3 次,即证明幼儿已经建立初步的数概念。

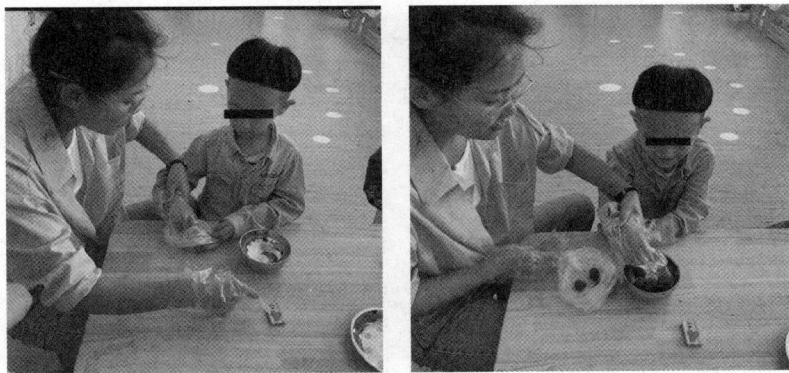

图 3-6 启蒙知识——数概念的建立

(四)时间概念建立

案例:丽丽是一个 4 岁的女孩,由于孕产期感染罹患脑积水。原发障碍导致该幼儿平时在各方面智力发育中均较为迟缓,未建立时间概念,无法准确认识时间,也不会查看钟表。目前该幼儿的智力发育年龄相当于 2 岁半,结合该幼儿的认知特点,教师在生活活动中采用生活日程安排表帮助该幼儿提升图形认知能力。

训练要点:

幼儿的时间概念主要和日常生活事件相联系,幼儿是通过一些日常事件来建立时间概念的,如他们对"早晨"的理解就是起床的时候,"星期天"就是不上幼儿园的时候。

通常而言,3 岁后的幼儿逐渐能够摆脱对生活事件的依赖而以自然界的变化来反映时间,如逐渐知道太阳出来是早晨,太阳落了之后是晚上等。所以,对智龄处于 2~3

岁的幼儿,在培养他们以生活事件感知时间的同时,还应告诉他们时间的自然特征,把时间、生活事件、时间的自然特征三者结合起来,以便为3岁后逐渐摆脱对生活事件的依赖而纯粹以自然界的变化特征感知时间做好铺垫。

训练步骤:

第一步,时间概念的建立。教师通过描述生活事件,向幼儿渗透时间概念。如可以这样告诉幼儿:"太阳出来了(自然特征),小朋友该起床了(生活事件),早上上幼儿园(时间);中午天很热(自然特征),小朋友可以外出玩了(户外活动),小朋友要午睡了(生活事件),该吃午饭啦(时间);下午放学啦(时间)。"

第二步,建立生活日程安排表。在一日生活中,教师通过制订一个明确固定的日程安排表,画成图表形式,让幼儿知道下一步将要做什么,以逐步培养形成幼儿的时间概念。

用魔术贴把生活日程安排表上的活动项目粘贴在版面上。在生活活动中通过口头播报每一次活动转换时的时间的听觉提示,及日程表的图片视觉提示,让幼儿逐步形成对时间的知觉。每完成一项活动,要转换到下一项活动时,教师先口述"清晨,我们吃完早餐了,要开始户外游戏啦!"并且将日程表上的早餐图示撕下,并展示给幼儿看下一个活动——户外活动的图片,来帮助幼儿建立时间概念。

图 3-7　启蒙知识——时间概念建立

(五)空间概念建立

案例:丁丁是一个4岁的脑瘫男孩,该幼儿除了脑瘫导致的运动功能障碍之外,还存在智力发育障碍,不能准确地识别和表述空间概念。结合该幼儿的认知特点,教师在生活活动中的如厕、进餐等环节帮助该幼儿提升空间认知能力。

训练要点:

幼儿的空间概念主要和熟悉的生活活动场景相关联,因此空间概念的建立可以依托于幼儿熟悉的环境进行。

训练步骤：

第一步，概念渗透。先教授上下、前后等较为简单的空间概念。在如厕活动中，教师指导幼儿如厕可以在下指令时加入方位词，如"去教室后面的卫生间洗手"。并带领幼儿走到卫生间，强化幼儿对"后面"的认识。之后，教授左右、里外等更为复杂的空间概念。在进餐活动中，教师指导幼儿如厕可以在下指令时加入方位词，如"到教室的右边拿小杯子喝水"。并带领幼儿走到卫生间，潜移默化地强化幼儿的空间概念。

第二步，撤除辅助。先撤除肢体辅助，在如厕活动中，教师口头下达指令，如"去教室后面的卫生间洗手"，并等待幼儿做出行动。当幼儿正确地执行口令，教师立即给予表扬。再以幼儿本身作为参照系，在无辅助的情况下，建立幼儿的方位概念，教师口头下达指令，向后转，让幼儿寻找对应方位。

第三步，概念巩固。教师和幼儿玩"反着做"的游戏，教师说上面，让幼儿指出对应方位下面，以巩固幼儿的方位概念。

（六）量概念建立

案例：丽丽是一个6岁的智障女孩，该幼儿平时在各方面智力发育中均出现迟缓现象，未建立量的概念。结合该幼儿的认知特点，教师在生活活动中采用"比一比"训练帮助该幼儿建立对量概念的认知。

训练要点：

幼儿的量概念主要和具体事物相联系，幼儿是通过一些常见物品来建立量的概念的。因此量概念的建立可以依托于幼儿熟悉的物品进行。

训练步骤：

第一步，比多少。例如大小概念的建立，可以在进餐活动中，尝试让幼儿比多少，如分水果时老师可以故意犯一些简单的错误，给某一位幼儿少分一份食物，让小朋友们自己比一比，谁的东西比大家多。

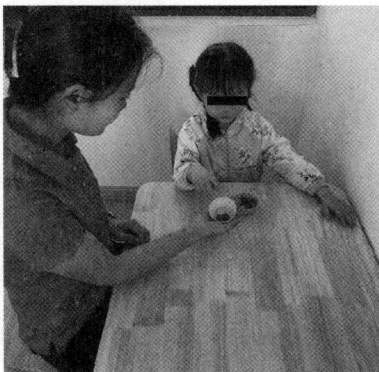

图3-8　启蒙知识——量概念建立

第二步,一样吗？在比较时,还可以同步练习"数守恒"概念,幼儿两两结对,排列两组物品,每组 3~4 个项目,通过一一对应,确定两幼儿的物品一样多,然后改变一组物品的空间分布位置,再问孩子两组物品是否一样多。

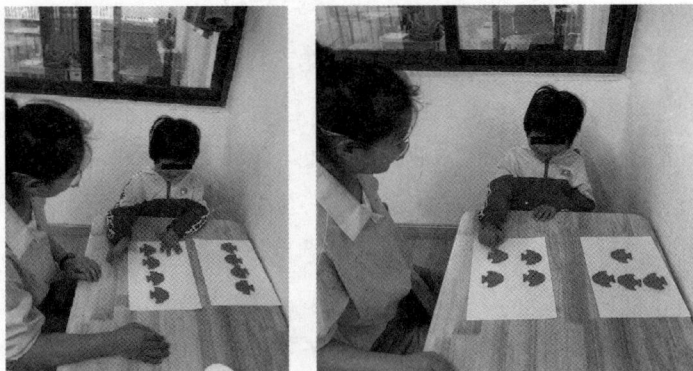

图 3-9　启蒙知识——量概念建立

> 二、生活活动中的基本认知能力训练

（一）注意力训练

案例：球球是一个 5 岁的男孩,被医院诊断为精神发育迟滞。该幼儿平时在各方面智力发育中均较为迟缓,注意力较为涣散,无法安坐,缺乏注意力的稳定性。结合该幼儿的认知特点,教师在生活活动中采用注意力稳定训练和转移训练帮助该幼儿提升注意力。

训练要点：

注意力训练的目标是发展幼儿的有意注意,提高幼儿注意的稳定性分配与转移能力,促进其认知能力的全面发展,在生活活动中注意力训练可充分利用环境开展。

训练步骤：

第一步,注意力稳定性训练。如在进餐活动中,分餐时,要求小朋友注意看保育员老师对食物的传递和运送。保育员老师分发食物时,刻意打破顺序,缓慢地移动食物,放在班级其中一位幼儿的桌前。让小朋友仔细看,以增加注意的时长和稳定性。

第二步,注意力转移训练。如在入园活动时,幼儿和教师打招呼,教师可以要求幼儿,让幼儿找一找视线范围内穿某种颜色衣服的小朋友,找到之后快速切换一种颜色,再找出视线范围内的另外一个小朋友,以训练幼儿的注意转移能力。

（二）观察力训练

案例：小军是一个 4 岁的患罕见基因疾病的女孩,疾病导致幼儿认知发育迟滞,该幼儿平时观察力较差。结合该幼儿的认知特点,教师在生活活动中采用扫视训练帮助该幼儿提高观察力。

训练要点:

观察力训练中,老师应充分依托生活活动中的相关材料,带领幼儿有顺序地对材料进行观察,有组织性地从上到下、从左到右地扫视。

训练步骤:

如在进餐活动中,老师可以将几种不同颜色的食物摆放在桌上,其中有两种食物是一样的,让小朋友们找一找,哪两个是一样的。

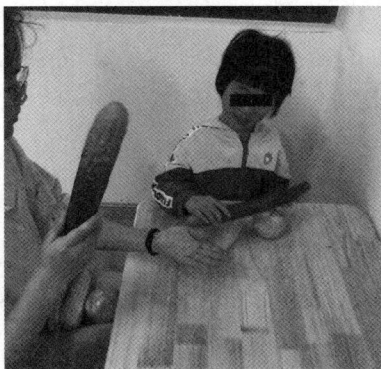

图 3-10　基本认知能力训练——观察力

(三)记忆力训练

案例:文文是一个 6 岁的智力发育迟缓男孩,受到原发障碍的影响,该幼儿记忆力差,无法回忆和复述相关生活事项。结合该幼儿的认知特点,教师在生活活动中采用说一说训练帮助该幼儿提升记忆力。

训练要点:

记忆力训练可依托生活活动中的一些相关事件,让幼儿进行回忆以锻炼其记忆力。

训练步骤:

如午休之后,起床活动中,老师可以让孩子回想中午午饭吃了什么并且说一说,以锻炼幼儿记忆力。

第二节　学习活动中的认知康复教育

幼儿教育针对幼儿心理发展的特点,制订了专门的活动课程,通过游戏、作业等活动形式,有组织、有计划地对幼儿进行德、智、体、美等诸方面的教育。专门的课程与活动不仅能促进幼儿智力的发展,而且有利于发展幼儿的个性,培养优良的个性品质和成熟的社会行为。

针对有障碍的特殊幼儿,幼儿园开展的学习活动应包括两种形式:集体学习活动和个别化学习活动。特殊幼儿的个别化学习活动是针对特殊幼儿的发展需要,以个训为主的教育康复活动。学习活动中的认知康复教育主要可以通过个别化康复训练来完成。具体内容流程如下:

> ### 一、基于 ICF 的启蒙知识评估案例

本节以智障幼儿的认知疗法为个别化康复案例,具体阐述 ICF 框架下启蒙知识评估的实施过程。

(一)患者基本信息填写

询问家长家族史、病史和查阅该患者诊断报告等相关材料,并与患者进行简单会话,获得患者的基本信息和初步的能力水平,如表 3-1 所示。

表 3-1　患者基本信息表

医院、康复机构、特殊教育学校、资源中心
患者基本信息
姓名　王小明　　　出生日期　2013.10.20　　　性别:☑男　　□女
检查者　丁某某　　首评日期　2018.10.20　　　编号　001
类型:☑智障　　　□听障　　　　□脑瘫　　　　□自闭症
　　　□发育迟缓　　　□失语症　　　□神经性言语障碍(构音障碍)
　　　□言语失用症　　　　　　　□其他
主要交流方式:☑口语　　□图片　　　□肢体动作　　□基本无交流
听力状况:☑正常　　□异常
听力设备:□人工耳蜗　　　　　□助听器　　　补偿效果
进食状况:　无明显异常
言语、语言、认知状况:　言语构音能力发展正常;语言能力发展正常,日常以口语交流方式为主;认知能力发展滞后,发育迟缓
口部触觉感知状况:　无明显异常

（二）功能评估（精准评估、ICF 功能评估表）

1. 确定是否存在认知问题

通过认知功能综合筛查表（表 3-2）进行初步判断，以等级评估的方式，考察康复对象对颜色、形状、物体的量、数字、空间概念、时间概念等的认识能力，帮助治疗师、特教老师及家长快速了解康复对象是否存在认知落后现象。认知能力可分为 8 个级别。如果介于两个级别之间，此时选择低级别的选项，保证康复对象能通过。

表 3-2　认知功能综合筛查表

1 级	有基本的感知觉，但不能匹配相同颜色
2 级	能辨认三种基本的颜色（红、黄、蓝）、分清物体的大小、认识圆形、分清上下的方位概念
3 级	能在对比中指出高矮、长短、多少、轻重和胖瘦
4 级	能根据 10 以内数字找到数字对应的物品个数
5 级	能分清里外、前后、旁边与中间、左右等方位概念
6 级	能理解大概的时间，但不能认识钟表的时间
7 级	能认识钟表的时间
8 级	能进行 20 以内的加减运算及 10 以内的四则运算，能完成简单应用题

2. 启蒙知识精准评估

对患儿进行启蒙知识的评估，了解"颜色、图形、数字、时间、空间、物体的量"等基础认知内容的掌握情况。

以颜色评估为例：颜色的评估包括"红、黄、蓝、绿、黑、紫、橙、粉、棕、灰"这十种颜色，具体的评估形式包括颜色指认和命名两部分。

首先，进行颜色指认部分评估，要求患儿找出目标颜色，指导语是"请指一指（红）色的花"（图 3-11），指认形式主要针对无法进行言语表达的患儿。

若幼儿能够进行口语表达，进行颜色命名部分评估，要求患儿能够辨别并说出颜色的名称，指导语是"请问这朵花是什么颜色的？"（图 3-12）

在认知能力评估与康复训练仪软件中完成启蒙知识评估后，点击【统计】按钮，即可得到该患者的启蒙知识评估结果（图 3-13）。

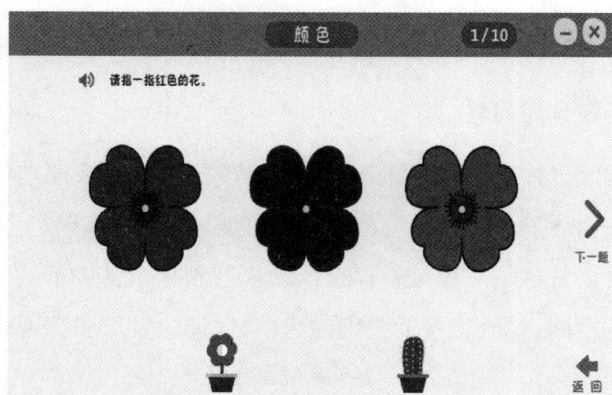

图 3-11　颜色指认

图 3-12　颜色命名

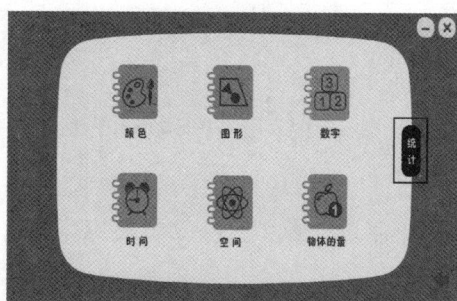

A

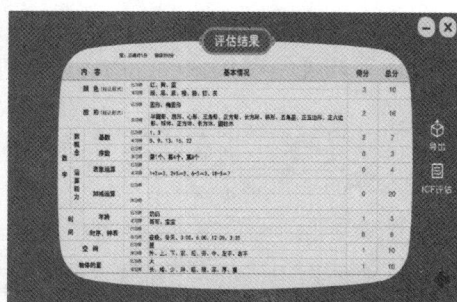

B

图 3-13　统计

评估结果分析：启蒙知识方面,该患者在颜色、图形、数字、时间、空间、物体的量方面存在迟缓现象,相当于正常 2 岁半的幼儿(表3-3)。

表3-3　启蒙知识评估结果分析

测试项目	颜色认知	图形认知	数字认知	时间认知	空间认知	物体的量
得分	3/10	2/16	2/34	1/9	1/10	1/10
发育水平	迟缓	迟缓	迟缓	迟缓	迟缓	迟缓
相对年龄	2岁半	2岁半	2岁半	2岁半	2岁半	2岁半

在颜色认知方面,患者得分为3,较正常幼儿迟缓发育2～3年,能够正确指认和命名红、黄、蓝3种颜色,对其他7种颜色指认和命名存在困难;

在图形认知方面,患者得分为2,较正常幼儿迟缓发育2～3年,能正确指认和命名圆形和正方形,对其他图形的指认和命名存在困难;

在数字认知方面,患者得分为2,较正常幼儿迟缓发育2～3年,已习得基数和序数1,对其他数字认知存在困难;

在时间认知方面,患者得分为1,较正常幼儿迟缓发育2～3年,已习得部分与年龄相关的时间认知,对其他时间认知存在较大困难;

在空间认知方面,患者得分为1,较正常幼儿迟缓发育2～3年,已习得上的空间概念,对其他空间认知存在较大困难;

在物体的量方面,患者得分为1,较正常幼儿迟缓发育2～3年,已习得物体大的概念,对于其他的物体的量认知存在较大困难。

3.ICF认知功能评估表

表3-4　ICF认知功能评估表

身体功能= 人体系统的生理功能损伤程度			无损伤	轻度损伤	中度损伤	重度损伤	完全损伤	未特指	不适用
			0	1	2	3	4	8	9
b1561	视觉	颜色							
		图形							
		数字							
		时间							
		空间							
		物体的量							

问题描述:以启蒙知识评估中颜色认知为例,通过 ICF 功能损伤程度评估转换,按要求输入测试项目得分,可得出颜色认知功能损伤程度等级状况;

颜色:重度损伤(3),辨别常见颜色的得分为 3,相对年龄为 3 岁以下,颜色的视觉感知心智功能存在重度损伤;

进一步问题描述:仅能正确指认和命名红色、黄色、蓝色。

> ## 二、基于 ICF 的五项认知能力训练案例

本节以发育迟缓幼儿的认知疗法为个别化康复案例,具体阐述 ICF 框架下认知能力治疗的实施过程。

(一)患者基本信息填写

询问家长家族史、病史和查阅该患者诊断报告等相关材料,并与患者进行简单会话,获得患者的基本信息和初步的能力水平,如表 3-5 所示。

表 3-5　患者基本信息表

```
患者基本信息
姓名　刘晓强　　　出生日期　2014.01.29　　性别:☑男　□女
检查者　丁某某　　首评日期　2018.09.24　　编号　001
类型:□智障_____　□听障_____　□脑瘫_____　□自闭症_____
　　　☑发育迟缓_____　□失语症_____　□神经性言语障碍(构音障碍)_____
　　　□言语失用症_____　□其他_____
主要交流方式:☑口语　□图片　　□肢体动作　　□基本无交流
听力状况:☑正常　　□异常
听力设备:□人工耳蜗　□助听器　　补偿效果_____
进食状况:无明显异常
言语、语言、认知状况:　言语方面呼吸支持不足;语言方面常使用手势表达需求;认知能力发展滞后,发育迟缓
口部触觉感知状况:　口部触觉感知正常
```

(二)功能评估(精准评估、ICF 功能评估表)

在认知能力评估与康复训练仪软件中完成对患者的五项认知能力精准评估后,由评估结果分析可知,在认知能力方面,该患者在空间次序、动作序列、目标辨认、图形推理、逻辑类比方面存在迟缓现象。

通过 ICF 核心分类组合功能损伤程度评估转换,按要求输入测试项目得分,可得出目标辨认功能损伤程度等级状况。以目标辨认为例,轻度损伤 1 级,目标辨认的得分为 3,相对年龄为 3 岁以下,视觉空间觉功能存在轻度损伤;说明患者观察不够细致,缺乏必要的视觉空间观察策略。

（三）制订治疗计划

注意力、观察力、记忆力、推理能力和分类能力：结合认知能力测试与训练仪软件认知训练进行认知能力训练，以目标辨认为例。

制订治疗计划：以认知能力评估中目标辨认为例（表3-6），通过ICF认知功能评估得出该患者目标辨认为轻度损伤1级，目标辨认得分仅为3/8，下一步治疗计划为让患者目标辨认得分能达到5/8。

表3-6 ICF认知疗法计划表（目标辨认）

治疗任务		康复医师	护士	物理治疗师	作业治疗师	言语治疗师	心理工作者	特教教师	初始值	目标值	最终值
b1565视觉	目标辨认					√			1	0	0

（四）康复训练及实时监控

1.认知康复训练

（1）确定训练起点

以认知能力评估中目标辨认为例：目标辨认得分仅为3/8，根据由易到难的原则，下一步治疗计划为让患者目标辨认得分能达到5/8。

（2）目标辨认训练

认知能力训练中目标辨认康复工具及步骤：认知能力评估与康复训练仪软件—认知训练—观察力。

2.认知障碍康复训练实时监控

观察力训练的内容：目标辨认（表3-7）。

观察力康复工具：认知能力评估与康复训练仪软件—认知训练—观察力—第1级顺序观察法（图3-14）。

表3-7 认知障碍康复训练实时监控（目标辨认）

日期	内容	训练前描述（如需）	训练结果
8.25	□第1级顺序观察法	3/8	5/8
	总计:5/8		

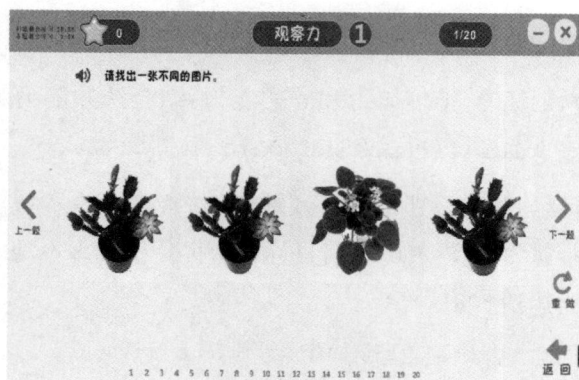

A

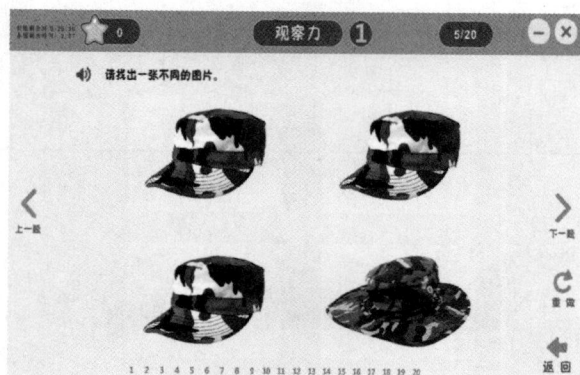

B

图 3-14　认知障碍康复训练实时监控(目标辨认)

3.认知障碍康复训练的短期目标监控

表 3-8　认知障碍康复训练的短期目标监控(目标辨认)

日期	目标辨认	损伤程度	
8.25	3/8	初始值	1
		目标值	0
9.09	5/8	最终值	0

(五)疗效评价

在实施本阶段治疗计划的过程中,根据患者能力和训练安排,在阶段中期和末期再次进行 ICF 认知功能评估(表3-9),对治疗效果进行评价。

本节以上内容主要讨论集体教学中特殊幼儿的认知干预策略。有特殊幼儿的班级中,教师在教学过程中应做到以下几点。①提供一个宽松的氛围,可以自由讨论种族、性别和缺陷。幼儿能够渐渐了解存在的差异,并且通过榜样的示范作用学会尊重和关心这些有差异的幼儿。②针对班级的差异安排各种活动、提供多种材料和制订课

表3-9　认知障碍康复疗效评价表（目标辨认）

初期评估		ICF 限定值						目标值	中期评估							目标达成	末期评估							目标达成
ICF 类目组合			问题						干预	ICF 限定值								干预	ICF 限定值						
											问题								问题						
		0	1	2	3	4				0	1	2	3	4				0	1	2	3	4		
b1565 视觉	目标辨认							1								√								√

程计划。③教会幼儿特定的方法以应付一些歧视和不友善的行为,例如让两岁左右的幼儿知道被人盯着看是一种怎样的感受。④教会幼儿特定的技能,使他们适应并参与群体活动。如果其他的幼儿戏弄、取笑或不友善地对待有障碍的幼儿,要有相应的措施。教师应及时制止这种取笑并告诉幼儿这种做法会伤别人的感情。可以告诉幼儿:"×××并不笨,只是需要稍长一些时间学会新的东西。"然后,帮助幼儿掌握可以弥补自己短处的技能。⑤帮助特殊幼儿参与游戏,适应群体,让所有幼儿一起游戏。⑥鼓励年龄较大的幼儿参与混龄班,在需要时帮助发展迟缓的幼儿。让幼儿结对游戏,使之能获得帮助别人的经验。⑦在自由游戏时,将幼儿可选择的活动限制在 2 ~ 3 种范围中。

第三节　游戏活动中的认知康复教育

　　游戏活动是幼儿园一日活动的重要构成部分。诸多教育学家曾提出过游戏对幼儿的作用价值,比如世界幼儿教育之父——福禄贝尔就十分重视游戏的价值,大力倡导父母和教师要高度重视幼儿的游戏。在幼儿发展中,游戏具有十分重要的价值和意义。游戏是没有社会功利目的的,它强调的是过程、表现和幼儿自主的活动,它能够在最大程度上顺应幼儿的自然发展。热爱游戏是幼儿与生俱来的天性,幼儿是在游戏的过程中学习与发展的。幼儿在游戏中获得对于世界的认识和理解,学习和积累生活知识和科学知识。

　　对于特殊幼儿,游戏也是促进其认知能力与社会性发展的重要活动形式,游戏活动可以为特殊幼儿提供绝佳的认知康复环境。在游戏中,特殊幼儿可以最大程度地实现社交沟通,最大程度地与正常发育幼儿建立友谊。随着幼儿的游戏技能及游戏发展水平提高,幼儿的总体认知能力也随之提升。游戏对于特殊幼儿的全面发展起着不可替代的作用,可以帮助特殊幼儿提高认知能力,习得各种社会交往规则,在游戏中获得成长。

游戏对于特殊幼儿的认知具有十分重要的教育与康复意义,但如何恰当地将幼儿认知训练融入游戏活动中,则需要深度思考。依据现代幼儿教育的理念和实践,把发展障碍幼儿纳入正常教育情境中,对班级中所有的幼儿都有潜在的意义。教师在将认知康复融入平常的游戏活动中时,可以考虑改变教学策略,告别死板、乏味的活动形式,将认知康复的游戏实践形式变得多样化,给予特殊幼儿更多相关支持。幼儿心智尚未成熟,对事物的认知都有着很强烈的好奇心,因此,教师可以从幼儿的兴趣入手,有目的、有选择地代入一些幼儿感兴趣的游戏,提高幼儿的康复积极性。

> 一、游戏活动中的启蒙知识干预

(一)认识颜色

案例:幼儿颜色认识困难表现参见第一节。结合幼儿的颜色认知特点,教师在游戏活动中可采用颜色分享训练帮助幼儿提升颜色认知能力。

训练要点:

颜色训练可以以游戏方式进行,并遵循个别——一般—个别的认识活动规律,即教师首先列举各种实例,让孩子认识物体的颜色。

训练步骤:

第一步,说一说。教师引导幼儿轮流说一说,如这是红铅笔、红蜡笔,那是黄铅笔、黄蜡笔等;然后再演示一块红色(黄色)纸板,让孩子说出纸板的颜色名称(如红色);最后让孩子自己举出属于红色物体的各种实例。

第二步,秀一秀。此外,幼儿园每天还可以安排"分享经验"的游戏时间,让孩子展示不同颜色的物品,说出每种物品的颜色名称的用途,以促进幼儿对颜色的认识。

(二)认识图形

案例:幼儿图形认识困难表现参见第一节。结合幼儿的图形认知特点,教师在游戏活动中可采用积木分类游戏帮助幼儿提升图形认知能力。

训练要点:

游戏活动中的认识图形训练可以采用积木分类游戏进行。游戏道具:各种形状、颜色的积木块(每种形状的积木有多种颜色,同种形状同种颜色的积木又有多块)。游戏目的是通过对不同形状的积木进行分类,训练幼儿对形状的感知能力。

训练步骤：

第一步,让幼儿根据形状对积木进行图形的分类,同一形状的放在一起。

图 3-15　启蒙知识-认识图形

第二步,让幼儿根据颜色对积木进行分类,同一颜色的放在一起。

图 3-16　启蒙知识-认识图形

第三步,让幼儿根据形状、颜色对积木进行分类,同一形状同一颜色的放在一起。

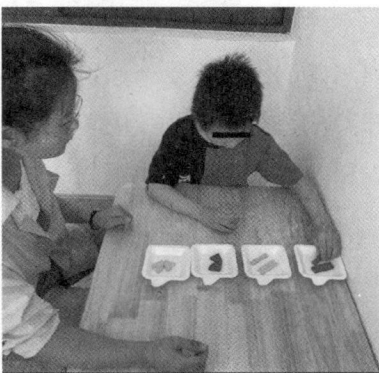

图 3-17　启蒙知识-认识图形

（三）数概念建立

案例：幼儿数认识困难表现参见第一节。结合幼儿的数概念认知特点，教师在游戏活动中可采用颜色举例训练帮助幼儿提升数概念认知能力。

训练要点：

数概念的认知训练可以充分渗透到幼儿的游戏活动中去，可以充分地吸引每个幼儿动手动脑积极参与，获得练习的机会。

训练步骤：

游戏活动中的数概念建立可以与幼儿的手工活动相结合。

第一步，学习基数。如让幼儿用绳子剪出长度依次递增的 3 条绳子，或用黏土制作 5 个一样大的圆球。通过手工游戏，发展幼儿的基数概念。

图 3-18　启蒙知识-数概念建立

第二步，比一比。当幼儿基本掌握了基数后，可以让每位幼儿画 3 个物品（苹果、香蕉、梨子等），然后办画展，比一比，看每个幼儿画的 3 个物品哪些是一样的哪些是不一样的，以增进幼儿的数概念。

（四）时间概念建立

案例：幼儿时间概念认识困难表现参见第一节。结合幼儿的时间概念认识困难特点，教师在游戏活动中可采用扮演游戏帮助幼儿建立时间概念。

训练要点：

在游戏活动中可以通过组织一定的扮演类游戏，让幼儿在角色扮演的过程当中建立时间的概念。

训练步骤：

第一步，具体时间概念的演绎。比如说在小厨师游戏中可以让幼儿煎鸡蛋，规定鸡蛋每一面煎 30 秒钟，同时教师提供计时器让幼儿认识钟表上的时间。

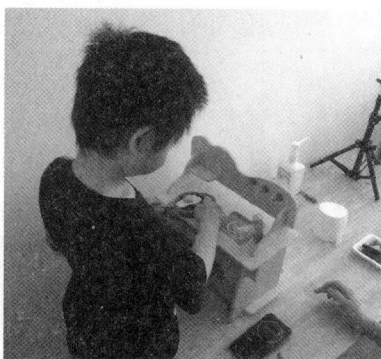

图3-19　启蒙知识-时间概念建立

第二步,广泛时间概念的演绎。此外,幼儿还可以在扮演带有故事性的角色人物时,通过扮演不同的年龄阶段的角色在不同时间做不同的事情,让幼儿感知年龄、年纪等与时间相关的概念。如爷爷早上去打太极拳,奶奶晚上去跳广场舞,娃娃白天去上幼儿园,爸爸妈妈在工作日都去上班。

（五）空间概念建立

案例:幼儿空间认识困难表现参见第一节。结合幼儿的空间概念建立的特点,教师在游戏活动中可灵活采用建构游戏帮助幼儿建立空间概念。

训练要点:

在游戏活动中可以通过组织特定的游戏活动,帮助特殊幼儿建立空间概念,游戏活动类型应丰富多样。如在建构性游戏当中,可以通过要求幼儿在定向方位搭建积木而训练幼儿的空间概念。

训练步骤:

第一步,搭积木。在搭建积木时,教师可先示范搭建的方式,再通过语言告诉幼儿,老师将红色的积木放在黄色积木的上面、下面、左面、右面等。要求幼儿参照教师的行动,也同样地搭建积木,并且说出自己将红色的积木放在黄色积木的哪里。

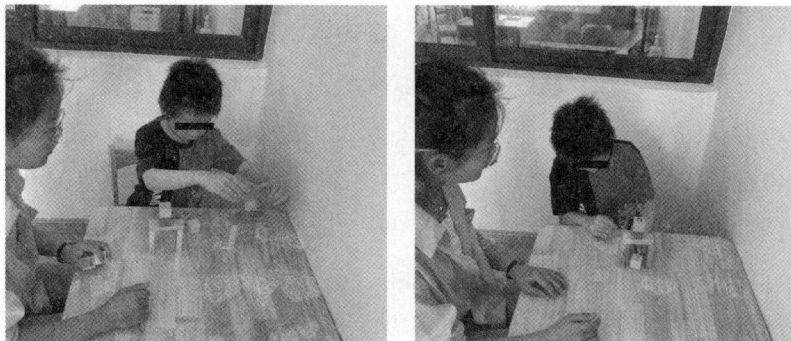

图3-20　启蒙知识-空间概念建立

第二步,过家家。同时在一些扮演类的假想性游戏当中,可以通过一些口语的练习,让幼儿形成空间概念。如在玩娃娃家游戏时,教师可以用行动先对幼儿进行概念示范,如把洋娃娃放进娃娃家的小屋子里之后,用口头语告诉幼儿娃娃在房子的里面,小树在房子的外面。之后让幼儿复述,娃娃在房子的哪里?小树在房子的哪里?若幼儿能够正确回答,则进一步提升难度,教师做、幼儿看,并且自己说一说。还可以交换角色,让幼儿先放老师来说,此时老师可以故意犯一些错误让幼儿来纠正自己,以提高幼儿的兴趣。

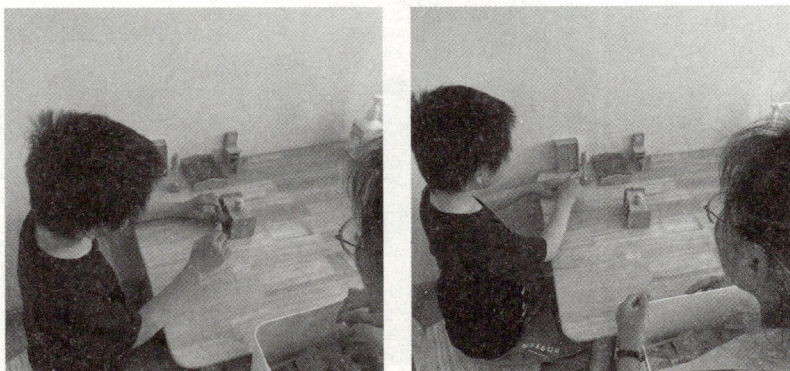

图3-21 启蒙知识-空间概念建立

(六)量概念建立

案例:幼儿量概念的建立困难表现参见第一节。结合幼儿的量概念发展特点,教师在游戏活动中可采用奇妙盒子游戏帮助幼儿建立量概念。

训练要点:

在游戏活动中可以设计一些特别的游戏活动,比较对照实物的多与少、轻与重、长与短、大与小等,通过游戏的形式,让幼儿体验不同的量关系,来帮助幼儿初步感知量,从而建立量概念。来帮助特殊幼儿建立量的概念。

训练步骤:

量概念的建立可采用的训练游戏如下:奇妙的盒子。游戏道具:纸盒子、玩具、水果、糖果、积木等。游戏目的:通过快速找出特定的物体,训练幼儿的量概念。游戏玩法:找一个大一点的无盖的纸盒子,把幼儿常玩的一些玩具、水果、糖果、积木等放进盒子。教师也准备一个对应的物品箱,先拿出一个样板物品,再向幼儿发出指令,让幼儿听指令快速找出对应的物品,如"请安安拿出比老师的圆更大的圆""请安安拿出比老师的绳子更短的绳子""请安安拿出比老师的小沙袋更轻的袋子"。对大一些的幼儿,教师可以给他否定的指令,如"请你把不可以吃的东西拿出来""请你把不是圆的东西拿出来"等已拓展的概念。

> ## 二、游戏活动中的基本认知能力训练

（一）注意力训练

案例：幼儿注意力障碍表现参见第一节。结合幼儿的注意发展特点，教师在游戏活动中可分别通过视觉和听觉注意训练帮助幼儿提升注意品质。

训练要点：

幼儿的注意力发展可依托视觉及听觉两个通道分别开展。注意力训练主要包括注意稳定性、注意广度、注意分配和注意转移四个部分，在游戏活动中可以设计一些幼儿可以持续参与的活动来开展注意力训练，如划消水果、舒尔特方格、迷宫、边看边回答等，训练初期选择幼儿感兴趣且较简单的刺激对象入手，通过不断的行为强化使幼儿的注意力保持在刺激对象上，并且保持时间逐渐增长，从而来提高幼儿的注意力水平。

训练步骤：

第一步，视觉注意训练。在游戏活动中，走迷宫游戏是训练幼儿注意力的非常好的游戏形式，可以在很大程度上提高幼儿的注意力。教师可以依据特殊幼儿的能力情况，为其提供不同难度的迷宫图纸，让幼儿观察图纸，完成迷宫游戏。

图3-22　基本认知能力-注意力训练

第二步，听觉注意训练。迷宫游戏主要是对幼儿的视觉注意力进行训练，除此之外还可以通过听儿歌游戏对幼儿的听觉注意力展开训练。比如说教师可以对幼儿唱一首儿歌，并且要求幼儿数儿歌当中某一个字出现的次数，如老师播放《泥娃娃》歌谣，请幼儿数"娃娃"一词出现的次数。

（二）观察力训练

案例：幼儿观察力障碍表现参见第一节。结合幼儿的观察力发展特点，教师在观

察力训练中可采用分类游戏和找不同游戏帮助幼儿提升观察力。

训练要点:

在游戏中的观察力训练形式可以丰富多样。在游戏中的观察力训练形式可以丰富多样。主要以幼儿认识且感兴趣的事物为基础,开展有趣的活动来训练幼儿的观察力,如火眼金睛找异同、迷宫送小动物回家、拼图、事件排序、看图讲故事、找错误等,在设计游戏活动时应同时结合观察力的敏锐性、条理性和理解性开展训练,以促进幼儿的观察力水平的整体提升。

训练步骤:

在游戏活动中可以通过组织对物品分类的游戏活动,帮助特殊幼儿练习观察力。教师可以在一个大盒里装有各种不同颜色的小物品,让孩子按颜色放入收纳盒,放好后说出每堆物品的颜色的名称。

此外,找不同游戏也是锻炼观察力的很好的游戏形式。教师可以向特殊幼儿提供两张图片,每张图片中只有微小的几处不同的地方,让幼儿主动观察对比两张图片,并且圈出所有不一样的地方,如果顺利完成即可得到奖励。

(三)记忆力训练

案例:幼儿记忆力困难表现参见第一节。结合幼儿记忆力发展特点,教师在游戏活动中可采用"小小传话员""测测你的记忆力"游戏帮助幼儿提升记忆力。

训练要点:

在游戏活动中可以通过一些与记忆力相关的游戏活动,帮助特殊幼儿练习观察力。在游戏活动中可以设计记忆目的性明确的活动,采用一定的记忆策略来增加幼儿注意的容量和保持的时间,并提高记忆的准确性。训练初期,可以从培养幼儿记住教师或者父母的要求开始练习,慢慢地再过渡到幼儿记住独立的内容,在训练过程中需要明确幼儿记忆的目的和任务,尽量将需要记忆的内容具体化,从而来提升幼儿的记忆力。

训练步骤:

第一步,"测测你的记忆力"游戏。游戏中,教师向小朋友念四个为一组的数字或词汇,每念完一组,立即问小朋友第一或第二、第三个数字(或词)是什么,最后一个数字(或词汇)是什么。

第二步,"小小传话员"游戏。游戏前,教师对幼儿说:"今天我们来玩一个小小传话员的游戏,宝宝就是我们的小小传话员。老师告诉宝宝一句话,请小传话员把话传给×××。×××告诉宝宝一句话,请小传话员传给老师。好,现在请小传话员开始工作。"

幼儿先跑到老师面前,老师用双手把幼儿抱到自己膝盖上,在幼儿耳边说一句悄悄话。让幼儿传给×××。幼儿跳下来,跑到×××面前,跳到×××膝盖上,把老师的话传给×××。×××向老师核实一下,如果幼儿传对了,×××就亲幼儿一下以示鼓励,然后×××再告诉幼儿一句话,要幼儿传给老师,如此反复几次,直到幼儿厌倦为止。

第四节　户外活动中的认知康复教育

在幼儿园的户外环境中开展的各类游戏学习活动均属于户外活动。户外活动种类丰富,形式也多样化,幼儿能在户外活动中得到与游戏活动类似的愉快体验,并且能够促进其身心发展。

幼儿园户外活动包括运动类、建构类、表演类、美劳类和探究类等不同类别。丰富多样的活动形式有助于促进幼儿身体素质的提高,启发和培养幼儿良好的心理品质,形成乐观、勇敢、坚韧的品质。户外活动多为集体性的活动,在同一个活动中有多名幼儿参与,此类活动有助于培养幼儿间的友谊、促进幼儿的社会性和宜人性发展,也是特殊幼儿认知干预的天然环境之一。

面对特殊幼儿的认知康复需求,教师可以灵活地调用活动中的环境因素和活动材料,对幼儿进行认知能力的发展支持。在维果斯基的最近发展区理论中,成人或能力较高的同龄人为幼儿提供中介物,并运用适宜的策略,可使幼儿获得经验,提高幼儿的认知水平。在户外活动中,教师要从幼儿的现有水平出发,发现幼儿的活动困难点并适时适当给予帮助,给幼儿提供良好的支持与辅助,以最大程度地促进幼儿认知发展。

> ### 一、户外活动中的启蒙知识干预

(一)认识颜色

案例:幼儿颜色认识困难表现参见第一节。结合幼儿的颜色认知特点,教师在户外活动中可采用颜色举例训练帮助幼儿提升颜色认知能力。

训练要点:

在户外活动中,教师可以通过增加幼儿探索环境和活动材料的机会组织一些与颜色认知康复相关的活动,如描绘天空、树木的颜色,采摘黄色的花朵,准备白色的帽子等,以帮助特殊幼儿练习颜色认知。

图 3-23　启蒙知识-认识颜色

训练步骤：

在户外活动开始前，如果涉及有材料的相关活动，可以描述活动材料的颜色，逐一报出每种材料的颜色名称。小小恐龙跑游戏中，老师可以让孩子们看一看自己手里的小恐龙头套是什么颜色的，不同颜色的小恐龙要站在不同的队伍里，相同颜色的小恐龙要站在同一个队伍里。

(二)认识图形

案例：幼儿图形认识困难表现参见第一节。结合幼儿的图形认知发展特点，教师在游戏活动中可采用"小兔子"户外活动游戏帮助幼儿提升图形认知能力。

训练要点：

在户外活动中，教师可以通过增加幼儿探索环境和活动材料的机会组织一些与图形认知康复相关的活动，如形状颜色丰富的几何框框、形状不一的大积木，以及几何镶嵌板等，以帮助特殊幼儿在户外活动中练习图形认知。

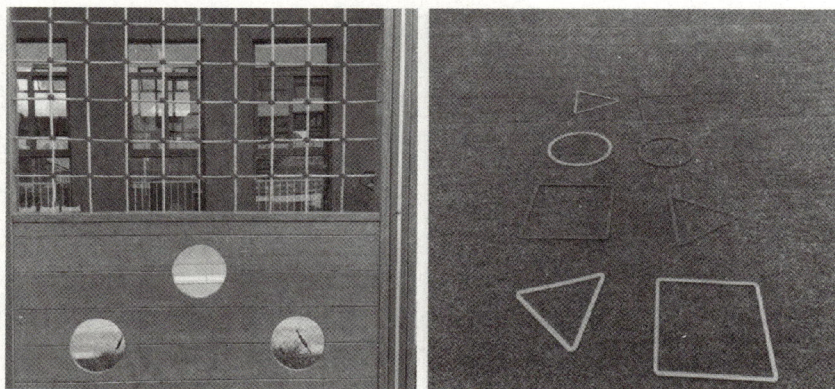

图 3-24　启蒙知识-认识图形

训练步骤：

如在小兔蹦蹦蹦游戏中，教师先在地面上用不同的图案画出标记物，然后让幼儿扮演小兔子，听指令跳一跳。如老师说小兔子跳到方框里，幼儿需要跳到对应图形的标记物上，否则游戏就输了。在游戏中通过普通幼儿的示范效应，促进认知能力稍差的特殊幼儿巩固图形概念。

（三）数概念建立

案例：幼儿数概念障碍表现参见第一节。结合幼儿的数概念发展特点，教师在户外活动中可采用"看看谁跑最快""谁是第三名（谁是第五名）""跳绳谁跳的次数最多"等活动帮助幼儿发展数概念。

训练要点：

在户外活动中，教师可以结合体育活动，在一些体育活动中融入与数概念相关的康复目标，如通过多少、快慢等比较，在体育比赛中初步建立幼儿的数概念，再通过报数、清点人数、按人取体育器材等方式，来引导幼儿学习数概念并加以应用，以帮助特殊幼儿建立数概念。

图3-25　启蒙知识-数概念建立

训练步骤：

第一步，"看看谁跑最快"。在户外活动中，带领幼儿举行跑步比赛，让小朋友们比比看谁跑得最快，说一说谁得第一名。帮助幼儿初步建立序数概念。

第二步，"谁是第三名（谁是第五名）"。在户外活动中，带领幼儿举行跑步比赛，让小朋友们比比看谁跑得最快，说一说谁是第三名，谁是第五名。帮助幼儿从第一数到第五，形象地让幼儿掌握序数概念。

第三步，"跳绳谁跳的次数最多"。在户外活动中，带领幼儿举行跳绳比赛，让小朋友们比比看谁跳的次数最多，带领幼儿计数，并且比较不同数之间的大小。

（四）时间概念建立

案例：幼儿时间概念建立困难表现参见第一节。结合幼儿的时间认知特点，教师在户外游戏活动中可采用与计时和报时相关的训练帮助幼儿建立时间概念。

训练要点：

在户外活动中，教师可以结合相关活动，如在户外请幼儿总结此时的时间和天气（星期二、中午、晴），来帮助幼儿认识固定时序的时间概念；又如在一些游戏活动中培养幼儿的节律感，从而来估计时间的长短，培养幼儿的时距概念；在一些活动中进行计时和报时，以帮助特殊幼儿建立时间概念。

图 3-26　启蒙知识-时间概念建立

训练步骤：

例如教师可以在户外活动开始前先有意识地告诉幼儿，现在是早上、中午或下午，今天是星期几。同时将昼夜和星期的概念融入活动的介绍中，为幼儿介绍未来一周的活动计划。

（五）空间概念建立

案例：幼儿空间认识困难表现参见第一节。结合幼儿的空间认知特点，教师在户外游戏活动中可采用方位词训练和参照点训练帮助幼儿提升空间认知能力。

训练要点：

帮助幼儿正确地理解和使用空间关系的词语。借助于词，幼儿可以对客观事物进行不同水平的抽象和概括，因此帮助幼儿正确理解和使用各种有关空间关系的词是十分重要的。

图 3-27　启蒙知识-空间概念建立

训练步骤：

第一步，方位词练习。如标志空间方位的词有上下、前后、左右、里外、之间等；标志距离的词有远近等。

第二步，参照点练习。幼儿掌握空间词语取决于使用的参照点。幼儿最先学会以自身为参照点决定客观事物的空间方位，如自身正面朝向的位置。因此在户外活动中，教师可以让小朋友们转向自己的后方、左边、右边，向上跳，向下蹲等帮助幼儿形成空间概念。

> **二、户外活动中的基本认知能力训练**

(一)注意力训练

案例：幼儿注意力困难表现参见第一节。结合幼儿的注意力发展特点，教师在户外活动中，教师可以采用走平衡木活动，帮助特殊幼儿进行认知康复，训练幼儿的注意力与平衡觉，促进感觉统合。

训练要点：

活动开始时，教师应做好示范及保护，如木板设置要稳定，高度要适当，以免跌落造成幼儿受伤。活动过程中引导幼儿主动观察，先在辅助下完成走平衡木，之后再撤离辅助，逐步帮助幼儿提升注意力品质。

训练步骤：

在地上放上宽度适宜的长条木板，让幼儿先在上面练习，刚开始教师可以示范两臂平展走平衡木的技巧，让幼儿观察，同时也可以用手扶着多加练习；熟练后，可以升高木板与地面的距离，或换上较窄的木板，必要时也可以增加上下的坡度。当幼儿熟练掌握后，还可以让其在走平衡木时头顶一本书，或手提一个袋子等，训练其注意力的稳定性。

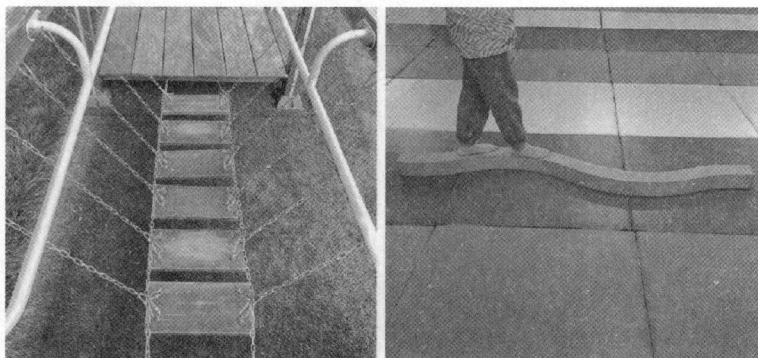

图 3-28　基本认知能力-注意力训练

（二）记忆力训练

案例：幼儿颜色认识困难表现参见第一节。结合幼儿的颜色认知特点，教师在游戏活动中可采用颜色举例训练帮助幼儿提升颜色认知能力。

训练要点：

在户外活动中，教师可以有意识地引导幼儿采用记忆策略，以帮助特殊幼儿提升记忆力。

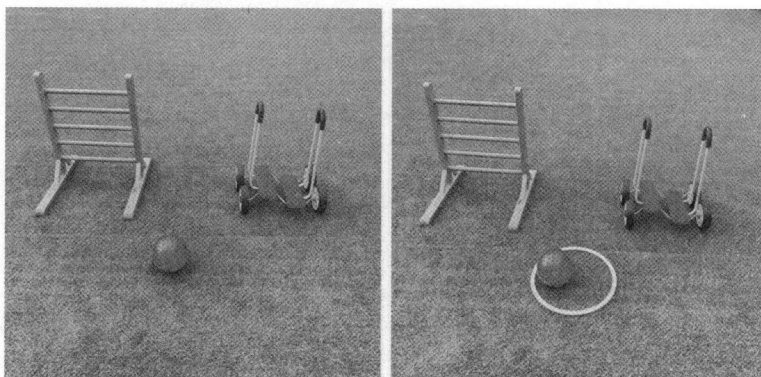

图 3-29　基本认知能力-记忆力训练

训练步骤：

如"操场上有什么"，活动中教师可以把几样户外活动所需的物品放在前面，让幼儿看上一段时间，然后遮起来要求幼儿回忆出这几样东西的名称。注意，幼儿应知道所用物品的名称；物品的多少可根据幼儿年龄来设定，也可从两样物品开始，逐渐增加物品的数量；让幼儿观察物品的时间可以设定，如十秒、二十秒，也可以不设定，由幼儿报告自己都记住了再开始。

第五节　家庭中的认知康复教育

家庭是对幼儿的心理发展有直接影响的重要环境。依据生态系统理论,人和环境的关系是一种相互作用的复杂关系系统。发展中的个体受不同层次的环境水平的影响。对幼儿影响最大、最直接的是家庭、幼儿园这类的生态小环境。除了幼儿在幼儿园生活的时间之外,家庭是幼儿最主要的成长环境,也是提供生态化康复资源和康复机会的最主要场所。因此,改善家庭、幼儿园的环境(包括物质的和社会的)条件和提高家庭教育和幼儿园教育的质量,对促进幼儿认知能力的发展有特殊意义。

家庭中的认知康复教育的质量,对幼儿身心的健康发展至关重要。在家庭中开展认知康复训练,应对环境进行相应的调整。幼儿对秩序和细节等非常敏感,因此,环境必须体现出有序结构,在变换环境设置时,要让环境刺激以形象连续的方式作用于幼儿。环境设置要合理规划活动空间,提供丰富的材料供幼儿自主选择,创设适合他们独立活动、平行活动和小群体活动的区域。家长要创设一种温暖和支持性的环境,给予幼儿"心理安全"。家长要做到对幼儿积极关注、移情理解,给幼儿自由的空间。

＞　一、家庭中的启蒙知识干预

(一)认识颜色

案例:幼儿颜色认识困难表现参见第一节。结合幼儿的颜色认知特点,父母在家庭康复活动中可采用颜色举例训练帮助幼儿提升颜色认知能力。

训练要点:

在家庭中开展认识颜色的训练,可以通过看图片进行。对幼儿的颜色视觉训练应注意,要为幼儿创造一个色彩丰富的环境。目标:训练幼儿的颜色认知,感受图形的差别。准备:印有图案的若干卡片。过程:收集一些大幅的彩色图片,图案简单、对比鲜明。内容可以是圆圈、靶心图、方格、蝴蝶、笑脸等,将这些图片做成硬质的卡片,呈现给幼儿,让他感受明暗、图形、色彩,并能够将颜色相同的不同物品的图片找出来放在一起,并且说出颜色。

训练步骤:

第一步,分类练习。桌子上放置若干彩色图片,家长用语言引导幼儿分类颜色:"宝宝,请你把这里红色的东西找出来,放在桌子上,摆成一排,给他们排个队。"在练习

图 3-30　启蒙知识-认识颜色

时,每次呈现卡片数量不宜过多,同时要注意,呈现给幼儿时要把握好与眼睛的距离,不宜太近或太远(20 厘米左右);呈现时间不宜太长,以免引起幼儿视觉疲劳。

第二步,说一说。当幼儿已能说出一些基本色的名称,可让他尝试给一些基本颜色命名,如妈妈拿出一个橙色的气球卡片问:"宝宝,这是什么颜色的气球?"让幼儿说出颜色的名称——橙色。

（二）认识图形

案例:幼儿图形认识困难表现参见第一节。结合幼儿的图形认知特点,父母在家庭康复活动中可采用"找出来,排排队"游戏帮助幼儿提升图片认知能力。

训练要点:

生活中的很多物体是有规则的形状的,因此可以随时随地利用这些物品让幼儿感受形状。家长也可以和幼儿一起寻找生活中的形状,如电视机是方形的,窗户也是方形的,锅盖是圆形的等。此外,吃饭时家长可以指着盘子说"这是圆形的盘子",指着餐桌说"这是方形的餐桌",提升孩子对生活中常见的形状的认识。

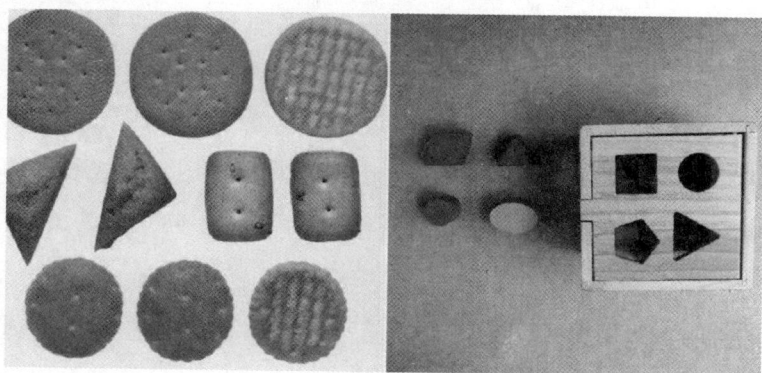

图 3-31　启蒙知识-认识图形

训练步骤：

与颜色认识训练类似，认知图形训练充分利用相关游戏材料进行，如"找出来，排排队"游戏。目标：发展幼儿的图形认知。准备：彩色积木块若干。过程：桌子上放置彩色积木块若干，家长用语言引导幼儿分类形状，如"宝宝，请你把这里圆柱形的积木找出来，放在桌子上，摆成一排，给它们排个队"。当幼儿完成时，及时鼓励，并增加难度，可将图形与颜色共同作为任务的条件，如"将红色的圆柱形拿出来"等。建议：活动之初，成人提出的任务不宜太繁多，可以先让幼儿拿出某种积木，然后再要求根据何种规则排列；无论积木块的颜色还是形状，都不宜过于复杂，最好是幼儿已经基本掌握的一些概念，如几种主要的颜色——红、黄、黑、白等，几种主要的形状——长方形、圆柱形、三角形等；如果提供的颜色和形状是幼儿陌生的，则该活动容易挫败幼儿的积极性。

（三）数概念建立

案例：幼儿数概念发展困难表现参见第一节。结合幼儿的数概念发展特点，父母在家庭康复活动中可采用数概念建立和数概念拓展训练帮助幼儿提升建立数概念。

训练要点：

数概念的建立可以渗透到幼儿生活的不同方面，与日常生活结合，在幼儿兴趣浓厚的活动中开展训练，有助于促进幼儿的数概念发展。

图3-32　启蒙知识-数概念建立

训练步骤：

第一步，数概念建立。如在吃零食的活动中，家长可以说出让幼儿吃小馒头的个数，并让幼儿从小馒头的零食袋里取出对应数量的小馒头。在幼儿取出小馒头后家长应对着小馒头，逐一点数，再次巩固幼儿的按数取物能力。以此类推，下一次家长还可以要求幼儿主动报数，家长给予幼儿许多小馒头，让孩子数一数今天可以吃多少个小馒头,并报出对应的数量。

第二步,数概念的拓展。幼儿都有跟随父母去商店购物的经验,教师要利用这些经验和孩子一块讨论钱的用途以及如何用钱购物,如每种商品的价格不同、购物要弄清价格、购物要有足够的钱、要认真清点找回的钱等;或给予幼儿相应的钱币实物,指导孩子认识钱币,如每种钱币的大小,并用数字标明不同的币值等。

(四)时间概念建立

案例:幼儿时间概念发展困难表现参见第一节。结合幼儿的时间认知特点,父母在家庭康复活动中可采用时间词汇学习和时间概念泛化训练帮助幼儿建立时间概念。

训练要点:

幼儿是通过具体的生活经验认识时间的。幼儿的时间概念建立依托于具体的生活情境,所以,家长应该让幼儿的日常生活有规律,形成规律的作息制度,比如早上7:00起床,8:00吃早饭等,以利于他们形成对时间的知觉。

图3-33 启蒙知识-时间概念建立

训练步骤:

第一步,借助于词;幼儿可以对客观事物进行不同水平的抽象和概括,因此丰富幼儿的词语是非常重要的,帮助幼儿正确理解和使用时间词语。教师和家长在日常生活和正规的教学中都要有意识地使用"今天""明天""昨晚""等一会儿""很久"等时间词语。使用时应注意从幼儿容易理解的词语如"起初""后来""一会儿"入手,以后再逐渐使用较为确切的词语,如"周""月""年"等。随着幼儿年龄的增长以及交往活动的增加,时间词的使用对他们越来越具有重要意义。教师和家长要引导幼儿认识到正确地使用时间词对他们理解事件的意义,并逐渐训练幼儿用正确的时间词来表达一件事,使幼儿能区分出事件中的时间关系,如当幼儿讲述一件过去的事件时,教师或家长应及时地提出问题,如"什么时候?""最初发生了什么?""之后又发生了什么?"等,使幼儿通过使用时间词,理清事物之间的时间关系,提升幼儿认识时间的兴趣。

第二步,时间概念泛化。家长可以有计划地引导幼儿观察植物、昆虫、鱼等的变化过程,这些变化都反映了时间的客观性。除实地观察外,教师利用丰富、生动的直观手段,如图片、影片等向幼儿展现植物生长周期和大自然中的千变万化。

(五)空间概念建立

案例:幼儿空间认识困难表现参见第一节。结合幼儿的空间概念发展特点,父母在家庭康复活动中可采用生活场景举例训练帮助幼儿提升空间认知能力。

训练要点:

日常生活中,只要家长留心,随时都可以结合生活场景教幼儿认识里外、上下、前后等方位。

图3-34　启蒙知识-空间概念建立

训练步骤:

在家庭中,家长就可以有意识地训练幼儿理解里外的含义。例如,拿一个乒乓球和小筐,家长先一边手把手地示范,一边给孩子说"把球放进框里""把球拿到筐外",然后家长说指令,让幼儿单独做;当回家进门时,可以给孩子说"宝宝在屋里,爸爸在屋外";也可以做感知里外的游戏,如设置一个大圆圈,幼儿站里边,妈妈站外边,妈妈和幼儿换一换,让幼儿说说看,谁站里边,谁站外边。和幼儿出去散步时,可以教幼儿唱歌谣:"屋顶上,小小鸟,地下站着小宝宝,前面是爸爸,后面是妈妈,中间走着小宝宝。"

(六)量概念建立

案例:幼儿量概念建立困难表现参见第一节。结合幼儿的量概念发展特点,父母在家庭康复活动中可采用"比一比、说特征"帮助幼儿建立量概念。

训练要点:

量概念的建立需要大量的生活经验作为基础。如带幼儿去超市、菜市场、田间等家庭外的场地,和幼儿一起重新认识很多在我们成人看来已经习以为常的事物,指给幼儿看,并叙述事物的颜色、形状、用途等。帮助幼儿了解物品的用途,建立科学概念,能按用途进行分类,训练幼儿的发散思维。

图3-35　启蒙知识-量概念建立

训练步骤:

准备:日常用品若干。过程:在幼儿掌握一些日常用品的概念之后,家长给幼儿呈现熟悉的物品,如杯子、筷子、毛巾等,问幼儿:"这是什么和什么(如筷子和牙签),它比它怎么样(如筷子比牙签粗)?"幼儿比较后,回答出物品的名称和特征后,及时鼓励幼儿,并继续提问:"还有什么东西也比牙签粗?"启发幼儿说出"吸管""擀面杖"等。建议:所提供的物品应是幼儿所熟悉的,不熟悉的物品幼儿难以说出其名称,也更难以发散思维举例说出具有类似特征的物品。

> ## 二、家庭中的基本认知能力训练

(一)注意力训练

案例:幼儿注意力障碍表现参见第一节。结合幼儿的注意力发展特点,父母在家庭康复活动中可采用"指指、说说桌子上有什么"训练帮助幼儿提升颜色认知能力。

训练要点:

在家庭中的注意力训练,可以结合常见的生活场景,以游戏的形式展开。例如,注意力稳定性和转移能力的训练可以采用"指指、说说桌子上有什么"游戏进行。

训练步骤:

家长把几样物品放在桌子上,先把手放在桌子的下

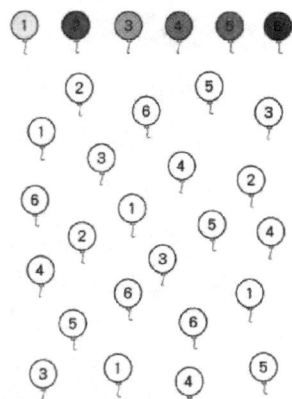

图3-36　基本认知能力-
注意力训练

方,然后在没有提前告知的情况下,快速地伸手指其中一件物品,再把手收回去,让幼儿说出家长刚才指的物品。游戏过程当中,家长还可以一次性指多个物品,让幼儿按照顺序报出家长刚才所指的物品名称,以增加游戏难度。

(二)观察力训练

案例:幼儿观察力发展困难表现参见第一节。结合幼儿的观察力发展特点,父母在家庭康复活动中可采用"戴帽子"和"找不同"等游戏帮助幼儿提升观察力。

训练要点:

在家庭中的观察力训练,可以结合常见的生活场景,以游戏的形式展开,如"戴帽子"和"找不同"。

图3-37　基本认知能力-观察力训练

训练步骤:

第一步,"戴帽子"游戏。"戴帽子"是一种配对游戏,家长把家里的各种空塑料瓶的瓶身和瓶盖放成两堆,让幼儿来配对,给瓶子戴上合适的帽子。瓶盖的大小要区分明显,让幼儿在动手操作中仔细观察不同盖子的区别。此外还可以通过,如不同长短的"筷子"、不同厚度的纸盒、不同粗细的"蜡笔"等,让幼儿比较其长短、厚薄、粗细,并对三个实物进行排序。

第二步,"找不同"游戏。"找不同"游戏,训练幼儿观察力。爸爸、妈妈和幼儿坐在一起,对幼儿说我们今天玩一个看看有什么不同的游戏。让幼儿坐在爸爸、妈妈的对面,爸爸、妈妈并排坐在一起。游戏时妈妈披长发,戴上耳环、项链等和爸爸以示区别。妈妈对幼儿说:"现在,请宝宝仔细看一看,爸爸、妈妈的头发有什么不同?"幼儿回答:"妈妈的长,爸爸的短。"爸爸、妈妈及时肯定并表扬幼儿。爸爸可接着再问:"请宝宝仔细看一看,爸爸、妈妈的眉毛有什么不同?"幼儿回答:"妈妈的细,爸爸的粗。"妈妈接着再问:"请宝宝仔细看一看,爸爸妈妈的耳朵有什么不同?"幼儿回答:"妈妈的耳朵有耳环,爸爸的耳朵没有。"如此爸爸、妈妈轮流提问幼儿,最初问的问题应是单一且特征明显的、幼儿通过简单的观察即可回答的问题。回答完简单的问题之后,可问一些较复杂的问题,扩大幼儿的观察范围。比如妈妈可问"爸爸、妈妈的脸有什么不同?"等诸如此类的问题。在幼儿无从回答时,可稍加提示,告诉幼儿脸上有眉毛、眼睛、鼻子、嘴巴等,让幼儿一个一个去观察去对比。除了让幼儿观察爸爸、妈妈外,还可让幼儿转换观察对象,观察爷爷和爸爸、奶奶和妈妈、爷爷和幼儿自己等。采取的提问次序同上。在游戏结束时,爸爸、妈妈可对游戏加以总结,告诉幼儿男女差别、老幼差别。

(三)记忆力训练

案例:幼儿记忆力发展困难表现参见第一节。结合幼儿的记忆力特点,父母在家庭康复活动中可采用"看一看""学说话"游戏帮助幼儿提升记忆力。

训练要点:

幼儿的记忆力训练,同样地可以结合生活经验开展,例如,幼儿从外面游戏回来,家长可以与孩子一起回顾一下刚才所玩的过程,比如在哪里玩、跟谁一起玩、玩的什么游戏或玩具、发生了哪些有趣的事情等。

过一两天后,家长可以再次与孩子一起回忆前些天经历的事情、去过的地方、学过的儿歌等。一周之后,还可以再来一次总"复习"。这样经过成人多次的反复提示、询问,不仅能为幼儿的有序回忆提供支撑,而且也能有效巩固幼儿的记忆,帮助幼儿持久记忆。注意事项:家长在对孩子进行语言引导时,应避免简单重复,在提醒或总结时应将事件特征予以精细化描述,这样才能为幼儿的事件回忆提供实质性支持。

图3-38 基本认知能力-记忆力训练

训练步骤:

第一步,"看一看"游戏,让幼儿把家长规定的几样东西看上1~2分钟,然后撤掉其中的一个或两个,请幼儿猜出是什么东西被撤掉。

第二步,"学说话"游戏,教幼儿跟随家长说话,家长完整地说一句话后,家长说前面的半句,让幼儿来说后面的半句。

思考题

1. 简述学前特殊幼儿认知康复实践中的注意事项。

2. 简述不同障碍类别幼儿认知特点主要有哪些共性特征。

3. 简述在生活活动中开展认知康复教育的要点。

操作题

1. 尝试设计一堂学习活动中的认知康复个训课。

2. 尝试设计一个以认知康复为目标的户外活动。

3. 尝试设计一个特殊幼儿认知康复家庭活动。

第四章
特殊幼儿的语言言语干预实践

《3~6岁儿童学习与发展指南》指出："语言是交流和思维的工具,幼儿期是语言发展,特别是口语发展的重要时期。"特殊幼儿的语言言语干预可以贯穿到幼儿园一日活动中,从性质上可以分为生活活动、学习活动、游戏活动以及运动活动。同样特殊幼儿的语言言语干预离不开家庭的参与,家庭中的教育康复是0~6岁特殊幼儿康复活动中必不可少的一部分,家园合作才能更好地实现康复效果的最大化。本章将讨论特殊幼儿在幼儿园中的四类活动中进行语言言语干预的内容和方法,以及在家庭中开展语言言语干预的内容与方法。

案例1:尧尧,4岁,是一名自闭症男孩,社交困难,不会说话,眼神交流差。能独立进餐,在大人的带领下能自己上厕所,当别人跟他打招呼时没有反应,也不会主动跟别人打招呼,很少与他人互动,集体活动的参与度较低,不会表达需求,想要某样物品时,直接拿或抢,得不到就会哭闹。

案例2:露露是一位5岁的发育迟缓幼儿,语言发育落后,会说几种常见的蔬菜、水果名称,会叫爸爸、妈妈、爷爷、奶奶,寻求帮助时会说"帮帮"。能理解常用的疑问句,会模仿。能独立进餐,要大小便时,会自己找厕所,但不会说。以前露露很爱笑,性格开朗活泼,喜欢和小朋友玩,但语言表达不流畅,经常因为口语表达不清楚,与小朋友起冲突,妈妈总是会批评她,慢慢地,她变得不爱说话了,也不跟小朋友一起玩。

案例3:4岁的谦谦是一位佩戴双侧人工耳蜗的小朋友,性格活泼开朗,有很强的好奇心,爱模仿,能独立吃饭,大小便时会表达,能说5~7个字左右的句子,能理解并回答简单的疑问句,但表达的语句总是有很多的问题,如:妈妈衣服的、奶奶苹果洗。

第一节　生活活动中的语言言语康复

在幼儿园的生活活动中,针对语言言语康复目标和内容主要涉及的活动包括:入园、餐点和离园。特殊幼儿在参与生活活动时,教师和保育员老师可以利用自然情境进行言语和语言的干预。比如引发沟通动机、示范正确的表达、纠正错误的发音等。在生活活动中开展语言言语干预,干预的目标是提高特殊幼儿主动沟通的能力,培养良好的倾听能力以及自主表达能力。

> ## 一、入园活动中的语言言语干预

特殊幼儿入园时,需要有礼貌地向老师、同伴问好,与家长告别,对于智力障碍、发育迟缓的儿童,可以在老师的示范或者提示下完成,对于自闭症的特殊幼儿,特别是无口语能力的幼儿,我们可以通过沟通本进行替代性沟通,或者采用结构化的程序,让自闭症小朋友明白明天入园要完成的任务和步骤,减少其焦虑情绪。

(一)以案例 1 为例

分析:自闭症儿童具有典型的社交障碍,无口语能力,进入幼儿园和老师、同伴打招呼是建立社交关系的第一步。尧尧每天从入园开始就要进行语言干预。

在进行干预目标拟定的过程中,我们将采取肢体动作的方式干预。

干预目标:用手势、眼神回应打招呼。

具体做法:

(1)当妈妈带着尧尧入园时,老师和妈妈都蹲下。老师先和妈妈握手打招呼,妈妈积极回应,然后老师把目光看向尧尧,并与他有目光接触,说:"尧尧,你好!"然后伸出手,等待几秒钟。如果尧尧没有反应,妈妈拉着他跟老师握手,并说:"老师,你好!"

(2)在下一次入园的时候,老师先蹲下,目光与尧尧有接触,说:"尧尧,你好!"然后伸出手,等待几秒钟,尧尧伸出手,并与老师握手,妈妈说:"老师,你好!"老师及时给出鼓励:"对,就是这样,尧尧真棒!"

(3)重复第二点的内容,直到稳定为止,同时在同伴跟尧尧打招呼时,也鼓励尧尧积极回应。

在实际的操作过程中,可以在适当情况下给予刺激物,进行强化。如:给尧尧奖励一块他喜欢的小饼干。

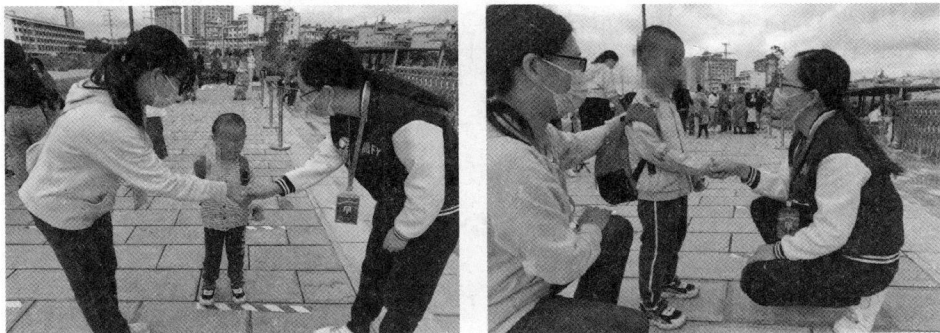

图 4-1　入园活动中的语言干预

(二)以案例 2 为例

分析:露露的语言发展处于词汇阶段,可以使用简单的词汇、短语进行交流,但她的语言表达能力不足,没有得到及时的支持,导致她不爱说话了。我们从露露入园开始,就给她积极的支持,鼓励她使用简单的词汇和短语进行交流,和同伴进行互动。

干预目标:使用短语和老师和同伴打招呼。

具体做法:

(1)当妈妈带着露露入园时,老师先和妈妈打招呼:"早上好,露露妈妈!"妈妈说:"早上好,老师!"妈妈口语提示露露跟老师打招呼,然后观察露露的反应,露露没有开口说话,只是挥了挥手,老师赶紧挥挥手说:"早上好,露露!"

(2)当下次入园时,老师蹲下和露露打招呼:"早上好,露露!"等一会儿,看露露的反应,如果露露还是挥手,不说话,这时候,妈妈带着露露说:"早——上——好,老——师!"老师及时鼓励:"对了,就是这样。"

在实际的操作过程中,积极鼓励露露开口,帮助她建立信心,慢慢从回应过渡到主动发起问好,帮助露露找到好朋友,建立良好的同伴关系,进一步促进语言发展。

(三)以案例 3 为例

分析:谦谦处于句子表达阶段,但句子表达不完整,常出现搭配不当、成分残缺等问题,所以从谦谦入园开始,我们就对谦谦进行了语言表达方面的干预。

干预目标:能表达完整的陈述句。

具体做法:

(1)当谦谦入园跟老师相互问好后,老师问谦谦:"谦谦,你是怎么来上学的?"谦谦回答:"公交车。"老师说:"哦!谦谦坐公交车来的。和谁一起来的呢?"谦谦回答说:"妈妈!"老师说:"我们连起来说,我和妈妈,坐公交车,来的!"老师说的时候稍放慢语速,确保谦谦听清楚。妈妈带着谦谦说一遍:"我和妈妈,坐公交车来的。"

(2)第二次,是爸爸骑电动车送谦谦来上学的,老师同样问:"谦谦,你是坐什么交通工具来上学的?"等一会儿看谦谦的反应,谦谦又先说出了"电动车"三个字。老师把手拍到胸前,提示谦谦先说:"我——和——"然后转头看向旁边的爸爸,引导谦谦说出:"我和爸爸,骑电动车来的。"老师及时鼓励:"对,就是这样说!"

在实际的操作过程中,反复练习同类型的句子,直到完全掌握,再进行下个句式。

> 二、进餐活动中的语言言语干预

进餐活动中针对特殊幼儿,除了避免其挑食、偏食的问题、养成良好的进餐习惯

外,还可以利用自然情境进行语言和言语干预。

幼儿园的间餐活动是幼儿日常生活中的一个环节,间餐活动是一个很好的教学机会,但往往会被忽略掉。多数是由老师来逐一分发,间餐的种类也多以小点心(如饼干、面包)、水果(如苹果、香蕉、梨)为主,利用间餐活动可以很好地培养幼儿的分工合作能力和人际交流能力。

(一)以案例 1 为例

吃饭时,老师问:"要喝汤的小朋友请举手。"尧尧没有反应,老师把汤端到尧尧面前,问:"尧尧,你要喝汤吗?"尧尧看见汤立马起来抢。

干预目标:用手势回应需求。

具体做法:

(1)当看见尧尧跟老师要汤时,助教老师拉着尧尧的手举起来,帮他说:"要!"老师赶紧把汤递给尧尧,并鼓励:"对,就是这样。"

(2)第二次喝汤时,老师问:"尧尧,你要喝汤吗?"等一会儿看尧尧的反应,助教老师给予适当的帮助,直到尧尧能自己举手。

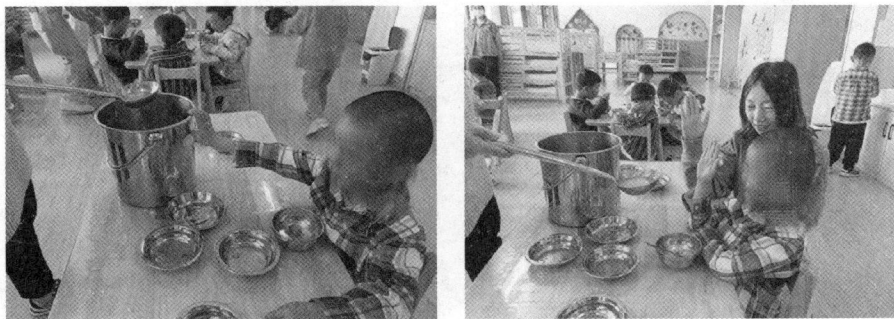

图 4-2 进餐活动中的语言干预

(二)以案例 2 为例

干预目标:用词语回应需求。

具体做法:

(1)老师走过去问:"露露,你要喝汤吗?"露露点了点头,还是没有说话,这时,助教老师带露露慢慢地说:"我要——喝汤。"老师把汤给露露,并鼓励她:"对,就是这样。"

(2)露露习惯使用肢体来表达,老师要及时鼓励她使用口语表达。

(三)以案例 3 为例

干预目标:用正确的句式回应需求。

具体做法:

老师问:"谦谦,你要喝汤吗?"谦谦说:"我要喝汤,一碗。"老师引导谦谦说:"我要喝(老师此时用手比一,再指着碗说)一碗——汤。连起来说:我要喝一碗汤!"老师带着谦谦一起说了一遍。

同类的句式,在以后的一日生活里,要注意多多练习,如"我要吃两块饼干"等。

> ### 三、如厕时的语言言语干预

如厕是幼儿园一日活动中的重要生活环节,它能反映一个人最基本的生活自理能力和卫生习惯。《3~6岁儿童学习和发展指南》指出:"指导幼儿学习和掌握生活自理的基本方法,如穿衣服和鞋袜、洗手洗脸、擦鼻涕、擦屁股的正确方法。"针对这三个小朋友的不同能力,有不同的语言干预目标。

（一）以案例 1 为例

干预目标:学习使用上厕所图卡。

具体做法:

(1)由于尧尧不会说话,不能用语言表达需求,我们使用图卡,每次带尧尧去上厕所的时候,提示尧尧看厕所的标志,并出示上厕所的图卡,告诉他:"尧尧,这是厕所,我们上厕所!"

(2)下次到上厕所的时间,老师出示三组图卡:吃饭、喝水、上厕所或睡觉、游戏、上厕所,让尧尧指出上厕所的那张图卡,并及时鼓励:"对了,这是上厕所,尧尧要上厕所了。"之后不断地强化,在尧尧有上厕所的需求时,能快速找到上厕所的卡片,反馈给老师。

图4-3　如厕时的语言干预

（二）以案例 2 为例

干预目标:表达短语"上厕所"。

具体做法:

每次上厕所,露露就自己跑进厕所,上课时也不跟老师打招呼,站起来就跑,老师叫住露露问:"露露你要干什么?"露露就站在原地不知道该怎么办,眼睛看看厕所的方向,这时候,老师知道露露要去上厕所了,老师问:"露露,你要上厕所吗?"露露点点头。点头,说明露露理解"上厕所"的意思,老师就可以帮助露露说:"上厕所,露露上厕所。"

在上厕所环节,老师引导露露表达"上厕所"3 个字,即使发音不准确也不做刻意的要求,以鼓励表达的积极性。

在每天的上厕所环节,鼓励露露用语言表达自己要上厕所,也可以说一说小朋友上厕所的话题、讨论有关上厕所的绘本等,反复地进行,使表达稳定下来。

(三)以案例 3 为例

干预目标:学习使用问句"你要/想上厕所吗?"

具体做法是:

(1)在上厕所环节开始前,老师先问一问谦谦:"谦谦,你想上厕所吗?"谦谦回答:"想。"然后请谦谦询问身边的小男生:"××,你想上厕所吗?"请小朋友回答,并邀请到另一个想上厕所的男生,一起去上厕所。

(2)每天在上厕所前,老师都鼓励谦谦使用该问句,去邀请一位小男生去上厕所。

(3)在谦谦学会该问句后,老师还可以教谦谦学着问一问:"你冲厕所了吗?"

> **四、午睡前的语言言语干预**

(一)以案例 1 为例

干预目标:能找出图卡中睡觉的图片。

具体做法是:

(1)带领尧尧找到自己的床位,老师说:"尧尧我们要睡觉了。"然后拿出 3 组卡片:吃饭、上厕所、睡觉。老师指指床,说:"尧尧,找一找睡觉的图片。"等几秒看看尧尧的反应,老师引导尧尧找到睡觉的图片,老师说:"对了,睡觉,尧尧要睡觉了。"

(2)老师说:"睡觉前,我们要脱衣服。"等几秒看看尧尧的反应,老师引导尧尧脱衣服,老师说:"对了,脱衣服。"老师再使用同样的提示引导尧尧脱鞋子、裤子。

(3)老师说:"这是床,我们睡在床上;这是枕头、这是被子,盖被子。我们睡觉了。"

(4)起床时,老师说:"尧尧,起床了!"同样再说:"尧尧穿衣服、穿裤子、穿鞋子。"完成起床。

图 4-4　午睡前的语言干预

（二）以案例 2 为例

干预目标：理解并表达短语"睡觉""脱衣服/鞋子/裤子""床""枕头""被子"。

具体做法：

（1）带领露露观察周围的小朋友，老师问："露露，小朋友们在干什么呢？"露露不说话。老师说："脱衣服，他在脱衣服！露露也脱衣服吧！"露露跟老师一起说："脱衣服/脱鞋子/脱裤子。"

（2）带着露露指认并仿说，老师说："床，这是床；枕头，这是枕头；被子，我们盖被子"（只要求说出关键词即可）。

（3）老师说："露露躺下，盖好被子，睡觉了。"露露和老师说："睡——觉——了，午——安！"

（4）起床时，老师说："露露，起床了！"露露和老师说："起床了！"同样老师再说："露露穿衣服/穿裤子/穿鞋子。"露露和老师说："穿衣服/穿裤子/穿鞋子。"完成起床。

（5）老师试着询问："露露，你在干什么？"引导露露回答睡觉、穿/脱衣服等。

（三）以案例 3 为例

干预目标：能和老师完成有关睡午觉的对话。

具体做法：

（1）老师问："谦谦现在是什么时间啦？"谦谦："睡觉时间。"引导谦谦回答："现在是睡午觉时间！"

（2）老师问："睡午觉的时候要做些什么事情？"谦谦："衣服脱掉，睡觉。"

（3）老师引导谦谦说："睡觉的时候，要把衣服脱掉。"

（4）老师问："还有呢？"谦谦："还要脱鞋子和裤子！"

（5）老师说："谦谦真棒，现在老师要把你的耳蜗取下来，我们安静地睡觉，好吗？"谦谦："好的！"起床时，给谦谦戴上耳蜗。

（6）老师问："谦谦，听得到声音吗？"谦谦："听到了！"

（7）老师问："看一看大家在干什么？"谦谦："在穿衣服。"

（8）老师问："现在是什么时间？"谦谦："现在是起床时间！"

（9）老师说："谦谦真棒！你能自己穿衣服吗？"谦谦："能！"

（10）老师说："穿好衣服，先上厕所，然后去喝水。"谦谦："好的！"

＞　五、离园活动中的语言言语干预

离园活动是幼儿一天在幼儿园的活动的最后一个环节，愉快离园才能更好地迎接新一天的到来,幼儿需要收拾好自己的生活和学习用品,使用礼貌用语向老师说再见,并和家长分享在幼儿园的一日生活体验。

(一)以案例 1 为例

干预目标:认识放学、再见图卡,能使用手势表示再见。

具体做法:

(1)老师出示放学的图卡并说:"放学,尧尧,我们放学了。"

(2)老师出示再见的图卡挥手说:"再见! 尧尧再见!"

(3)妈妈示范挥手和老师说:"再见! 老师再见!"

(4)妈妈帮助尧尧挥手和老师说:"再见! 老师再见!"

(二)以案例 2 为例

干预目标:能主动和老师说"再见"。

具体做法:

(1)老师和妈妈挥手说:"露露妈妈,再见!"

(2)妈妈和老师挥手说:"老师,再见!"

(3)老师看向露露:"露露要怎么说呢?"露露挥挥手不说话,妈妈重复说:"老师,再见!"露露:"再见!"

老师说:"露露,再见! 露露真棒!"

(三)以案例 3 为例

干预目标:使用正式的语言进行道别。

具体做法:

(1)谦谦挥挥手说:"拜拜!"老师挥手说:"谦谦,再见!"妈妈对老师说:"老师,再见!"老师:"谦谦妈妈,再见!"

(2)妈妈跟谦谦说:"看,要这样说。"谦谦说:"老师,再见!"老师说:"谦谦,再见!"

第二节 学习活动中的语言言语康复

学习活动是指教师有目的、有计划地发起的,采用集体活动形式组织的师幼互动活动,或在教师引导下的同伴互动活动,旨在促进幼儿同伴分享交流,提升幼儿经验,强化学习体验,引导幼儿主动探索,促进每个幼儿在不同水平上得到发展。幼儿园开展的促进教育康复的学习活动有两种形式:集体学习活动和个别化学习活动。本节分别针对这两种形式进行介绍。

> 一、集体学习活动

集体课教学活动是教师依据幼儿的年龄、身心特点,按照一定的教学目标与原则,选择教学内容,设计教学活动,带领幼儿一起进行的有计划、有目标的活动。在集体课中进行教育康复,必须要将康复目标融入集体课的课程目标中,应关注到特殊幼儿在集体课中的表现,同时也要关注其他幼儿。

(一)教学主题:语言活动课《小雨点》

准备:挂图、活动图片、头饰。

老师出示挂图,说:"小朋友们,最近发生了一件可怕的事——好长时间不下雨了。花园里的花渴得闭上了嘴巴,鱼池里的鱼儿渴得不摇尾巴了,田野的苗儿渴得不长了。小朋友们,有什么办法让它们不渴呢?"(最好的办法就是下雨)"小朋友们,下小雨的时候,小雨发出什么声音呢? 我们一起来下小雨吧! 沙沙沙。"并做出下雨的动作。

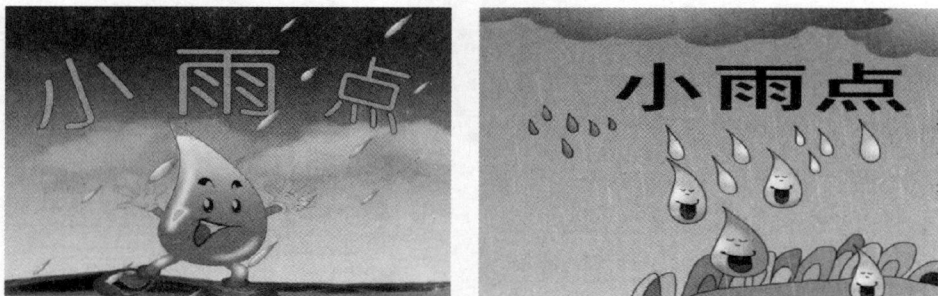

图 4-5 集体学习活动中的语言干预

1. 以案例 1 为例

干预目标:参与到活动中,理解"沙沙沙"是下小雨的声音。

具体做法:

(1)每当听到老师和小朋友说"下小雨啦! 沙沙沙",老师帮助尧尧做出下雨的动作,等下一次又说"下小雨啦! 沙沙沙",引导尧尧跟随小朋友做出下雨的动作。

(2)当老师出示下小雨的图片时,尧尧能做出下雨的动作。

(3)鼓励尧尧带头饰表演"下小雨"。

2. 以案例 2 为例

干预目标:积极参与活动,认真观察,使用、理解并表达出:下小雨、沙沙沙、花园、花儿(笑了)、鱼池、鱼儿(摇尾巴)、田野、苗儿(长高)。

具体做法：

（1）当老师出示图片问："下雨点,沙沙沙,落到了什么地方?"引导露露观察图片并回答："花园。"

（2）当老师出示图片问："花儿怎么样了?"引导露露观察图片并回答："笑了。"

（3）当老师出示图片问："花儿乐得怎么样了?"引导露露观察图片并回答："花儿乐开了。"

（4）鼓励带头饰参与儿歌表演,帮助她做出相应的动作。

图4-6　集体学习活动中的语言干预

3.以案例 3 为例

干预目标:理解并学会唱儿歌《小雨点》。

具体做法:

（1）老师帮助谦谦观察图片,并结合动作唱儿歌:

小雨点,沙沙沙,

落到花园里,花儿乐得张嘴巴。

小雨点,沙沙沙,

落到鱼池里,鱼儿乐得摇尾巴。

小雨点,沙沙沙,

落到田野里,苗儿乐得向上拔。

（2）戴头饰,参与儿歌表演,引导谦谦做出相应的动作。

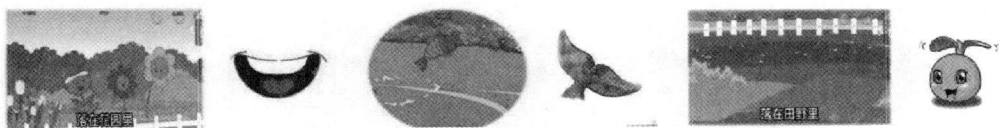

图4-7　集体学习活动中的语言干预

（二）教学主题:绘本活动《谁哭了》

（1）老师出示故事封面,引起孩子的关注,提问:"宝宝,你看到了谁? 他们怎么了? 让我们一起来听一听绘本故事《谁哭了》。"

（2）翻开第一页,家长指着图片念:"呜呜——哇哇,谁哭了? 小老鼠哭了。小老鼠,你怎么啦?"问一问:"小熊看到了谁?"等一等看孩子的反应,然后指着小老鼠接着讲出:"我摔倒了。不过,我不再哭了,我不是小宝宝了。小老鼠,真棒!"

(3)翻开下一页,家长指着图片念:"哇——哇,谁哭了?小兔子哭了。小兔子,你怎么啦?"问一问:"他们看到了谁?"等一等看孩子的反应,然后指着小兔子接着讲出:"冰激凌掉在地上了。不过,我不再哭了,我不是小宝宝了。小兔子,真棒!"……

1. 以案例1为例

干预目标:能配合听看绘本,能指出谁是小熊、小兔子等,能指出图中谁在哭。

具体做法:

(1)翻开第一页,老师指着图片念:"呜呜——哇哇,谁哭了?"停顿看尧尧的反应,如果没有去指,老师拉着尧尧的手指一指小老鼠,同时说:"对,小老鼠哭了"

(2)"小老鼠,你怎么啦?""我摔倒了。"老师给语言指令:"尧尧指一指,谁摔倒了?"停顿看尧尧的反应,如果没有去指,老师去指一指小老鼠,使用肢体提示尧尧去指摔在地上的小老鼠。

(3)同样的讲到下一页"哇——哇,谁哭了?"停顿看尧尧的反应,如果没有去指,老师拉拉尧尧的手,提示尧尧去指。

(4)绘本结构简单,贴近生活,语言简单重复,给尧尧的提示由多到少,最后能主动听指令去指小动物。

2. 以案例2为例

干预目标:能配合听看绘本,理解和回答问句:"小熊看到了谁? 它怎么啦?"

具体做法:

(1)翻开第一页,老师指着图片念:"呜呜——哇哇,谁哭了?"停顿看露露的反应,如果没有回答,老师指一指小老鼠问到:"露露,它是谁?""它是——小—老—鼠",鼓励她说出小老鼠3个字。

(2)老师指一指趴在地上哭的小老鼠问道:"它怎么啦?""它——摔—倒—啦!"这里老师可以只说出第一个字,让露露去说后2个字。当露露主动开口就及时给予鼓励。

(3)后面重复的部分,老师的提示由少到多,先给最少的提示,看看露露的反应,再给多一点点的提示。如:先只给手势提示,再给开头字的提示,若还是没有说出来,再给2个字的提示,让露露说最后一个字。实在说不出来,老师便让露露来仿说。总之,多鼓励。

3.以案例 3 为例

干预目标:能配合听看绘本,理解和回答问句"为什么哭了?"并尝试讲述故事。

具体做法:

(1)翻开第一页,老师指着图片念:"呜呜——哇哇,小老鼠哭了。小老鼠,你怎么啦?"问一问:"小熊看到了谁?"然后指着小老鼠接着讲出:"我摔倒了。不过,我不再哭了,我不是小宝宝了。小老鼠,真棒!"

老师问:"小熊看到了谁在哭?"

谦谦说:"是小老鼠哭!"

老师:"为什么哭?"谦谦看着老师不说话。

老师接着问:"小老鼠怎么啦?"

谦谦说:"摔倒了"

老师:"对,因为—摔倒了,所以—哭了"

(2)因为绘本语言简单,内容重复,老师可以反复地通过这样一问一答的方式,教谦谦来回答为什么的问题,学会使用句式:因为……所以……

图 4-8　集体学习活动中的语言干预

> ## 二、个训课中的教育康复

个训课的教育康复相较于集体课来说,针对性更强,可以根据幼儿的现有能力和康复目标进行活动设计,活动设计要遵循几个原则:①活动设计紧紧围绕幼儿的康复目标进行;②随时观察和解读幼儿在活动中的表现,灵活调整与其生活紧密相关的活动形式;③用全人教育的观点综合各领域目标。

(一)以案例 1 为例

训练目标:

(1)提高口部运动能力;

（2）能模仿拟声词；

（3）能正确模仿发含有"h"的单音节词、双音节词。

训练过程：

（1）口部运动治疗：舌前伸，舌尖下舔下颌，舌尖上舔上唇，舌尖左右交替运动。

（2）呼吸训练：①吹蜡烛。快速用力吹气，三支蜡烛并排，要求一口气吹灭，可以增加蜡烛的排列距离和增加蜡烛的数量以增加难度；缓慢平稳吹气，三支蜡烛并排，要求深吸气后吹动蜡烛火苗，但不吹灭。②吹乒乓球。桌面上放着乒乓球，桌子两边设置球网，老师和幼儿各自坐在桌子的两边，向对面吹乒乓球，每人每次只能吹一下，看谁先把球吹到对方的球网里。

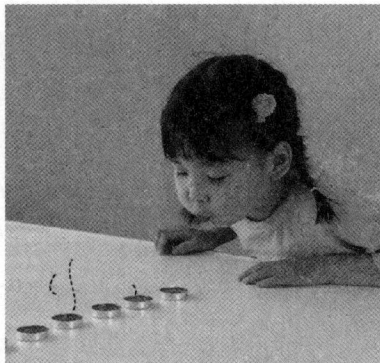

图4-9　个训课中的语言干预

（3）模拟拟声词：小狗小狗汪汪汪，小猫小猫喵喵喵，小鸡小鸡叽叽叽，小鸭小鸭嘎嘎嘎。

（4）练习含"h"的单音节、双音节词，如：哈、喝、呼、红花、老虎，在发音过程中进行言语矫治。①老师模拟喝水的动作，并发"h"的本音，让学生进行模仿；②老师出示图卡，让幼儿找出听到的词语卡片；③强化发音；④在句子中进行泛化，如：老虎在喝水。

（5）复习巩固。

（二）以案例2为例

训练目标：

（1）学习使用语言寻求帮助；

（2）能够使用语言表达需求。

训练过程：

（1）与露露相对而坐，训练者用神秘的口气告诉幼儿："今天老师给你带了一些好玩的，你想不想看看？"

（2）老师从身后拿出漂亮的布袋，并摇晃发出声响，激发露露的兴趣，并将布袋交给她。

（3）露露会尝试打开布袋，却不能完成。老师用语言示范："帮帮我/帮—我—打—开！"并同时轻轻打开布袋，让露露看一看里面的玩具，然后将布袋系上，提示幼儿用语言表达："帮帮我，帮我打开！"当露露说完后，老师立即给予表扬，并将布袋打开，让她玩一会儿布袋里的玩具。

（4）老师从身后拿出一个装有饼干的盒子交给露露，她尝试打盒子却不能完成；老师用语言示范："帮帮我/帮我打开！"然后提示用语言表达："帮帮我/帮—我—打—开！"当露露说完后，老师立即给予表扬，将饼干盒打开，并让自己她取出一块饼干吃。

（5）当露露还想吃饼干时，老师语言示范："我要吃/我吃饼干！"并给幼儿一块饼干。提示露露语言表达："我要吃/我吃—饼干！"老师立即给幼儿一块饼干并给予鼓励。

（6）可根据幼儿需要决定活动时间长短，并注意在生活中泛化。

第三节　游戏活动中的语言言语康复

游戏活动主要是指在幼儿园一日生活中幼儿自发、自主、自由的实践活动，它能满足幼儿身心发展的需要，能发展幼儿的想象力、创造力和交往合作能力，促进幼儿情感、个性的健康发展。《幼儿园教育指导纲要》指出，游戏是对幼儿进行全面发展教育的重要形式。下文将介绍幼儿园最常见的区角游戏活动、角色游戏、结构游戏、表演游戏。

＞　一、区角游戏

区角游戏活动是幼儿的一种重要的自主活动形式。它是以快乐和满足为目的，以操作、摆弄为途径的自主性学习活动。常见的区域有：建构区、美工区、表演区、角色游戏区（如娃娃家、理发店、超市、商店、医院、餐馆、交通岗、小记者、小警察）、阅读区、益智区、语言区、科学区、感官操作区、沙水区、运动区等。区角活动既可以满足幼儿的自由探索，同时也可以通过引导让幼儿在活动中得到很好的能力提升。

（一）以案例 1 为例

干预目标：能根据图卡选择自己想进入的区角，完成区角活动。

具体做法：

（1）老师提供区角卡片让尧尧选择自己想进入的区角（建构区），老师说："哦！尧尧选择了建构区。"

（2）老师引导尧尧自己选择建构材料，老师说："尧尧看一看想玩什么呢？"尧尧选了积木。老师说："哦！尧尧选了积木。"

图 4-10　区角游戏中的语言干预

（3）观察尧尧用积木搭了什么。老师见尧尧搭了高塔说："尧尧搭高塔了，这是高塔。"

（4）活动结束时老师给指令："尧尧把积木收起来！"引导尧尧完成指令再出区角。

（二）以案例 2 为例

干预目标：能告知老师自己想去的区角、选择的材料等。

具体做法：

（1）老师介绍今天开放的区角有：建构区、美工区、角色扮演区。老师问："露露想去哪个区？"露露指了指建构区，再看看老师。

（2）老师说："哦！露露想去建构区！"露露跟老师一起说："建构区，我想去建构区！"引导露露表达完整。

（3）辅助露露选择材料，老师问："露露想玩哪一种呢？"见露露拿了积木，老师问："露露拿的是什么？"露露不回答。老师说："积木！这是积木！"露露跟老师一起说："积木，这是积木！搭积木！"

（4）活动结束时老师引导露露表达："把积木收起来！"完成活动。

（三）以案例 3 为例

干预目标：能与老师交谈区角活动的相关内容。

具体做法：

（1）谦谦早早地在建构区外面走，等待老师开放区域。老师引导谦谦询问老师："今天可以玩什么？"老师说："建构区、美工区、角色扮演区，你想选哪个？"谦谦说："我想搭积木！"老师说："搭积木在建构区，你是不是想去建构区？"老师引导谦谦说："建构区，我想去建构区玩。"

（2）老师问："谦谦你想玩哪一种呢？"谦谦回答说："积木，我想玩！"老师引导谦谦说："我想玩积木。"

（3）活动结束时，老师说："谦谦你来当管理员，指挥同学把积木放到原来的位置，摆放整齐！"谦谦回答说："好的！"引导谦谦说："请大家把玩具收起来！请大家把积木放在盒子里！把雪花片放在柜子里！"

＞ 二、角色游戏

角色游戏是幼儿通过扮演角色，运用想象，创造性地反映个人生活印象的一种游戏，通常有一定的主题。角色游戏是幼儿期最为典型、最有特色的一种游戏，如娃娃家。我们要将幼儿对社会现实生活的经验融入游戏中，作为教育康复的载体，我们在设计游戏活动中除了要注意游戏的主题、角色、情节和材料等的使用,也要注意在游戏中特殊幼儿需要达到的目标能力。

以案例 1 为例

游戏主题:《小小医生》

游戏目标:

(1)能够理解游戏中不同的角色;

(2)能够根据角色正确地表达;

(3)理解并遵守游戏规则。

游戏准备:医生看病的情景录像、游戏所需要的道具

游戏过程:

(1)观看录像。老师:"这是谁? 他在做什么? 你在哪里见过他们?"出示图卡和字卡:医生和病人。

(2)引导幼儿根据生活经验描述看病的过程。老师提问:"为什么要去医院? 去医院要做什么? 小朋友害怕打针、吃药吗?"老师小结:"我们小朋友生病了,就要去医院,让医生给你看下身体有什么地方不舒服。然后医生会给你开药或者让你打针,这样小朋友的身体才会好,我们平时要讲卫生多锻炼,这样就会少生病。"

(3)角色扮演。老师当医生,尧尧当病人,同伴 A 当妈妈。老师穿上医生服装,示范"医生看病"的情景。老师:"我是医生。现在来为尧尧小朋友看病,尧尧要告诉医生,你哪里不舒服。"老师要求尧尧描述自己不舒服的症状并配合做出相应的动作和表情,如果不能较好地完成,"妈妈"可以在一旁进行提示,或出示相应的图片予以辅助,医生(老师)询问哪里不舒服,给尧尧打针、吃药并嘱咐回家后按时吃药。老师表扬尧尧是一个勇敢的孩子。第二轮,可以互换角色,尧尧当医生给其他小朋友看病。

游戏小结:角色扮演游戏可以给特殊幼儿提供一个相对真实的生活情境,通过感受、重现经历过的事,在游戏中体会和学习合作、交流、沟通以及感悟生活。

＞　三、结构游戏

结构游戏是指幼儿利用各种不同的材料(如积木、拼图、竹制材料、金属材料、泥巴、沙、水、雪等),通过动手来构造物体和建构物体,如堆积木房子、拼图、堆沙堆等。这些结构游戏同样来源于幼儿的生活经验,幼儿通过动手操作物品,建立物品的概念、空间方位概念等,同样结构游戏往往会和同伴合作完成,同样地可以在游戏中建立合作、尊重等沟通需要的品质。

以案例 2 为例

游戏形式:积木游戏

游戏目标:

(1)建立游戏的规则意识,学会轮流、等待;

(2)理解并命名常见的形状、颜色和大小的概念;

(3)提高社交沟通能力。

游戏过程:

(1)分组:三个小朋友一个小组。

(2)老师介绍积木的不同玩法,如:①可以将两个积木相互敲打,发出不同的声音;②可以排成长长的火车或者高高的楼房;③根据不同的形状、颜色、大小可以排列出不同规则的图形。

(3)自由游戏:老师在一旁观察露露在游戏中的表现,当一个小朋友说他想要一个红色的长方形时,老师可以提示露露找到并递给小伙伴,老师也会提示露露告诉大家自己想要的积木,让同伴来找;在搭建过程中,先讲好规则,每个小朋友,每人每次只放一块积木。在搭建过程中,用语言表达,如"我要用一块绿色的正方形积木"。在游戏过程中,提示露露要学会等待,并给予及时强化。

游戏小结:在进行结构游戏过程中,应注意与幼儿建立良好的互动关系,帮助幼儿了解物品的性质及其玩法,从而促进其语言能力的发展,在过程中老师不应该过度看重幼儿完成活动的速度和质量,而应更看重在过程中幼儿的语言沟通能力的进步。

> **四、表演游戏**

表演游戏是儿童按照故事、童话的内容,分配角色、安排情节,通过动作、表情、语言、姿势等来进行的游戏,如三只小猪、白雪公主等,表演游戏有固定的情节,需要幼儿按照情节做出相应的表演。表演游戏不仅可以让幼儿通过表演更好地理解故事,通过表演中的语言、动作和表情,幼儿的语言沟通能力也可以得到提升。

以案例 3 为例

游戏主题:《白雪公主和七个小矮人》

游戏目标:

(1)能够遵守游戏规则;

(2)能理解故事的整体情节;

(3)能够用较为准确的语言、表情、动作还原角色。

游戏准备:白雪公主和七个小矮人的服装及场景道具

游戏过程:

(1)老师带领幼儿重温《白雪公主和七个小矮人》的故事,并进行角色的分配和台词的分工:白雪公主、七个小矮人、魔镜、皇后。

(2)由谦谦扮演皇后,皇后经常对着魔镜问:"魔镜,魔镜,谁是这个世界上最漂亮的人?"当魔镜说是白雪公主时,皇后表现出了愤怒(从表情到动作),其他小朋友分别扮演白雪公主、七个小矮人等。通过较为简单的角色、较为单一的台词,让特殊幼儿体验到表演游戏的乐趣。

(3)角色呼唤,体验不同人物的表现。

游戏小结:表演游戏要求幼儿具有更好的理解故事情节的能力,能够将故事还原出来,且加上自己的理解配以表情和动作,对幼儿能力要求较高,同时也更好地锻炼了幼儿的表达能力,将语言言语康复融入游戏中,在趣味中进行康复,可以收到事半功倍的效果。

第四节　户外活动中的语言言语康复

户外体育活动是幼儿园体育活动的一种特殊的组织形式,是对幼儿园基本的体育活动组织形式的一种补充。运动能力是孩子们健康快乐的利器,幼儿早期运动发展和骨骼肌、心肺健康、动作、认知能力和社会心理健康发展等都有密切联系。《3~6岁儿童学习与发展指南》指出,健康是指人在身体、心理和社会适应方面的良好状态。幼儿阶段是儿童身体发育和机能发展极为迅速的时期,也是形成安全感和乐观态度的重要阶段。要保证幼儿的户外活动时间每天一般不少于两小时,从而提高幼儿适应季节变化的能力。

在幼儿园的一日活动中,户外活动越来越受到重视,积极开展户外活动,不仅有助于提高幼儿的运动力,促进动作协调发展,而且可以促进幼儿之间的互动,提高沟通能力。

(一)以案例1为例

干预目标:理解图卡的意思,按要求完成活动。

具体做法:

(1)出示户外活动的图卡,老师说:"尧尧,我们要去户外活动了!"

(2)出示排队的图卡,老师说:"尧尧排好队!"帮助尧尧排队。

（3）出示传球的图卡，老师说："我们要传球！"帮助尧尧传球。

（4）尧尧会出现抱着球不放的情况，老师说："尧尧，我们要轮着来，传过去，再传过来。"

（5）出示排队的图卡，老师说："尧尧排好队，我们要回教室了。"

（6）在下次户外活动前，出示三组卡片：吃饭、睡觉、户外活动。老师说："我们要去户外活动了，你来选一选是哪张？"

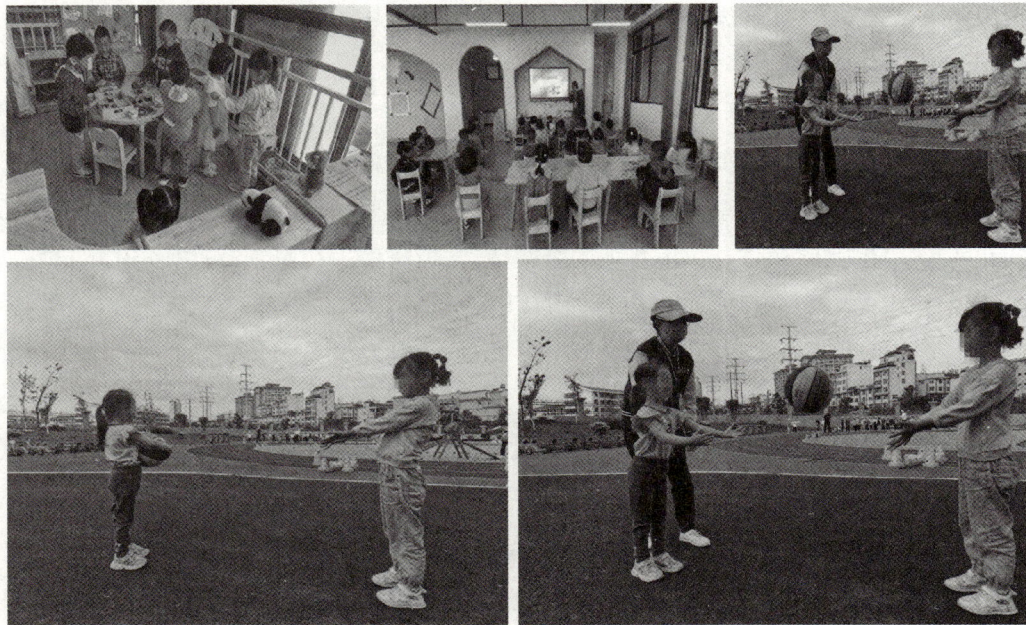

图 4-11　户外活动中的语言干预

（二）以案例 2 为例

干预目标：理解并表达短语"排队""皮球""传球""轮着来""我要玩"等。

具体做法：

（1）老师说："我们要去户外活动了，请大家排好队！"看露露是否会主动排队，若露露没有，老师说："露露我们要去户外活动了，请排好队！露露真棒！"

（2）老师说："排队，露露排队。"请露露跟老师说一次："排队！"

（3）老师说："我们今天的活动是传球！露露这是什么？"露露不做声，老师引导露露说出："皮球，这是皮球。露露，要玩皮球吗？"露露："要！"老师引导露露说出："我要玩（皮球）。"

（4）露露开心地和小朋友玩起了传球游戏。老师说："露露在传球。"老师问："露露在干什么呢？"老师引导露露说出："传球！"

(5)活动结束,老师问:"露露,我们要回教室了,我们要先做什么呢?"老师引导露露说出:"排队!"老师说:"对了,请露露去排队吧!"

(三)以案例 3 为例

干预目标:能和老师进行有关户外活动的对话。

具体做法:

(1)老师问:"谦谦,你们在做什么?"

谦谦:"在排队!"

老师引导谦谦说完整:"我们在排队!"

老师问:"排队去哪里呢?"

谦谦:"玩游戏!"

老师指指窗外说:"我们要进行户外活动。"

(2)老师问:"谦谦,你在玩什么游戏?"

谦谦:"皮球游戏!"

老师指指旁边正在传球的朋友问:"她在干什么?"

谦谦:"给球!"

老师说:"传球,她在传球!"

老师引导谦谦说完整:"我们在玩传球游戏!"

(3)活动结束,老师问:"谦谦,你喜欢户外活动吗?"

谦谦:"我喜欢户外活动!"

老师问:"你学会玩传球游戏了吗?"

谦谦:"我学会了传球游戏。"

老师问:"皮球还可以怎么玩?"

谦谦:"(做了拍的动作)拍拍拍!"

老师引导谦谦说完整:"还可以玩拍球游戏。"

思考题

1. 如何将语言言语康复融入到一日生活活动中?

2. 在集体课学习活动中如何与语言言语的康复目标相融合?

3. 如何在游戏活动中提高听力障碍幼儿的听觉识别能力?

4. 为一个无口语的自闭症幼儿设计一日生活活动的图片提示系统。

5. 为一个听幼儿童设计一节听觉察知的游戏活动课。

6. 为一个发育迟缓幼儿设计一节"认识小动物"的主题语言康复课。

第五章
特殊幼儿的运动康复实践

在前面理论篇的部分，我们详细介绍了幼儿运动康复的生理发育线索。依据幼儿发育的规律，我们展示了评估流程和评估方法。同时也提到了康复不能只考虑生理发育这一条线索。还应当结合幼儿所处的环境，综合考虑幼儿与成人的互动情况。这类互动展现出很强的综合性与动态性。我们通过一些案例展示在面对幼儿的各类复杂情况时应该如何开展工作，做到既重视幼儿的生活功能的改善，又遵循幼儿发展规律。

第一节　生活活动中的运动康复实践

幼儿在生活活动中花费了大量的时间与精力，无论能力好坏，幼儿都会在自己的努力或是成人的照顾下完成基本的生活活动。在相似的物理环境与人文环境中，幼儿的生活活动有着很大的共同性。让我们通过一个案例看看如何通过生活活动提高幼儿的运动能力。

幼儿基本信息：小明被诊断患有脑性瘫痪，年仅 4 岁且无法保持站立与行走，四肢肌张力偏高，可以爬行，但由于下肢活动能力不足，不愿意通过爬行移动。

根据上面的案例，我们可以使用前面介绍的评估工具对幼儿进行全面的评估以得到更加精准的信息，便于我们分析并找到问题。经过评估我们得到了以下信息。

发展线索：经过评估，幼儿运动能力应当用等级二进行测评——幼儿在环境中可以保持稳定坐姿，有较多机会在室内小范围移动。幼儿单侧上肢支撑能力不足，无法在膝手爬姿下用一侧上肢维持姿势，在 1.17、1.18 的测评项目中无法达到 3 分。幼儿髋关节屈曲能力不足，在坐姿下躯干后仰，髋关节屈曲肌群无法适度保持紧张，拉住躯干维持坐姿。在 1.23 与 1.24 的测评项目中无法达到 3 分。幼儿在等级二的其他基本运动能力测试中都通过了 3 分。在等级二的综合运动能力（平衡能力、协调能力等）测试中，坐姿下，幼儿不能在冠状面自如移动重心，无法从坐姿转换至膝手爬姿。其余项目则均通过 3 分。

发展目标：需要以幼儿上肢伸展与支撑能力、髋关节屈曲能力作为训练重点目标。

通过训练,在前半学期内达到:①在膝手爬姿下单上肢支撑身体 15 秒;②在坐姿下保持身体后倾15°20 秒;③坐姿下,冠状面转移重心至膝手爬姿。

完成发展性评估只能制订发展性目标,那么要在生活中最大限度地提高康复效果,还需要对幼儿和环境的交互情况进行评估(前面理论篇章介绍过的评估),经过评估我们得到了以下信息。

在生活参与度方面,该幼儿的保持姿势与移动能力有限,生活中大部分照料活动都是由家长和教师辅助完成。在成人的辅助中,完全替代的部分较多,成人对幼儿动作方面的要求数量少、难度低。下面列举了幼儿参与生活的部分情况。

表 5-1　幼儿穿衣活动表现

活动	各领域要求 (情绪、动作、 认知、人际互动)	幼儿表现	成人要求
穿衣	将衣物举过头顶	幼儿肩胛无法自如控制,上肢无法抬高过肩部	无要求,给幼儿直接穿上
	将手伸入袖口	幼儿不认为自己可以穿上衣服,在指令下对伸入袖口的要求不愿意认真执行	无要求,给幼儿直接穿上
	屈髋将下肢伸入裤腿	幼儿无法自如做出大范围的屈髋动作,不能独立做到	无要求,给幼儿直接穿上
	保持稳定的坐姿	在穿衣时,不能长时间保持	家长会给幼儿支撑,帮助其保持稳定坐姿

在人际互动方面,成人的控制度较好,幼儿在生活照料方面比较配合,但是幼儿完全没有进行独立的参与,因此成人期待水平过低。在有效互动方面,家长没有对幼儿的主动行为给予积极的回应,幼儿整体表现比较被动。幼儿在生活中没有明确的参与目标,在生活活动中,我们要确保幼儿的行为目标与我们的目标是一致的。例如:家长希望幼儿穿上衣服,幼儿也应当以这个目标指导自己的行为。而康复训练目标也应当可以在每日的穿衣活动中得到强化,在康复中我们应当加强肩胛的外旋外展、肩胛内收(具体方法参考理论篇的对应章节)。在生活中我们应当通过示范和指导,与家长一起商讨制订人际互动质量改善目标,提高幼儿的生活参与度。

更多活动详见日常生活活动表,列举这些活动的目的是便于教师与家长检核幼儿的参与水平,以确定适合的康复方向。

日常生活
活动表

第二节　学习活动中的运动康复实践

对于幼儿的学习,应当从广义的学习定义出发,经验的积累和知识的建构都是我们所指的范围。我们可以按照学习的主动性把学习分为两类,第一类是幼儿自主学习,这类活动多数从幼儿的兴趣出发,幼儿在游戏玩耍,或是观察感兴趣的事物时积累和建构经验,我们将在下一节(游戏活动)讨论这一部分。这里我们主要介绍第二类学习,由家长或老师的要求出发,幼儿在要求下进行模仿与记忆的活动。

同样以上一个案例为例,小明上肢控制能力与移动能力不足,在园期间,很多活动需要他人的协助。李老师负责小明的康复训练,面对小明只会爬行不会站立、行走,应当如何在学习活动中开展康复训练呢?

在进行了运动能力的详细评估过后,要对小明的学习活动参与度进行分析,确定小明的功能性目标,以下为小明的部分参与度分析信息。

表5-2　幼儿学习活动表现

活动	各领域要求 (情绪、动作、 认知、人际互动)	幼儿表现	成人要求
学习	可以用双上肢抱、拉、推等方式移动和搬运大箱子	幼儿可以在爬行时拖动箱子,但是行动缓慢	教师没有要求幼儿在收纳任务中表现出最好的能力
	可以进行工具操作和粗大运动的动作模仿	幼儿可以主动模仿,但是受限于运动能力,模仿主动性较低	精细运动方面,教师向幼儿提出了统一的要求,难度过高;户外运动与身体运动,教师没有给幼儿任何要求
	可以从纸箱、书架等不同高度的地方拿放物品	幼儿保持跪姿、站姿困难,不能在处于跪姿和站姿时拿放物品	教师没有要求过幼儿自己拿放玩具、教具

人际互动质量分析

在人际互动方面,成人的控制度较好,幼儿在园参与学习活动比较配合,但是幼儿完全没有进行独立的参与,教师因为幼儿的运动障碍,没有要求幼儿自主完成,因此成人期待水平偏低,在有效互动方面,教师对幼儿的积极表现给予回应,但是仅限于全班的统一学习任务,缺少一些对个别化目标的回应。

功能性目标

依据发展性目标,幼儿需要发展上肢支撑、髋关节屈曲能力。手部运动能力方面需要提高前臂旋转、腕关节屈曲、拇指外展与伸展的能力。这些发展性目标需要在生活中得到强化才能确保康复效果。根据幼儿在幼儿园的参与度分析和人际互动质量分析，我们可以确立以下功能性目标：①幼儿可以通过扶助行器和爬行结合的方法在教室内移动；②幼儿可以独立从教室的各个功能区取回自己想要的玩具和活动素材。

活动实施

有了能够与学习活动紧密联系的功能化目标，教师应当把这些目标与其他教育目标一同重视起来。通过提供地垫、便于抓握的把手、可以依靠的箱子和桌面等方式尽量减少幼儿在学习活动中移动和保持姿势的困难。同时教师在与幼儿互动时，积极强化这些目标行为，提高幼儿独立参与的主动性。同时在落实功能化目标时，少不了教师的动作辅助，这些方法可以参考理论篇中的康复训练方法。

随着幼儿的年龄与能力的不断增长，成人对幼儿的要求与期待也随之不断变化。特殊幼儿的差异性比较大，我们不能用一个统一的标准要求幼儿，我们可以提供一个适合刚入园幼儿的普遍要求，便于老师与家长对照。但是请注意，这些要求和标准并不是一定要同时达成的，有些需要降低难度或者暂时不做要求。

表 5-3　幼儿日常生活活动表

活动	对应分领域	描述
人际交往	情绪	可以理解并表现开心、生气的情绪反应
		被语言或非语言夸奖有愉快的情绪反应
		可以主动（回应）分享玩具和食物
		有效且恰当表达情绪：高兴、生气、同情
		对成人与同伴有较好的社会性注意
	交往行为	看到别人有需要或有请求，主动提供协助
		主动表达谢意
		看到同伴在游戏时，回应他人或主动提出加入
		主动邀请其他同伴加入游戏
		主动称赞对方
	动作	保持稳定坐姿
		可以利用爬行、扶物行走的方式在室内移动
		可以拍手
		可以模仿棒的手势
		可以稳定抓握物品
		可以使用助行器
		可以使用轮椅
		可以上举上肢，从头部上方接过物品
		可以持物移动

续表

活动	对应分领域	描述
学习	认知	能理解各类方位名词、介词
		理解基本的动作指令：拿、丢、擦、读、念、翻开、打开、写、涂、搬、放、站、坐、走等
		在指定区域等待成人的指令，可以在指定区域等待15分钟
		理解轮流与排队的规则
		可以表达自己的需求
		遇到困难可以寻求帮助
		可以阅读并理解日程安排表
		可以在固定的地点找到物品，可以按照要求做手势和摆放物品
学习	认知	可以组合物品进行探索
		可以整理并保管学习用具
	动作	可以用双上肢抱、拉、推等方式搬运大箱子
		可以进行工具操作和粗大运动的动作模仿
		可以从纸箱、书架等不同高度的地方拿放物品
		可以通过翻转、敲击、堆叠等方式探索物品
		双手协调配合，同时操作多个物品
		可以用笔、撕纸、折纸、翻书、粘贴纸张、使用剪刀
		保持稳定坐姿
		可以利用爬行、扶物行走的方式在室内移动

第三节　游戏活动中的运动康复实践

　　游戏活动是幼儿主动选择的行为，在游戏中幼儿积极参与并体验各类经验，可以说游戏是幼儿主动学习的重要形式，任何不起眼的事物都有可能成为幼儿的活动中心，例如，幼儿会主动关注路边的小草，这些对我们再普通不过的小草，幼儿会花费很多的时间精力探索观察它们。幼儿对他们所选择的事物报以极大的热情，也投入相当长的时间，康复训练应当充分考虑幼儿常玩的游戏活动。同时我们在引导幼儿积累我们认为重要的经验时,需要幼儿和我们的目的一致。例如成人会教导幼儿如何自己穿上衣服,但是幼儿只是等待成人帮助其穿上。这时活动的目标就不一致,幼儿积累经验的效率就不高。而幼儿模仿成人给玩偶穿衣服时,其目的就是把衣服穿上,这与成人期望的目标一致。我们通过这个例子就可以看出游戏活动——这种主动的学习活动对幼儿的影响有多重要。因此我们应当重视并利用好游戏活动。接下来通过一个案例介绍如何选择游戏内容和如何在游戏中进行康复训练。

根据前面的信息,小明上肢与髋关节控制能力不足,发展性目标有:①在膝手爬姿下单上肢支撑身体15秒;②在坐姿下保持身体后倾15°20秒;③在坐姿下,冠状面转移重心至膝手爬姿。

教师想在游戏中增加幼儿爬行的机会,以达成康复训练目标。教师发现小明的社交行为中,缺少主动加入的能力,教师带领小明加入到建设和购物游戏区角活动里,在小明转移活动区的必经之路上放置活动地垫,并把桌子摆在上面。不仅有小明,其他幼儿也会在桌子下钻进钻出。小明对教师提供的游戏内容非常感兴趣,很积极地参与其中,尤其值得注意的是,小明还在20分钟游戏中完成了7次较长距离的爬行。

教师抓住了小明渴望社交、希望能够得到其他同伴支持的需要,并且考虑到幼儿在社交技巧和运动技巧上的不足,通过提供支持降低了幼儿参与难度。当幼儿的需求带来的动力大于活动困难带来的阻力时,幼儿就会主动地进行游戏。有很多运动障碍幼儿缺少运动的成功经验,自我效能感低下。需要教师多帮助幼儿体验成功经验之后,幼儿的主动性才能提高。"提供动力,降低难度"是教师创设游戏的重要原则。

教师发现小明在爬行时姿势非常不协调,存在同手同脚的现象。教师还想在游戏中提高小明动作训练的效果,教师在康复训练课的时间里加强了爬行姿势的练习,提高了小明上肢支撑力量,他在游戏中的爬行动作自然得到了改善,效果更加明显了。

教师很好地把握住了学习活动与游戏活动各自的特点,游戏时幼儿自主性较高,愿意独自开展活动,案例中教师没有在游戏活动中向小明提出更高的要求,就是看到了主动性和成就感能给幼儿带来的积极作用。游戏活动只提供一些少量的辅助,让幼儿提高参与游戏的独立性,这样幼儿才能将所学技能泛化到其他情景。

如果幼儿不喜欢社交元素丰富的游戏,教室应该如何设置游戏内容呢?这就需要我们对幼儿游戏需要水平有一定的了解。

幼儿的需要水平是游戏内容的选择依据。游戏活动能满足幼儿的需要,这是游戏的另一个重要特性。在生活中,我们采取的绝大多数行动的目标都直指自身的需要,幼儿当然也不例外。只有了解了幼儿的需求水平,才能找到与幼儿沟通和互动的畅通渠道。接下来我们需要对幼儿游戏背后的需求进行整理。

我们把游戏背后的需求划分为三层,由低到高逐渐展开,依次为安全需求、亲密关系需求、人际支持需求。

(1)安全需求会引发探索和重复操作的游戏行为。好奇是人类的天性,不断地探索、熟悉环境提高了人类的生存概率,这样的行为被刻印在了基因中得以延续下来。幼儿在游戏中不停探索,反复操作环境中的事物,这样会带给幼儿安全感,引发愉快的情绪。在这样的需求推动下常见的游戏形式有运动、操作和投掷物品、在互动中观察事物属性产生的变化。这时幼儿最容易被一些声光和带有丰富感官刺激的玩具吸引,操作这些物品是幼儿最乐于做的事。

(2)幼儿对亲密关系的需求是在生存等原始需要的基础上建立起来的,幼儿身边的成人总是与食物和照顾活动同时出现,他人的情绪态度和积极参与给幼儿带来愉快体验,幼儿对这些安全且愉快的体验的追求逐渐成为了他们的主要需求。在这样的需求驱动下幼儿喜欢玩一些分享式、人际互动式、功能模仿式(对生活中行为和物品的常见做法进行的一种碎片化模仿,例如模仿做饭过程中翻炒的动作)的游戏玩法。

(3)人际支持是指人与人之间相互的认可、接纳、喜爱。幼儿在与成人的人际互动中学习了互惠互利的相处原则,沟通能力与思维水平都不断提高,大部分3~4岁幼儿把积累的行为逐渐应用在同伴和师生相处上,幼儿可以与同伴玩一些合作式游戏、角色模仿游戏、规则游戏。

思考题

1. 根据熟悉的个案设计一个与幼儿生活紧密联系的康复训练方案。
2. 根据熟悉的个案设计一个与学习活动紧密联系的康复训练方案。
3. 根据熟悉的个案设计一个与游戏活动紧密联系的康复训练方案。

第六章
特殊幼儿的情绪行为干预实践

学前段幼儿在园活动内容较多,按一日流程来看,有入园、晨检、早餐、早操、集中教学、区域活动、户外活动、中餐、午睡、游戏活动、午餐、离园等环节。在不同环节,幼儿活动内容和要求不同,特殊幼儿可能产生的情绪与行为问题也有所不同。根据活动性质,幼儿园活动又可归纳为生活活动、学习活动、游戏活动、户外活动四类,本章将讨论特殊幼儿在幼儿园中开展四类活动时进行情绪行为干预的内容和方法,以及在家庭中开展情绪行为干预的内容与方法。

第一节　生活活动中的情绪行为干预

幼儿园中生活活动主要包括入园、进餐、午休和如厕四类活动。特殊幼儿往往存在生活自理能力低下的情况,通常会伴有焦虑情绪以及抗拒等行为问题,有的特殊幼儿因自身障碍的特异性,生活习惯养成也存在问题。在生活活动中开展情绪与行为干预,干预方向以提高特殊幼儿生活自理能力、培养良好生活习惯为主,通过克服其生活适应中面临的困难,减少其情绪行为发生的概率。

＞　一、入园活动中的情绪行为干预

特殊幼儿入园时,比较常见的有哭闹、拒绝入园、不愿亲人离开等情绪行为。对此类行为,首先教师要以接纳的态度安抚特殊幼儿的情绪,让特殊幼儿感受到温暖与安全。对于智力障碍、发育迟缓的幼儿,可以用拥抱、肢体抚触等方式让幼儿安静下来,对于自闭症特殊幼儿,在还未和其建立起良好的师生关系时,拥抱和抚摸可能会引发更强烈的反抗与拒绝。其次,可以用特殊幼儿感兴趣的物品,或是引导其参加某项他乐意的活动转移其注意力,减少其对亲人的依恋,再将其带离。再次,特别介意亲人离开的特殊幼儿,可以用具体形象的图片或时钟作为道具,告知幼儿,亲人现在离开后会在某一具体的时间节点(时钟的指针、图片中的某个场景)回到幼儿园,到那时可再见到亲人。通过上述做法,多数特殊幼儿入园的情绪问题可有所缓解。新入园的特殊幼儿入园情绪行为问题较为突出,可通过系统脱敏法进行干预。

案例：林林是一个3岁的男孩，父母带他到幼儿园申请入园时，老师与他交流无回应，无法在座位上保持安静，父母要多次提醒他才会稍坐片刻，不久又被区角的玩具吸引过去，玩一小会儿就要求父母带其离开，并出现哭闹行为。父母曾带林林去医院检查，因其年龄较小，医生未给出明确诊断结果，给出的诊断是"疑似自闭症"，父母也带林林去过别的教育机构，但每次去林林都只能待很短时间就要求父母带其回家。

分析：林林是一个典型的特殊幼儿，有自闭症障碍类型相应的行为特征，主要表现为社会适应能力较差、注意力不易集中、与人交流有困难。林林在进入幼儿园就读时会有明显的入园困难，需进行情绪与行为干预。

幼儿园老师与林林父母协商后，采取系统脱敏法帮助林林适应幼儿园的生活与学习活动。具体做法如下所示。

第一周前三天，林林妈妈与林林一同入园，妈妈陪伴林林做入园准备，陪伴林林参加彩虹班（特殊幼儿进入普通班级前的过渡班）早上各项活动，中午一起离园。

第一周后两天，妈妈与林林一同入园，陪伴林林参加彩虹班的各项活动，下午一起离园。

第二周前三天，妈妈与林林一同入园，陪伴林林完成彩虹班部分活动，有些活动妈妈在走道上不再陪伴，下午一起离园。

第二周后两天，妈妈与林林一同入园，妈妈大多数时间在走道上，偶尔进到教室陪伴林林完成彩虹班活动，下午一起离园。

第三周前三天，妈妈与林林一同入园，偶尔陪伴林林完成彩虹班上午的活动后离开，下午放学时接林林一起离园。

第三周后三天，妈妈与林林一同入园后即离开，下午放学时接林林一起离园。

第四周，亲人送特殊幼儿入园后即离开。

在实际操作时，根据特殊幼儿环境适应的情况，上述程序可做适当调整。适应较好的，可缩短系统脱敏的时间，适应不良的，可延长各阶段时间。最终，通过系统脱敏，特殊幼儿能快速、情绪稳定地完成入园活动，再通过类似方法进入到普通班级中，接受融合教育。

> 二、进餐活动中的情绪行为干预

特殊幼儿多数存在感知觉异常的问题，如特别偏好或排斥某种味道、食物，或是对食物材质、颜色有特殊的要求，因此特殊幼儿往往有挑食、偏食的进餐问题。此外，特殊幼儿在家庭中被过度保护和照顾，也会使特殊幼儿在进餐时出现拖延、玩弄食物等行为问题。

（一）挑食、偏食行为的干预

对挑食、偏食行为的干预主要使用以经典条件反射为基础的干预方法,通过将偏好食物与排斥食物多次配对,让特殊幼儿逐渐接受排斥食物。在两种食物配对时,排斥食物由少量逐渐增加到正常量,最终实现正常饮食。

案例:欢欢是一个 4 岁的智力障碍女孩,虽然平时在各个方面都比别的孩子慢,但欢欢性格活泼,喜欢和别的小朋友一起玩,老师和其他小朋友都很喜欢她。唯有一点令老师和家长都很头疼,就是欢欢不吃绿色蔬菜。只要饭菜中有一丁点绿色蔬菜,她都会将它们挑出来,或是干脆不吃饭。

分析:自闭症幼儿具有刻板行为以及狭隘的兴趣,不易变通,这使他们在环境适应中会表现出较多的抗拒行为,也给他们自己带来较多的焦虑不安的情绪。在干预中,应尽量让自闭症幼儿处于放松状态,从他们易于接受的食物入手,通过两者的融合,逐渐让自闭症幼儿接受原本拒绝的食物。

幼儿园老师与家长共同制订了欢欢的挑食干预措施,具体如下。

(1)第一周,将少量绿色蔬菜汁混入菠萝汁、苹果汁中,在吃饭时给欢欢饮用。老师或家长示范饮用绿色果汁。

(2)第二周,将更多量的绿色蔬菜汁混入菠萝汁、苹果汁中,在吃饭时给欢欢饮用。老师或家长示范饮用绿色果汁。

(3)第三周,将少量绿色蔬菜混入欢欢爱吃的面点中,或是做成欢欢喜欢的物品形状。老师或家长示范吃绿色蔬菜食物。

(4)第四周,将少量绿色蔬菜混入欢欢爱吃的面点中,或是做成欢欢喜欢的物品形状。老师或家长示范吃绿色蔬菜食物。

(5)第五周,将少量绿色蔬菜加入到欢欢的饭菜中,同时强化行为。

(6)第六周,正常跟随幼儿园、家庭食谱进食。

上述干预程序可根据幼儿的接受程度适当缩短时间,以幼儿不明显拒绝为宜。

（二）不良进餐行为习惯的干预

父母在照料特殊幼儿的过程中,常常会低估幼儿的发展潜能,包办代替较多,致使特殊幼儿在进食时会出现较多的不良行为习惯,如摆弄餐具、过于依赖,情绪不佳时还会将食物随意丢弃等。特殊幼儿出现这些行为大多与逃避进食或进食行为有关。当特殊幼儿出现这些行为时,父母往往会尽量安抚幼儿情绪或是尽快完成进食,这样只会让问题行为进一步被强化,而特殊幼儿良好进食行为的养成却被忽略了。干预中可使用消退技术,即让原本被强化(获益)的不良行为不再被强化(获益),从而减少不良行为出现的频率。

案例：小强是轻度智力障碍幼儿,到幼儿园已经半年了。小强在班级里表现还不错,可每到吃饭,小强就会出现各种问题,要么把勺子到处扔,要么把饭菜洒得到处都是,在饭桌上玩那些饭粒。老师训斥小强,小强会稍做收敛,可老师一走,他依然如故。询问了小强的妈妈后才知道,在家里,奶奶心疼小强,都是由奶奶喂饭,小强喜欢边和奶奶玩边吃饭。

分析:小强的进食行为是在家庭中养成的,小强已经习惯了由他人喂饭,并且形成了吃饭时玩乐的习惯。在幼儿园中,老师虽然训斥了小强,小强依然被"允许"继续之前的行为,小强的不良进食行为没有改变。在干预中,需要从小强玩乐就不能吃饭这一强化程序入手,发展小强的进食行为。

干预程序：
(1)老师先向小强说明必须在规定时间内完成进食,否则就没有其他食物。
(2)进食前,老师将时针上进餐结束时间的指针位置告知小强。
(3)进食时,老师发现小强玩食物或餐具时收走食物。小强安静时,还回食物或餐具。
(4)进食结束,无论小强是否完成进食,收走食物。或小强完成进食,给予奖励(小强喜欢的玩具或活动)。或没有完成,告知小强,因为没有把饭吃完,下午的点心也没有了。

重复上述程序,直到小强能自己按时进餐为止。在干预中,如果特殊幼儿还未养成进食的行为,老师或家长可以提供辅助,但不可以帮忙喂食。在辅助下完成进食也可以获得奖励。

> 三、午睡活动中的情绪行为干预

在幼儿园的生活活动中,午睡是满足幼儿身心发展需要的重要组成部分。幼儿进入幼儿园后,通常需要一段时间来养成午睡的习惯,特殊幼儿养成午睡习惯比普通幼儿所需时间更长,还会伴随情绪和行为问题。特殊幼儿在午睡活动中常见的情绪行为有打闹、干扰行为。出现这类行为通常是因为特殊幼儿不适应午睡活动,未形成生物节律,有的则是想引起老师的关注。

案例:茵茵是个可爱的唐氏综合征宝宝,平时热情好动,特别爱表现。午睡时经常在小床上跳,老师一过来她就笑,老师教育她也不见效果。老师也试过忽略她,她见老师不理她,会大声喊叫,扰得其他孩子也没法午睡。

　　分析:唐氏综合征的幼儿的性格特点是比较乐于与人相处,爱表现自己,喜欢得到老师的关注。茵茵不肯睡午觉,一方面与她好动有关,另一方面则与她想要得到老师关注有关,所以才会出现老师不管她她会大叫,而老师去教育她她还嘻嘻笑的情况。对茵茵的干预应从形成午睡习惯和满足她的关注需要两方面入手,配合强化策略来改善她的午睡问题。

　　干预程序如下:

　　调整茵茵的床铺位置,放置在靠墙角的位置,缩减茵茵可活动的空间减少对他人的干扰。

　　(1)午睡时,可以让茵茵和其他小朋友或玩偶玩游戏"谁先睡着了?",先闭眼睡着的,可以得到奖励。满足茵茵想要得到关注的需要。

　　(2)茵茵打闹时,老师先安抚安静睡觉的小朋友,并提醒茵茵"你安静了,老师也会过来抱抱你"。奖励安静睡觉的替代行为来消退打闹行为。

　　(3)当茵茵出现短时午睡行为时,在午睡结束后可以给予茵茵奖励,再逐渐增加获得奖励的午睡时间要求。

　　在干预中,还需要注意家长的配合。家长也可以用类似方法在家庭中训练孩子的午睡习惯。此外,在干预期,应尽量不让有午睡问题的孩子在其他时段出现打盹、小憩的现象,以保证幼儿午睡生物节律的养成。

＞　四、如厕活动中的情绪行为干预

　　特殊幼儿的如厕问题通常表现为随地大小便,未养成上厕所的习惯,或是未出现如厕行为,在幼儿园中不会主动报告如厕意愿,出现便溺的情况。对于特殊幼儿的如厕问题行为,干预的重点主要是培养幼儿的如厕行为。干预的方法主要是行为养成,结合强化策略的使用,通过塑造、链锁和渐隐的技术进行干预。

　　案例:安安是个4岁的发育迟缓幼儿,进幼儿园已经半个月了,几乎每天出现尿裤子的情况,有时还会将大便解在裤子里。尿裤子了安安也不会报告,老师看到裤子湿了或是闻到臭味才知道安安又出状况了。妈妈说安安在家时,是给她用尿不湿的。

　　分析:从妈妈的说法中可知,安安没有接受过排便训练,家长只是用尿不湿简单地处理安安的排便问题。到了幼儿园,安安自然也不会主动报告如厕意愿,以及不会有如厕行为。

　　幼儿园老师与妈妈一起制订了干预措施,安安在幼儿园和在家一样都接受相同的干预。

（1）老师和妈妈注意观察安安的表现，一旦发现安安有如厕的需要时，马上辅助安安说"上厕所"，然后带安安去厕所，帮助她如厕。如厕完后给予一定的强化（喜欢的玩具或食物，或是口头表扬）。

（2）安安出现报告行为时，马上带安安去厕所，帮助她如厕。如厕完后给予一定的强化（喜欢的玩具或食物，或是口头表扬）。

（3）老师和父母采用逐渐减少提示的方法，让安安逐渐学会如厕行为。具体程序为：全程辅助——大量辅助，少部分动作在父母、老师示范下完成——少量辅助，大部分动作在父母、老师示范下完成——父母、老师口头提示，仅在安安无法完成时给予辅助——安安自己完成如厕。在上述程序中，每当安安完成要求的动作时，就给予适当的强化。

（4）逐渐固定安安上厕所的时间。当其他幼儿一起排队上厕所时，要求安安也去厕所，无论他有没有如厕意愿，当他完成这个行为，给予适当的奖励。

（5）安安能和其他幼儿一样排队去厕所，并完成如厕，给予适当奖励，如果只是去厕所，没有如厕行为，不给奖励。

第二节　学习活动中的情绪行为干预

幼儿园开展的学习活动，主要是指讨论、阅读、听赏、制作、表演、实地参观、收集信息等活动，旨在激发幼儿主动探索、积极体验，使幼儿在认知能力和态度上不断进步，为后续学习打下基础。幼儿园开展的学习活动有两种形式：集体学习活动和个别化学习活动。本节主要讨论集体教学中，特殊幼儿可能出现的情绪与行为问题以及干预的策略。

特殊幼儿在学习活动中常见的情绪行为问题有：注意力的问题，扰乱课堂的行为问题，固执、刻板的行为问题。下面就针对这三类学习活动中常见的情绪行为问题探讨干预的方法与措施。

＞　一、注意力的问题

注意力在学习活动中起着重要作用，是心理活动对目标的集中与指向，是进行学习活动的前提条件与基础。特殊幼儿的注意力普遍存在问题，主要表现为难以集中注意力，或是维持相对稳定的注意力。当老师在讲解内容或提出学习要求时，特殊幼儿会表现出分心行为，或短暂地将注意力集中到老师身上，之后又游离到别的事物上，这使得特殊幼儿不能跟随老师开展或参与学习活动。有的老师关注到特殊幼儿的注意力问题,会采用提示等方法希望唤起特殊幼儿的注意,但往往效果不好。如果特殊幼儿经常出现注意力的问题,幼儿园老师经常提醒也会干扰教学的正常进行,有的幼儿园老师就放弃关注特殊幼儿的注意力问题了,这通常又会使得特殊幼儿的注意力问题更为严重,有的特殊幼儿直接脱离班级活动,成为随班混读的透明人。

对于特殊幼儿的注意力问题,干预的策略是通过强化措施的使用,循序渐进帮助特殊幼儿养成专心学习的习惯。当特殊幼儿表现出注意行为时,应该给予他(她)一个强化,如表扬、拍拍肩膀,或是给予代币(当代币积累到一定数量时,可以兑换食品、玩具等强化物);同时,老师也要根据特殊幼儿的心理特点,安排特殊幼儿感兴趣的活动,或是他(她)能参与的活动,尽量提高特殊幼儿注意力的品质与注意力维持的时长,并在教学中通过夸张的语言或肢体动作引起特殊幼儿的注意。

案例:冬冬是个4岁的自闭症小孩,入园一年多了,在上集体课时还是坐不住。老师刚把他安排在座位上坐好,转眼他就站起来跑开了。即使他坐在座位上,也是东张西望。只有在上手工课时,他还能安静地玩一会儿橡皮泥。妈妈反映冬冬平时在家特别爱看广告,播放广告时冬冬可以安静地坐在沙发上看电视,否则也是坐不住的。

分析:自闭症儿童的注意力有两极分化的特点,对不感兴趣的事物很难保持注意力,对感兴趣的事物则可以表现出"专注",且兴趣狭窄。此外,自闭症儿童还具有对物的注意多于对人的注意、对熟悉的物品有更多注意的特点。冬冬的注意问题显然与他的障碍类型有关,可利用自闭症儿童的注意特点进行干预。

幼儿园老师与妈妈协商后共同制订了以下干预措施。

(1)告知冬冬在学习活动中,他得安静地坐在座位上,如果他能安静地坐上一会儿(30秒),会得到奖励。在幼儿园的奖励是会给他一个代币,三个代币可以到走廊上转一圈。在家得到的奖励是看一会广告。

(2)逐渐增加获得奖励的安坐时间。

(3)当冬冬参与学习活动时,能获得即时的奖励。在幼儿园或在家的奖励是玩一会儿他喜欢玩的玩具。

(4)当冬冬完成学习任务时,能获得即时的奖励。在幼儿园或在家的奖励是他喜欢吃的食物(小份)。

(5)对冬冬安静坐在座位上的行为,采用间歇强化的方式,即安静坐在座位上一段时间才给代币。之后偶尔给代币,直至不再对安静坐在座位上这个行为进行强化。

(6)对冬冬参与学习活动和完成学习任务继续进行强化,强化方式由玩具、食物逐渐转为表扬、拥抱等社会性强化。

在上述干预中,老师和家长要注意的是,为冬冬设置的学习任务要与他的兴趣结合起来,比如某个广告中的物品、场景等,设置的学习任务的任务结果最好有自然强化作用。干预最终希望达到的目的是,冬冬在学习活动中找到乐趣和动机,主动地参与学习活动和完成学习任务。

> ## 二、扰乱课堂的行为问题

特殊幼儿在集体课上,经常会出现干扰课堂的问题行为,常见的问题行为有:离座行为,拍击桌椅、尖叫等发出噪声,破坏性行为等问题行为。出现这些问题行为的原因,一方面是他们没有养成规则意识,对课堂中应遵守的纪律和行为约束没有认识,另一方面是与问题行为获益有关。若特殊幼儿的课堂问题行为主要原因是前者,干预措施可借助注意力干预方法,通过强化策略的使用帮助特殊幼儿学会遵守课堂行为常规。这里主要讨论第二类原因导致的扰乱课堂的问题行为。

行为获益即行为是有功能的,通过这个行为,可使行为者达到某种目的。特殊幼儿扰乱课堂的问题行为,其功能大概有这几种。一种是引起老师和他人的关注。有的特殊幼儿喜欢被老师和其他小朋友所关注,即使是被老师责骂,被其他小朋友厌烦,他也乐此不疲。所以,有的老师会发现,对特殊幼儿出现的扰乱课程的问题行为,你越是管教,行为越是突出。因为在老师的管教中,特殊幼儿感受到老师的关注,即问题行为被"关注"所强化,行为自然就增加了。另一种是为了逃避任务要求。在课堂教学中,老师会要求幼儿完成一些学习任务,比如读、说、唱等,如果特殊幼儿对任务要求有抗拒心理,会用问题行为来逃避任务。而多数老师在特殊幼儿出现问题行为时,只关注处理问题行为,而忽略了任务要求,特殊幼儿从问题行为中就达到了逃避完成任务要求的目的,问题行为也因为获益的结果而被强化,出现的频率也会逐渐增加。干预此类问题行为主要用到的方法是消退,即让原本获益的行为发生后不再获益,阻断其强化的机制。再结合对良好行为的奖励,如对参与课堂学习活动、保持安静、帮助他人等良好行为进行奖励,从而逐渐减少问题行为发生的频率。

案例:成成是个发育迟缓的4岁幼儿,他在语言、精细动作发展上有明显的滞后,认知方面也弱于其他幼儿。成成在幼儿园中与老师和其他小朋友相处较好,在别的小朋友的帮助下,成成基本能完成生活自理,但成成在参加教学活动时,有时会有哭闹行为,特别是在进行有关"说"的学习活动时,比如看图说话、说一说星期天去公园玩的经历等,在手工课上,成成也会把手工材料推到地上。老师最初以为是成成出现纪律问题,多次制止成成的行为,可是成成仍然哼哼唧唧,不参与学习活动,老师后来也不去管他了。

分析:从成成的问题的出现有限定性来看,成成问题行为的功能极有可能是逃避学习任务。成成因为自己的语言能力不足,不愿意完成或不能完成"说"的学习任务,精细动作发展滞后也给他完成手工任务带来困难,成成进而通过哭闹、破坏性行为逃避学习任务。当老师不再去管他时,逃避的目的得以实现,扰乱课程的问题行为也就保持了下来。干预时,首先要把问题行为的获益阻断,让问题行为不再被强化。其次,老师要调整对成成的学习活动要求,并提供适当的辅助,给予适当的强化,增强成成的信心,提升其参与学习活动的行为能力。

幼儿园老师与成成家长协商后,在幼儿园和家庭中共同干预成成的逃避行为,方法程序如下。

(1)学习活动前,将成成安排在靠近老师的位置。在家庭中可以安排成成和家长坐在一起,目的是方便提供辅助。

(2)在安排学习活动时,可优先让成成完成,并且以成成感兴趣的活动作为切入点,调整要求,并提供辅助。如成成在"说"的活动中,只要张口发出声音即可,由老师或家长配合成成发出的声音完整地"说"。在手工活动中,老师或家长可手把手地带着成成做"捏""握""揉"等动作,给予语言的强化。

(3)当成成表现出问题行为时,仍然通过辅助帮助成成完成简单任务,并且强调成成完成了任务,给予成成强化。

(4)成成完成学习任务后允许成成自己挑选接下来的活动,如自己去区角玩,或是暂时离开座位一会儿。

(5)逐渐增加成成完成学习任务的难度,减少老师和家长的辅助。

在此需要强调的是,减少此类问题行为的关键是阻断行为获益,即阻断逃避目的。在干预时,无论幼儿有什么不当表现,仍然需要要求其完成学习任务。当然我们也要提供辅助,使其完成学习活动不是那么困难,最终使得逃避的问题行为得以减少。

另外一种扰乱课程问题行为的原因是想要引起老师或其他幼儿的关注,干预的原理仍然是阻断行为获益,只不过此类的行为获益是"关注",所以当特殊幼儿表现出问题行为时我们不予关注,但当特殊幼儿表现出我们希望的良好行为时,则立即给予关注,这样做可以满足特殊幼儿被关注的需要,既减少了问题行为,又培养了良好行为。

案例:建建是个唐氏综合征幼儿,平时特别爱凑热闹,也喜欢表现自己。上集体课时,建建会经常跑到老师面前做怪动作,或是去抓挠别的小朋友,老师批评他,小朋友呵斥他,建建会笑笑,在座位上安静一会儿后,又故伎重施。

分析:唐氏综合征儿童的特点之一就是喜欢得到他人的关注。建建的表现就是为了引起老师或小朋友的关注。要减少此类问题行为,首先就是不再关注问题行为,然后立即关注其良好行为。

干预措施如下:

(1)上课时,老师说明课堂上的行为要求,哪些是好的行为,哪些是不好的行为,好的行为会获得奖励。

(2)建建做出干扰课堂的行为时,老师既不批评,也不提醒,表扬表现好的幼儿。

(3)当观察到建建有良好行为时,如安坐、完成学习任务、帮助其他小朋友等,老师立即给予表扬,并说明建建因为……做得很好,老师给予表扬,其他小朋友给建建鼓励。

(4)逐渐提高获得奖励的课堂行为要求,培养良好的课堂行为习惯。

> ### 三、固着于某个对象,拒绝转换活动的问题

在幼儿园中开展的学习活动是丰富多样的,老师会使用动画片、绘本、玩教具等提高学习活动的趣味性,直观形象的教学模式也更利于幼儿理解和接受。有时候,教学中会穿插多个学习活动,用到不同的教学材料。智力障碍和自闭症特殊幼儿思维的灵活性和变通性不够,在转换任务时,会停留于上一活动任务,或是出于对某一类玩教具的喜爱,不愿意加入新的活动,影响到正常的教学秩序。在干预中,主要是让特殊幼儿对"结束"形成规则意识,在转换到新活动时仍然以引起学生注意力的方式进行干预。具体的干预措施还可借助视觉提示信息,教师通过示范让特殊幼儿知道老师的要求与意图。

案例:邹邹是个 5 岁自闭症幼儿,障碍程度中等,会说简单语言,注意力容易分散,能听懂简单指令。平时在幼儿园情绪还算稳定,但比较刻板,特别是上集体课时,邹邹会把玩教具,不理会其他学习活动。老师多次提示,但效果不理想,老师也只好不再管他了。

分析:自闭症幼儿具有狭隘的兴趣,且较难适应新的环境或转换活动。对此类儿童的固执行为,用强制性的方法来转换会引起强烈的情绪反应。针对邹邹的行为特点,可以事先预告活动过程,约定明确的开始与结束的仪式,并通过图片提示。在邹邹还未形成转换活动的意识时,可以允许他将上一活动中的玩教具带入下一活动中,通过吸引注意力的方式帮助邹邹进入新的学习活动,再用新的玩教具替换之前的玩教具。

具体干预措施如下,幼儿园老师和家长都可借鉴使用。

（1）学习活动开始前，老师或家长多次向邹邹说明今天有哪几项活动，呈现活动图片及其顺序，出示活动记录板，完成一项活动就将相应图片粘贴到完成板上。

（2）进行强化练习，在每次活动开始前会有一个仪式动作，如"小手手放桌上""静坐"等。

（3）活动中通过不同刺激方式吸引邹邹注意力，如拍桌子、轻拍邹邹手臂、玩挠痒痒等。当向邹邹提学习活动要求时，老师或家长先示范如何做，包括说明"完成"的标准。无论邹邹是自己完成还是在辅助下完成学习活动，都给予奖励。

（4）进行强化练习，在每次活动结束时做一个仪式动作，如"击掌""鼓掌""说耶"等。将活动图片粘贴到完成提示板上，并提示下一个活动即将开始。

（5）重复步骤（2）—（4）。

需要提醒的是，对于自闭症儿童，注意力问题是其常见且主要的问题，在教学中，要以多种形式刺激（不包括繁杂的语言）唤起幼儿的注意，具体做法可参考前面注意力问题的干预方法。

第三节　游戏活动中的情绪行为干预

游戏是最符合幼儿身心发展特点的活动，因其趣味性、虚构性、体验性，可以让幼儿在幼儿园中模拟社会活动，满足其探奇需要，激发幼儿的想象力，能较好地调动幼儿的注意力，幼儿也能在游戏中获得认知、语言、动作、社会性等各方面的发展。可以说游戏在幼儿所有发展阶段中，在学前段中所起的作用是最重要的。游戏对特殊幼儿同样具有吸引力，但在游戏中会出现不遵守游戏规则、争抢、冲动等情绪行为问题。出现这些行为的原因大多与特殊幼儿认知水平有限、情绪容易激动有关。对于此类问题，在干预中可以充分利用特殊幼儿对游戏的兴趣，以游戏活动本身作为自然强化物，引导学生学会遵守游戏规则，提高特殊幼儿情绪的控制能力以及人际交往能力。

＞　一、不遵守游戏规则的问题

幼儿游戏活动的形式是与其认知发展水平相适应的。以皮亚杰认知发展的游戏理论为基础，幼儿游戏最初是从练习性游戏向象征性游戏发展的，随着幼儿的逐步社会化，又发展起了结构游戏或规则游戏。结构游戏是象征性游戏向非游戏活动的过渡，之后逐渐变成智力活动。幼儿园小班及中班前期的游戏以玩耍为主，会适当增加简单的规则游戏，中班后期开始逐渐增加结构游戏及规则游戏的比例，以满足幼儿智力及体力发展的需要。特殊幼儿的能力水平普遍低于正常幼儿,当游戏中加入规则,以及游戏带有结构性后,特殊幼儿理解游戏要求就会存在困难。他们仍然停留于早期的玩耍或练习游戏,这就造成特殊幼儿在游戏中不遵守游戏规则的情况。在干预中,一方面调整游戏要求,简化游戏程序,另一方面增强特殊幼儿对规则的理解,通过强化策略的使用,让特殊幼儿在融入游戏活动中逐渐认识规则并遵守规则。

案例:坤坤是个5岁的智力障碍幼儿,活泼好动,好奇心强,不管是在教室里还是教室外,他都会对老师带来的教具特别关心,老是围着教具看。在玩游戏时,坤坤也表现出浓厚的兴趣,但他基本不按老师的要求参与游戏,而是按自己的喜好任意活动,如:他会围着垫子不断转圈,或是模仿小鸟在教室里跑,或是不停地在垫子上跳上跳下。

分析:从坤坤的表现中,可以看出他的游戏方式还是练习型和模仿型。5岁年龄段的幼儿已经开始尝试规则游戏和结构游戏。坤坤由于认知水平有限,对规则游戏和结构游戏的要求不甚理解,以致参与游戏时就会出现上述问题行为。干预中,可先调整游戏中对坤坤的行为要求,再通过强化与惩罚合并使用的方法,增强坤坤的规则意识。

幼儿园老师和家长协商制订了干预措施,具体示例如下。

(1)游戏前,先以图片的方式向坤坤呈现游戏的过程。

(2)简化活动规则,如坤坤能按线路从起点走到终点就可以了,不要求像其他小朋友那样还要在中间过个独木桥。

(3)坤坤按要求完成任务时,给予强化。若坤坤不按既定路线完成,老师或家长可辅助其完成,完成后仍然给予奖励。若坤坤执意不按路线进行游戏,可将其带离游戏一会儿,当其表示会按要求完成时,才将其带回游戏场地,并辅助其完成。

(4)逐渐增加游戏的规则。当坤坤已经能按简单的要求完成游戏时,可由简至繁地增加游戏规则及游戏结构。

上述措施是以某一类游戏为例,在不同类型的游戏活动中如何调整游戏规则和游戏结构,则可根据特殊幼儿的能力水平和喜好进行调整。示例中,考虑了坤坤喜欢"跑"这一行为特点,老师和家长对游戏进行了调整,即以幼儿感兴趣的活动为基本活动,再加上适当的要求,这样可保持特殊幼儿对游戏活动的积极性,又能逐渐培养其规则意识。又如在手工游戏"搓橡皮泥"的活动中,让特殊幼儿能按照既定的图形进行搓揉有较大困难,那么对他(她)的要求可以是将橡皮泥从泥盘中取出,摔打在桌面上,再将橡皮泥从桌上拾起,放回泥盘即可,之后再增加揉捏的要求。在干预中,强化是必须的,但只针对特殊幼儿按照要求完成活动的情况。

> **二、争抢的行为问题**

在游戏中的争抢的行为主要表现为争抢玩教具，或是争抢游戏机会。此类问题行为多数与特殊幼儿缺乏人际交往技能有关。他（她）们在游戏中不知道如何表达"想玩""想要"，在家里也没有接受过这样的训练，在幼儿园有多人参与游戏时，必然有玩教具分配和排队等候的情况，这时候，特殊幼儿的争抢行为就出现了。在干预此类行为时，干预的重点是让特殊幼儿学会表达需要与学会轮流等候，而不是简单地告诉特殊幼儿"不要争抢"。因为制止他（她）们的行为会被特殊幼儿理解为他们被取消了游戏机会，这会引发特殊幼儿的不满情绪，或是表现出更为激烈的争抢行为。让特殊幼儿在以正确的表达方式获取玩教具，以及学会轮流等候中，感受到的是游戏仍然可以进行，但是要表现良好才能继续下去。

案例：小美是个智力障碍幼儿，很喜欢玩过家家的游戏，可是每次玩这个游戏时，都是玩一小会儿就玩不下去了，小朋友们都不愿意和她玩了。原因是小美在玩游戏时总是会去抢其他小朋友的玩教具，即使她已经有一个玩教具了，她还是会去抢其他小朋友的。别的游戏中也会出现这种情况。后来，别的小朋友都躲着她，有什么好玩的都避开她。小美自己不知道发生了什么，老是往别的小朋友那凑，小朋友又不想和她玩，为此还发生过几次冲突。

分析：小美是个乐于和人交往的特殊幼儿，但不具备人际交往的基本技能。她想玩其他玩教具，不知道等待，也不知道适当地表达自己的愿望，更不知道争抢会引起其他小朋友的排斥。干预中既要让小美学习等待，学会轮流等候，也要让小美学会用正确的方式表达需求。这个干预需要在不同场合、不同活动中持续地开展，也是培养特殊幼儿人际交往能力的重要内容。

幼儿园老师与家长共同制订干预措施，具体做法如下所示。

（1）等待与轮流训练 a。用传递游戏引导小美与其他小朋友（家人）进行玩具交换。可要求小朋友围坐一圈，给每个小朋友发一个玩具，玩几秒钟后将玩具交给左手边的小朋友，小朋友自己也能得到一个右手边小朋友传过来的玩具，依次轮换。特殊幼儿不会主动将玩具给他人时，可以先由其他小朋友给他玩具，再要求他把手上的给他人，老师可以辅助幼儿完成。如果是在家里只有两人，可以相互交换，交换时同时说"我的给你，请把你的给我"。如果特殊幼儿不愿意交换，可以强制性拿走短暂时间，之后立即换回给他，再逐渐增加交换的时间。

（2）等待与轮流训练 b。将小朋友分成三至四人的小组，一个小组只有一个玩教具,由一个小朋友传给下一个小朋友,若特殊幼儿有争抢行为,老师可以进行反应限制,将其抱住,幼儿越挣扎,可以抱稍紧,幼儿不挣扎时,放松怀抱,直到特殊幼儿不再争抢玩教具,能正常参与传递游戏。再将小组人数增加至六至八人,以同样的方式训练特殊幼儿等待的行为。在家庭中,则是轮流等候一个玩具,特殊幼儿玩一会儿后,家人说"该我玩了",从幼儿手中拿走玩具。如果特殊幼儿不愿意将玩具交给家人,可强制拿走,在家长手上短时间停留后交给特殊幼儿,同时说"该你玩了"。重复上述步骤,逐渐加长轮流等候的时间。

(3)表达需求训练。可以利用特殊幼儿对游戏的兴趣,借鉴PRT(关键性技能训练法)的技术训练其主动表达需求的行为。当特殊幼儿去向别的小朋友拿玩具时,老师引导其说"请你把玩具给我玩",当特殊幼儿用语言表示了,就把玩具给他,玩一会儿后,要求其归还玩具。在开始训练时,不要求语言的准确性,只要特殊幼儿针对要玩具有语言表示,就可以把玩具作为自然强化物给他(她),之后再逐步提高语言的准确性要求。

(4)在排队中遵守秩序的训练。可以先由三至四人组成小组参加游戏,让特殊幼儿排在最前面,当完成游戏后安排其参加排队。如若特殊幼儿不愿意排队,且表现出情绪行为时,老师可将其带离游戏,坐在一边看其他小朋友玩,当特殊幼儿安静下来再带其排队,如有争抢行为,再将其带离游戏,直到他愿意参加排队。逐渐增加游戏人数,重复上述干预措施,直至特殊幼儿学会排队。

在此要强调的是,学会等待和轮流对特殊幼儿来说很重要,是形成社会规则行为的基础,还能提高特殊幼儿控制自己的情绪与冲动行为的能力。训练过程需要经历一定的时间才能让特殊幼儿真正理解规则,尤其是自闭症幼儿。

> 三、冲动行为

在游戏中的冲动行为是指活动还未开始时,特殊幼儿就已经做出反应,就如同赛跑时的抢跑行为。这种行为会影响特殊幼儿行为的准确性,影响行为的效果,尤其是康复行为的效果。此处讨论的冲动行为和前面的争抢行为不同,争抢行为是"相较他人"表现出来抢先的行为,而这里所说的冲动行为是指"相较自己"应该表现出来的行为的抢先行为。出现此类行为主要与特殊幼儿自我控制较差有关,通常都伴有焦躁、激动的情绪。对于此类行为,干预的重点是让特殊幼儿学会控制自己的行为。争抢行为的干预方法对此类行为也是有效的,在此就不赘述了。除此之外,还可借助直观化的提示信息帮助特殊幼儿对行为的出现节点有个预判,进而做出合适的反应。直观化的提示信息包括语音提示、手势提示,或是图片提示。

案例：林林是个4岁的智力障碍幼儿，性格急躁，容易被激惹。在玩游戏时经常会出现冲动行为。如老师说和其他小朋友拍手，老师还没说完，林林就将手伸出去了，并没有与旁边小朋友形成有效互动；老师再布置跑跳活动时，队形还没排好，林林就先蹿出去了。林林的冲动行为还使他的动作的协调性较差，经常是跟跟跄跄的，在游戏活动中摔过很多次。老师担心他受伤，不想让他参加游戏，可林林每次都很积极，老师不忍心打击他的积极性，也不知道该如何是好。

分析：林林的冲动有性格方面的因素，另外还有感觉统合失调的表现。建议家长和老师给林林增加感觉统合训练的内容。此外，在游戏活动中，可以加入一些提示信息，帮助林林控制自己的冲动行为。有关感觉统合训练的干预方法请参看相关内容，在此主要探讨给予提示信息的方法。

幼儿园老师与家长协商制订以下干预措施。

（1）在平时生活中，对行为有一定的约束，创造一定的条件。比如，吃饭时要在妈妈或老师说"可以吃了"后才能开始吃。如果做到了就给予奖励，若出现抢先的行为就拿走吃的，告诉林林过几分钟才给他吃，要他安静等待。

（2）对林林容易出现冲动行为的游戏活动，设定提示信息，如数数，从1数到3时，或是用手势数出1至3，当数到"3"时，林林才可以开始活动。如果林林做到了，就让其参与游戏活动（自然强化），若没有做到，则将林林带离游戏场地，等待一定时间，再重新要求完成数数后参与游戏。

（3）数数增加到"5"，重复上述步骤。并与数到"3"穿插进行。如拿玩具要求数到"5"时才能去拿，做到了给予奖励，在竞跑游戏中，要求数到"3"时才可以开跑。穿插的目的是维持林林的高动机，富有变化的指令也能吸引林林的注意力。

通常出现冲动行为的特殊幼儿，性格中都会有一些易激动、不能等待的特点。对于性格的改变，需要从方方面面进行调整，再加上学会控制自己的行为，才能更好地改变特殊幼儿的冲动行为。

第四节　户外活动中的情绪行为干预

严格说来，户外活动也是幼儿园开展的游戏活动，泛指在户外环境中开展的各类游戏学习活动。因不受室内环境限制，户外活动的种类更加丰富，幼儿活动的空间广阔，形式也多样化。幼儿园户外活动可以分为五大类：运动类、建构类、表演类、美劳类和探究类。户外活动可以促进幼儿身体素质的提高，让幼儿在快乐的心理体验中发展乐观、勇敢、坚韧等良好的心理品质,以及培养幼儿乐于实践与探索的精神,同时还发展幼儿团结协作的社会品质,对于特殊幼儿来说,幼儿户外活动发挥的积极作用更为突出。因为环境更自然、限制更少,特殊幼儿参与户外活动的积极性相对更高,是较为理想的活动形式。在户外活动中,特殊幼儿也会出现不遵守活动规则、争抢和冲动等情绪行为问题,这些情绪行为问题的干预可参见前面章节中介绍的方法。除此之外,在户外活动中,常见的还有危害安全及懒惰与懈怠的情绪行为问题。对此类问题行为的干预的策略主要是寻找良好的行为替代问题行为,尤其是危害安全的危险行为,干预不当可能会强化危险行为,反而引发安全隐患。

> ## 一、危害安全的行为问题

特殊幼儿在参加户外活动中,有时会做出危害安全的行为,比如喜欢攀爬到较高处、危险的跑跳动作、乱扔玩教具等,可能对自己和他人造成伤害。对于出现这些问题行为的原因,应考虑到特殊幼儿本身的障碍情况,而非从道德品质、反社会人格等方面去分析。智力障碍、自闭症等类型的特殊幼儿的认知有限,意识不到行为本身或行为结果可能带来的危害,他们更关注的是这样做给他们带来的愉快感,如果老师或家长在特殊幼儿出现此类行为时,应对方法不当,如增加幼儿的愉快感,那么特殊幼儿的此类行为会被强化。干预的策略是寻找其他能让特殊幼儿感到愉快的活动项目,同时也加强防范,避免特殊幼儿做出危害行为。此外,有的特殊幼儿存在感觉异常,也会导致出现危险行为。如前庭觉异常的特殊幼儿会主动寻求前庭觉的刺激,爬高、跑跳、转圈等危险行为能增加特殊幼儿的感觉刺激,干预的方法也是寻找适当的能满足其感觉刺激需要的、安全的活动,如在感觉统合训练室中开展的训练活动。

案例:小天是个4岁的自闭症男孩,老师最怕的就是带他参加班级的户外活动。因为一到院子里,小天就会去爬假山,爬到最高处坐着就不下来,任凭老师怎么叫他他都不理。老师们也不敢太大声呵斥他,怕吓到他反而激化他的危险行为。只有等他坐够了,他才会自己下来。家长也反映说,带他到公园去,他也是喜欢爬到高处,平时还经常自己转圈圈,转很多圈也不头晕。

分析:从小天的情况来看,小天的危险行为更多的是寻求感觉刺激,他本人意识不到行为存在危险性,而在此类行为中让他感受的愉快感会使这类行为很难消退。干预的策略是使用能产生前庭刺激、安全的行为替代危险性行为,如玩滑梯、攀爬墙等活动。同时,通过强化安全行为,适当惩罚危险行为,可以逐渐减少危险性行为。

幼儿园老师与家长共同制订干预措施如下。

（1）幼儿园老师（家长）带小天参加户外活动时，可先用图片向小天呈现允许他玩的活动，其中包含滑梯或攀爬墙活动。并告知，如果不爬假山，就可以去玩滑梯。如果爬了假山，不仅不能玩滑梯，还不能吃饼干（水果）。

（2）老师（家长）带幼儿到户外时，可以先将小天带到滑梯或攀爬处。让他先玩一会儿，然后要求其参加别的活动后再回来滑滑梯或攀爬。

（3）幼儿参加别的游戏活动后，给予适当的奖励。如小天要求去玩滑梯，可要求用语言表示后带他去，提出时间限制要求。

（4）若上述要求不能遵照执行的话，可将暂停户外活动作为惩罚。

（5）逐渐减少滑滑梯或攀爬活动的频率，增加一些折返跑、按规定线路竞跑等活动。

需要提醒的是，当特殊幼儿出现危险行为时，制止并不是有效的干预。因为寻求感觉刺激做出的行为就如同皮肤痒痒时自然会去抓，即使老师、家长当时制止了危险行为，特殊幼儿仍然会在老师、家长不注意时找机会去做，在无人监管时做出危险行为危害性更大。所以要找替代性行为，满足其寻求刺激的需要，逐渐转移特殊幼儿注意力，减少危险行为。

> ## 二、懒惰、懈怠的行为

在户外活动中，与好争抢、冲动相反的还有另一类问题行为，即懒惰与懈怠的问题行为，表现为在户外活动中无精打采、心不在焉、不愿意运动、做动作时敷衍。此类问题行为在生活活动、学习活动和游戏活动中也会出现，相对来说，在户外活动中出现这类行为，给老师或家长带来的困扰会更大，所以在此部分讨论此类问题行为。懒惰、懈怠通常与行为习惯有关。特殊幼儿在没有经过教育康复时，行为能力相对较弱，父母往往会低估幼儿的能力，以及出于对特殊幼儿"特别"的关爱，不对特殊幼儿提要求，也不开展相关的训练，生活日常活动多采取包办代替的方式。久而久之，特殊幼儿便养成了懒惰、懈怠的习惯。老师提醒家长，家长也往往回答说只要孩子高兴就好了。

对于此类行为，必须要由家长配合老师进行干预训练。家长们要转变观念，要认识到发展特殊幼儿良好的行为习惯的重要性，它是幼儿将来融入社会的基本能力条件；其次，家长要树立信心，相信通过康复训练可以促进特殊幼儿能力发展；再次，家长们要配合幼儿园老师开展训练活动，做到"5+2>7"，而不是"5+2<7"，即老师的努力加上家庭的努力，应呈现出教育效果的延伸拓展，而不是家庭教育的效果抵消老师教育的效果。教育干预的方法主要通过小步子方法训练特殊幼儿的行为能力，调整不同阶段的要求目标，有的放矢地进行强化。

案例：囡囡是个发育迟缓的特殊幼儿，3岁了。刚来幼儿园时，她是妈妈抱着来的，当时老师们也没发现她行为上有什么异常。入园后才发现囡囡非常懒，妈妈送她上幼儿园时要么抱，要么背，她基本不走路。到了幼儿园后就是坐在椅子上，不愿意起来走动，偶尔要走路，也是由幼儿园老师半拖半扶地走两步，不超过10米，就不愿意走了。经证实，囡囡的身体没有任何问题。据爸爸说，囡囡在家很受宠，到3岁了还是由家里人喂饭，平时出门都是坐婴儿车，他们也知道这样不好，但似乎已经习惯了什么都帮囡囡做。

分析：囡囡出现懒惰现象完全与家庭教育有关。尽管囡囡是个特殊幼儿，但经过合适的教育与训练，仍然可以具备基本的生活自理能力。囡囡的身体没有缺陷，但因为爸妈的"偏爱"，丧失了发展能力的机会，也养成了不良的行为习惯，如若再如此下去，囡囡的障碍非但无法缓解，反而会愈发严重。

幼儿园老师与囡囡爸妈深入交流了特殊幼儿发展的相关问题，两位家长认识到自己的做法是害了囡囡，表示一定配合幼儿园做好囡囡的康复训练。

具体的做法如下。

（1）先以生活中必要的活动为切入点，如上厕所、走到餐桌等。根据囡囡当前的能力，设置目标要求。囡囡在帮助下能走10米，那么设置的要求是囡囡自己独立走5米，就可以得到奖励，奖励就是老师和家长辅助完成剩下的部分。其他的活动以此类推，当囡囡完成一部分，其他部分由老师、家长辅助完成。

（2）一周后，要求囡囡自己走10米，然后可以得到强化物的奖励。

（3）两周后，囡囡要尽可能自己多走一点，在囡囡累了时可以奖励背一下或抱一下。

（4）四周后，囡囡要在辅助下参加部分户外活动，做到了，可以给囡囡休息的奖励。

（5）一个半月后，囡囡要独立参加部分户外活动，做到了，可以给予强化物奖励。若做不到，重复第4步。当她偶尔独立参加部分户外活动时，立即给予强化物奖励。

（6）三个月后，囡囡要尽量参加户外活动。逐渐减少强化的次数与频率，让囡囡参加户外活动成为自然现象。

思考题

1.行为的功能分析包含哪些内容？为什么要进行行为功能分析？

2.家长在幼儿的情绪行为干预中发挥着怎样的作用？

操作题

1.设计一套行为矫正方案,对一名经常出现攻击行为的幼儿进行矫正。

2.假设你所带的班级普遍出现了挑食、拒食以及不配合完成一日教育活动的现象,制订一个学期计划,改善上述现象。

第七章
学前特殊幼儿的社会适应干预实践

本章将以案例的方式,依据学前特殊幼儿社会适应能力的干预流程,讨论对学前特殊幼儿在幼儿园及家庭环境中如何进行社会适应能力干预。

＞ 一、个案基本资料

小轩,男,今年 4 岁,医学诊断为中度自闭症,已进入某幼儿园小班学习。父母均为本科学历,父亲为军人,母亲全职照顾小轩。小轩就读的小班共有 28 名小朋友,小轩是班中年龄最大的,已经 4 岁,其他小朋友均在 3 岁和 4 岁之间,其中有 4 名小朋友会主动找小轩玩。班里共有 2 名老师,1 名保育员,其中黄老师是班主任。

＞ 二、个案社会适应能力评估

通过观察法和访谈法,了解和记录小轩在情景中的社会适应情况,评估小轩的环境适应情况及小轩已具备的社会适应能力,为拟定目标和实施干预做准备。

（一）环境评估

通过对小轩妈妈和幼儿园老师进行访谈,对小轩一日活动进行观察,对收集到的资料按照活动性质进行分析、记录,整理形成表 7-1,按照活动环境整理形成表 7-2。

表 7-1　活动记录表

学生姓名:小轩　性别:男　出生日期:2016 年 8 月 24 日　记录者:黄老师　观察日期:2020 年 9 月 21 日

活动		具体行为(和谁、做什么、怎么做)
生活活动	洗漱	刷牙时,妈妈挤好牙膏,小轩自己用水杯接水,妈妈帮小轩刷牙,配合 洗脸时,小轩将手放盆里玩水,妈妈用毛巾帮小轩洗脸
	就餐	在妈妈或老师的反复提示下,小轩能坐在餐桌前自己握勺就餐 餐后,在老师的手势提示下,把碗和勺子放到指定位置
	就寝	午睡时,小轩会躺在床上,但很难入睡 起床时,妈妈或老师叫 3～5 次后,小轩才起床 在妈妈或老师的协助下穿脱衣服、裤子,脱下的衣物随意乱放
	如厕	在老师要求下,跟随老师到厕所如厕,但不会冲厕所。在提示下,自己打开水龙头,用水冲两下手,然后关水龙头

活动	具体行为(和谁、做什么、怎么做)
学习活动	入园时,在妈妈要求和示范后,会说"老师好",向老师打招呼,然后拿过妈妈递出的书包,将书包放在书包架上。妈妈走后,会哭闹,老师用玩具转移注意力后停止哭 上课时,左顾右盼,在老师要求和多次手势提示下,能坐在自己的小椅子上,关注老师所出示的教具或所讲的内容 被动参与活动,在协助下能完成老师布置的练习内容 上课点名时,当老师点名点到小轩时,在协助下,会根据老师的动作示范,做举手的动作,并说"到" 晚上睡觉前会和妈妈坐在床头,一起看绘本。妈妈给小轩读故事,小轩用手指自己想看的图,让妈妈说给他听
游戏活动	分散游戏时,小轩会独自在操场边上的攀爬架上玩儿或在教室玩积木,和同学基本无互动 上游戏课时,无法理解游戏规则,需在老师的肢体协助下,参与游戏活动
户外活动	做早操时,在要求下,会站在自己的位置排队等待,并跟随同学来到操场,到自己的位置站好。开始做早操后,会跟着老师做手部和弯腰动作。在做早操期间,多次离开自己的位置,走向旁边的游乐区,但在老师的要求下,会回到自己的位置,继续做早操

表 7-2　环境调查表

学生姓名:小轩　　性别:男　　出生日期:2016 年 8 月 24 日　　调查者:黄老师　　调查日期:2020 年 9 月 12 日

家庭生活	家人关系:□和谐　■尚可　□冷漠　□其他:_____ 与家人沟通方式: ■普通话　□方言:_____　□图片　□手势　□其他:_____ 主要休闲活动(包括父母): □看电视　□听音乐　□喝茶聊天　■玩手机　■其他:<u>到小区玩</u> 最喜欢的家人:□父　■母　□爷爷　□奶奶　□外公　□外婆　□哥哥　□姐姐 　　　　　　□妹妹　□弟弟　□其他:_____ 会做的家事:■无　□倒垃圾　□擦桌子　□浇花　□扫地　□拖地　□其他:_____ 常往来的亲戚:<u>无</u> 家人与个案互动情形:妈妈较少和小轩进行互动。小轩在家中主要以看手机上的视频、玩手机游戏为主。没下雨的时候,妈妈会带小轩去楼下玩儿。

续表

学校生活	最喜欢的同学:小雯、小杰　　　　　　　　最不喜欢的同学:小初 最听谁的话:胡老师 和师长的关系:□亲密　□和谐　■依赖　□普通　□冷漠　□紧张 和同学的关系:□亲密　□和谐　□依赖　■普通　□冷漠　□紧张 最喜欢的活动:玩积木 最不喜欢的活动:睡午觉 学习动机:□主动　■被动　□低落　□有选择性 最喜欢去的场所:□蹦床　□转椅　□球池　□滑梯　■攀爬架　□教室 　　　　　　□其他:_____ 上下学方式:□步行　□坐公共汽车　□打的　□自家车　■其他:<u>妈妈骑电瓶车</u>	
	增强物	活动:□自由活动　□看电视　□听音乐　□唱歌　□看书　□画画　■玩手机 运动:■荡秋千　□骑自行车　□跑步　□其他:_____ 玩玩具:■积木　□拼图　□玩偶　□小汽车　□其他:_____ 食物:■糖果　□巧克力　□饼干　□饮料　□其他:_____ 社会性增强:■拥抱　□握手　□拍肩　□亲吻　□其他:_____
社区生活	环境:■住宅区　□商业区　□混合区　□乡村　□县城　□小镇　□其他:_____ 常往来的邻居:<u>无</u> 与邻居相处:□和谐　□普通　■尚可　□冷漠　□不睦 放学后常做的活动:■直接回家　□邻居家玩　□同伴家玩　□到处游玩 　　　　　　　□其他:_____ 常去的休闲场所:□公园　□商场　■超市　□商店　■其他:<u>小区中</u> 常做的休闲活动:□散步　□打球　■骑车　□拜访亲友　□看电影　■逛街 　　　　　　　□其他:_____ 最喜欢去的场所:□公园　□商场　■超市　□商店　□其他:_____ 不喜欢去的场所:□公园　□商场　□超市　□商店　■其他:<u>无</u>	

(二) 社会适应能力评估

根据《3~6岁儿童学习与发展指南》社会领域中社会适应子领域的目标与内容,形成社会适应领域评估表。通过观察和访谈,对小轩的社会适应能力进行评估,整理后形成表7-3。

表7-3　《3~6岁儿童学习与发展指南》——社会适应领域评估表

学生姓名:小轩　　性别:男　　出生日期:2016年8月24日　　评估者:黄老师

评估项目			测评日期及结果		
			2020年9月		
喜欢并适应群体生活	3~4岁	对群体活动有兴趣	2		
		对幼儿园的生活好奇,喜欢上幼儿园	2		
	4~5岁	愿意并主动参加群体活动	1		
		愿意与家长一起参加社区的一些群体活动	0		
	5~6岁	在群体活动中积极、快乐	0		
		对小学生活有好奇和向往	0		
遵守基本的行为规范	3~4岁	在提醒下,能遵守游戏和公共场所的规则	2		
		知道不经允许不能拿别人的东西,借别人的东西要归还	2		
		在成人提醒下,爱护玩具和其他物品	1		
	4~5岁	感受规则的意义,并能基本遵守规则	1		
		不私自拿不属于自己的东西	1		
		知道说谎是不对的	0		
		知道接受了的任务要努力完成	0		
		在提醒下,能节约粮食、水电等	0		
	5~6岁	理解规则的意义,能与同伴协商制订游戏和活动规则	0		
		爱惜物品,用别人的东西时也知道爱护	0		
		做了错事敢于承认,不说谎	0		
		能认真负责地完成自己所接受的任务	0		
		爱护身边的环境,注意节约资源	0		
具有初步的归属感	3~4岁	知道和自己一起生活的家庭成员及其与自己的关系,体会到自己是家庭的一员	1		
		能感受到家庭生活的温暖,爱父母,亲近与信赖长辈	1		
		能说出自己家所在街道、小区(乡镇、村)的名称	0		
		认识国旗,知道国歌	0		
	4~5岁	喜欢自己所在的幼儿园和班级,积极参加集体活动	0		
		能说出自己家所在地的省、市、县(区)名称,知道当地有代表性的物产或景观	0		
		知道自己是中国人	0		
		奏国歌、升国旗时能自动站好	0		

续表

评估项目			测评日期及结果		
			2020 年 9 月		
具有初步的归属感	5~6岁	愿意为集体做事,为集体的成绩感到高兴	0		
		能感受到家乡的发展变化并为此感到高兴	0		
		知道自己的民族,知道中国是一个多民族的大家庭,各民族之间要互相尊重,团结友爱	0		
		知道国家一些重大成就,爱祖国,为自己是中国人感到自豪	0		

评分标准:
3 分:已发展出适应环境需要的能力;
2 分:已发展出较多能力,只需部分协助便能适应环境的需要;
1 分:仅发展些微能力,需特别协助才能适应环境的需要;
0 分:尚未开始发展,无法适应环境的需要。

> ## 三、拟订干预目标

根据环境评估结果和社会适应能力评估结果,拟订小轩社会适应能力干预的长期目标和短期目标,整理形成表7-4。

表7-4 社会适应能力干预目标

学生姓名:小轩 性别:男 出生日期:2016 年 8 月 24 日 拟订目标日期:2020 年 9 月 17 日
目标执行日期:2020 年 9 月—2020 年 12 月 负责教师:黄老师、胡老师、李老师

目标			教学情境	测评结果
项目	长期目标	短期目标		
1.喜欢并适应群体生活	1.1 能对幼儿园的生活好奇并喜欢上幼儿园	1.1.1 进入幼儿园后,能搜寻、探索幼儿园内的玩具或游乐器材	游戏活动	
		1.1.2 入园时,能主动向妈妈说"再见"	学习活动	
		1.1.3 进教室后,能自己找玩具玩,不找妈妈,不哭闹	游戏活动	
		1.1.4 在分散游戏时,能主动玩操场边游乐区内的户外游乐设施,数量至少三种,如组合滑梯、攀爬架、荡桥等	户外活动	

项目	目标		教学情境	测评结果
	长期目标	短期目标		
2. 遵守基本的行为规范	2.1 能遵守集体活动中的规则	2.1.1 听到上课铃声,能自己回到教室	学习活动	
		2.1.2 上课时,能安静坐在座位上,眼睛看老师	学习活动	
		2.1.3 老师分发作业或教具时,能等待,听到指令后再操作	学习活动	
		2.1.4 能遵守集体活动中排队的规则,依序排队	户外活动	
		2.1.5 在离开队伍后,能主动回归队伍	户外活动	
		2.1.6 做早操时,能持续站在自己的位置	户外活动	
		2.1.7 上游戏课时,能在视觉提示下理解游戏规则,并参与游戏活动	游戏活动	
		2.1.8 在玩户外游乐设施时,能遵守基本规则,如排队轮流玩组合滑梯、轮流玩荡桥等	户外活动	
	2.2 能遵守生活活动中的规则	2.2.1 洗脸时,能双手拿毛巾擦脸,不玩水	生活活动	
		2.2.2 洗完脸后,能将毛巾挂回毛巾架上	生活活动	
		2.2.3 就餐时,能持续坐在椅子上进餐,直至吃完	生活活动	
		2.2.4 就餐结束后,无需提示,能独自把碗和勺子放到指定位置	生活活动	
		2.2.5 起床时,闹钟或起床铃响后,能自己起床,无需反复催促	生活活动	
		2.2.6 换完衣、裤后,能将换下的衣、裤放到指定位置	生活活动	
		2.2.7 上完厕所后,能独立冲厕所	生活活动	

续表

目标			教学情境	测评结果
项目	长期目标	短期目标		
3. 具有初步的归属感	3.1 提升对家庭的归属感	3.1.1 能说出妈妈、爸爸的名字	学习活动	
		3.1.2 能说出小区的名字	学习活动	
		3.1.3 能说出家住几楼	学习活动	
	3.2 提升对学校的归属感	3.2.1 能看照片说出自己班上小朋友的名字,至少3个	学习活动	
		3.2.2 能看照片称呼自己班上的老师,如"黄老师"	学习活动	
		3.2.3 能说出就读幼儿园的名称	学习活动	
		3.2.4 能说出就读班级的名称	学习活动	

评分标准:
3分:已发展出适应环境需要的能力;
2分:已发展出较多能力,只需部分协助便能适应环境的需要;
1分:仅发展些微能力,需特别协助才能适应环境的需要;
0分:尚未开始发展,无法适应环境的需要。

> ## 四、依活动不同对个案的社会适应能力进行干预

依活动不同对个案在幼儿园及家庭环境中进行社会适应能力的干预,包括生活活动中的社会适应干预、学习活动中的社会适应干预、游戏活动中的社会适应干预、户外活动中的社会适应干预。

第一节　生活活动中的社会适应能力干预

根据小轩社会适应能力的评估结果(详见表7-1、表7-2和表7-3),以及依据评估结果拟定的社会适应能力干预目标(详见表7-4),对小轩生活活动中的社会适应能力干预应在洗漱、就餐、就寝和如厕几个生活情境中进行。

> ## 一、洗漱情境中的社会适应能力干预

从表7-1可见,小轩在刷牙时,会自己用水杯接水,也会配合妈妈刷牙的动作;洗

脸时,小轩会将手放盆里玩水,不会自己洗脸,在洗完脸后,也不会将毛巾挂回毛巾架上。可见,小轩在这一情境中的刷牙活动基本适应环境需要,主要的适应问题是在洗脸时会玩水和不会将毛巾挂回毛巾架上。因此,在基于此评估结果拟订的小轩社会适应能力干预目标中,在洗漱情境中的目标有两个,分别是"2.2.1 洗脸时,能双手拿毛巾擦脸,不玩水"和"2.2.2 洗完脸后,能将毛巾挂回毛巾架上"。由此可见,现阶段,小轩在洗漱情境中的目标主要集中在"洗脸"这一活动上,因此具体的干预活动将针对洗脸活动进行,选取的主要干预策略是视觉提示策略,具体操作如下。

（一）对洗脸活动进行工作分析

在形成具体的视觉提示前,先对洗脸活动进行工作分析。根据小轩的生活情境及能力,将洗脸活动分析为以下环节:取毛巾—将毛巾放脸盆—打湿毛巾—拧干毛巾—摊开毛巾—双手拿毛巾擦脸—将毛巾放脸盆—搓洗毛巾—拧干毛巾—摊开毛巾—将毛巾挂回毛巾架。

（二）按洗脸活动的工作分析制作视觉提示流程图

根据洗脸活动的工作分析,制作视觉提示流程图。流程图的呈现选择以大图结合文字的形式,图片应清晰呈现对应的环节,文字明确、简洁,且符合小轩的语言能力,具体如图7-1所示。

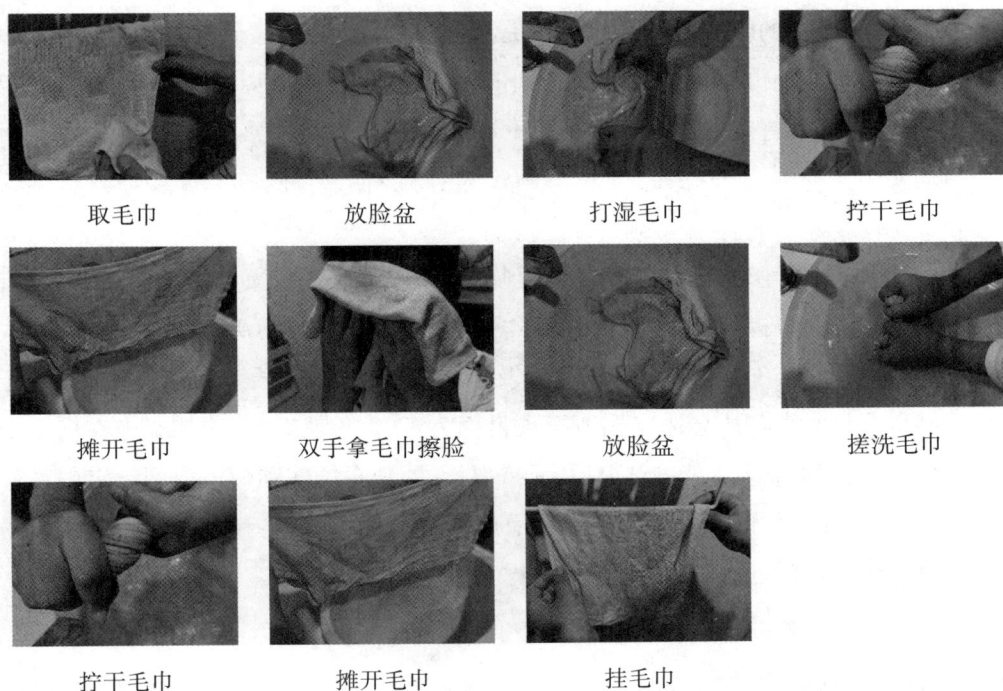

取毛巾	放脸盆	打湿毛巾	拧干毛巾
摊开毛巾	双手拿毛巾擦脸	放脸盆	搓洗毛巾
拧干毛巾	摊开毛巾	挂毛巾	

图7-1　洗脸流程图

（三）按流程图实施干预

按流程图实施干预时，每一个环节都应引导小轩看贴在墙上的图片，并用口语结合指图的方式告知小轩，正在进行的是哪一个环节。但不是所有的环节都需要小轩独立完成，应根据小轩的能力进行干预。

1. 已掌握的，独立完成

取毛巾、将毛巾放脸盆、打湿毛巾、将毛巾放脸盆这几个环节是小轩可以独立做的，就应给小轩机会，让其自己完成。其中，"打湿毛巾"这一环节，给小轩相对较长的时间去做，让小轩在洗脸过程中把"将手放盆里玩水"这一行为变成具有功能性的活动"打湿毛巾"。

2. 较难的，协助完成

洗脸环节中，小轩目前较难做到的，如拧干毛巾和搓洗毛巾这两个较难的动作，由小轩的妈妈使用完全协助的方式，辅助其完成。

3. 需学的，引导完成

洗脸时，双手拿毛巾擦脸和将毛巾挂回毛巾架这两个环节属于干预目标实施环节。因此，在洗脸时，当妈妈协助小轩将毛巾摊开后，引导小轩自己双手拿摊开的毛巾，同时用手指小轩的脸并用口语"洗脸"提示小轩用毛巾擦脸。最后以同样的方式引导小轩将毛巾挂回毛巾架。在过程中，当小轩用双手拿毛巾擦脸时，自然就不会把双手放盆里玩水，从而有效提升小轩在洗漱环节的适应能力。

> **二、就餐情境中的社会适应能力干预**

从表 7-1 可见，小轩在就餐时，需要反复提示，才能坐在餐桌前握勺就餐。餐后，也需要在老师的手势提示下，才能把碗和勺子放到指定位置。可见，小轩在就餐时，主要的社会适应问题是不能坐在餐桌前用餐及不能独立将碗和勺子放到指定位置，基于此评估结果拟订的小轩社会适应能力干预目标为"2.2.3 就餐时，能持续坐在椅子上进餐，直至吃完"和"2.2.4 就餐结束后，无需提示，能独自把碗和勺子放到指定位置"。现阶段，对小轩在就餐情境中的适应能力干预，可选取视觉策略和观察学习法结合的方式围绕这两个目标进行。

（一）视觉策略

针对"2.2.3 就餐时，能持续坐在椅子上进餐，直至吃完"这一目标的视觉策略，可以在小轩的椅子上贴上他的照片，用以提示他，他的椅子在哪里，用餐时要坐在自己的椅子上。

　　针对"2.2.4 就餐结束后,无需提示,能独自把碗和勺子放到指定位置"这一目标的视觉策略,首先应用固定的盆装碗和勺子,并将盆放在固定的位置,同时在盆上贴上碗和勺子的图片,提示碗和勺子应放在盆里。

图 7-2　椅子上贴照片　　　　　　　　图 7-3　盆上贴照

(二)观察学习法

　　在就餐情境中,使用观察学习法,引导小轩看周围做得好的同学是怎么做的,通过模仿同学的行为,调整自己的行为,同时老师强化他改善后的行为,从而帮助小轩逐渐养成坐在椅子上用餐和用完餐后将碗和勺子放于固定位置的习惯。

＞　三、就寝情境中的社会适应能力干预

　　从表 7-1 可见,午睡时,小轩虽然很难入睡,但会躺在床上;起床时,需要反复催促才能起床;在妈妈或老师的协助下穿脱衣服、裤子,脱下的衣物随意乱放。可见,小轩在就寝时,现阶段主要的社会适应问题是起床需反复催促和脱下的衣物随意乱放,因此基于此评估结果拟订的小轩社会适应能力干预目标为"2.2.5 起床时,闹钟或起床铃响后,能自己起床,无需反复催促"和"2.2.6 换完衣、裤后,能将换下的衣、裤放到指定位置"。对这两个目标的干预,使用不同的策略进行。

　　对"2.2.5 起床时,闹钟或起床铃响后,能自己起床,无需反复催促"这一目标的干预,使用闹钟或起床铃进行提示,同时,将"小轩,起床了!"这样的提示语,改成"小轩,闹钟(或起床铃)响了",让闹钟或起床铃的声音和起床这一活动建立连接,减少妈妈或老师用口语反复催促的次数。

图 7-4　闹钟

　　对"2.2.6 换完衣、裤后,能将换下的衣、裤放到指定位置"这一目标的干预,使用视觉策略进行。首先准备固定的篮子,放小轩脱下的衣服,并将篮子放在固定的位置,同时在篮子上贴上小轩的

姓名卡(姓名卡上有小轩的照片及名字),提示这是小轩放衣服的篮子。这个篮子在家里和幼儿园各准备一个,放于小轩的床头,每次小轩睡觉前脱衣服后,都提示小轩将脱下的衣服放于他专属的放衣篮里。同时,提示越来越少,渐渐地不再进行提示。

图7-5　放衣篮

> ### 四、如厕情境中的社会适应能力干预

从表7-1可见,在老师要求下,小轩会跟随老师到厕所如厕,但不会冲厕所;在提示下,会自己打开水龙头,用水冲两下手,然后关水龙头。可见,小轩在这一情境中主要的适应问题是不会在如厕后独立冲厕所,因此在基于此评估结果拟定的小轩的社会适应能力干预目标中,在如厕情境中的目标是"2.2.7 上完厕所后,能独立冲厕所"。对这一目标的干预,使用视觉策略进行。在幼儿园的厕所和家里马桶的墙上,均贴上写有"上完厕所,请按'赞'"的字条,并用较突出的红色背景,还要在幼儿园的厕所和家里马桶的冲厕所按钮上贴上写有"赞"字的红色字条,如图7-6和图7-7所示。在每次小轩上完厕所后,都引导他按"赞",并逐渐减少提示至不再进行提示。

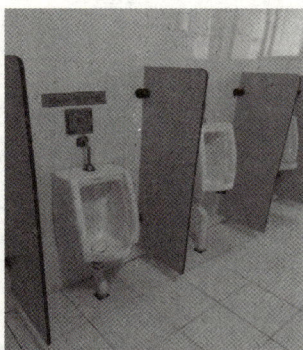

图7-6　学校厕所

图7-7　家里马桶

第二节　学习活动中的社会适应能力干预

根据小轩社会适应能力的评估结果(详见表7-1、表7-2和表7-3),以及依据评估结果拟订的社会适应能力干预目标(详见表7-4),对小轩学习活动中的社会适应能力干预将从能遵守上课规则、提升对家庭的归属感和提升对学校的归属感这三方面进行。

> ### 一、能遵守上课规则

从表7-1可见,上课时,小轩会左顾右盼,在老师的要求和多次手势提示下,才能坐在自己的小椅子上,关注老师所出示的教具或所讲的内容,在协助下能完成老师布置的练习内容;上课点名时,当老师点名点到小轩时,在协助下,会根据老师的动作示范,做举手的动作,并说"到"。从表7-3可见,小轩在"遵守基本的行为规范"这部分中,"在提醒下,能遵守游戏和公共场所的规则"和"知道不经允许不能拿别人的东西,借别人的东西要归还",这两个项目各得2分,表明小轩在这两个项目已发展出较多能力,只需部分协助便能适应环境的需要;"在成人提醒下,爱护玩具和其他物品""感受规则的意义,并能基本遵守规则"和"不私自拿不属于自己的东西"这三个项目得1分,表明这个项目小轩仅发展出些微能力,需特别协助才能适应环境的需要;其他项目均为0分,表明小轩在这部分剩余的项目的能力尚未开始发展,还无法适应环境的需要。因此,基于此评估结果拟订的小轩社会适应能力干预目标中,"喜欢并适应群体生活"这部分的长期目标有"2.1 能遵守集体活动中的规则",在学习活动中进行干预对应的有"2.1.1 听到上课铃声,能自己回到教室"和"2.1.3 老师分发作业或教具时,能等待,听到指令后再操作"这两个短期目标。在学习活动中,针对这两个目标,使用视觉策略进行干预。

针对"2.1.1 听到上课铃声,能自己回到教室"这一目标,采用功课表进行视觉提示。将小轩的一日活动用图片结合文字的方式进行排列,并以颜色分开,左边表示未上的课,右边表示准备上或已上的课,如图7-8和图7-9所示。每节课上课铃声响后,老师均引导小轩将功课表中对应课的图片,从左边贴到右边,让小轩将上课铃声和上课进行配对,从而养成听到铃声就回教室上课的习惯。

图 7-8　未上课功课表　　　　图 7-9　已上课功课表

针对"2.1.2 上课时,能安静坐在座位上,眼睛看老师"这一目标使用姓名卡的视觉策略。在小轩的小椅子上贴上小轩的姓名卡,姓名卡上有小轩的照片和名字,如图7-10 所示。在上课时,每次小轩离开座位后,均用手指小椅子上小轩的姓名卡,引导小轩坐自己的小椅子,帮助小轩养成上课时坐椅子的习惯。

图7-10 椅子上贴照片

＞ 二、提升对家庭的归属感

从表7-3 可见,小轩在"具有初步的归属感"这部分中,"知道和自己一起生活的家庭成员及与自己的关系,体会到自己是家庭的一员"和"能感受到家庭生活的温暖,爱父母,亲近与信赖长辈"这两个项目各得 1 分,表明小轩在这两个项目仅发展出些微能力,需特别协助才能适应环境的需要;其他项目均为 0 分,表明小轩在这部分剩余的项目的能力尚未开始发展,还无法适应环境的需要。因此,在基于此评估结果拟定的小轩社会适应能力干预目标中,"具有初步的归属感"这部分的长期目标有"3.1 提升对家庭的归属感",其对应"3.1.1 能说出妈妈、爸爸的名字""3.1.2 能说出小区的名字"和"3.1.3 能说出家住几楼"这三个短期目标。在学习活动中,针对这三个目标,使用社会故事策略进行干预。

首先依据社会故事的编写原则和方法(详见第二章第五节),编写社会故事——《我和我的家》。因小轩的认知水平处于具体和半抽象之间,社会故事中的图片均使用小轩生活情境中实际的照片。因涉及孩子及家人的隐私,本书中所有社会故事在照片呈现处均只呈现照片对应的大小和呈现的位置及与前后文的距离,不展现实际的照片。在实际教学中,社会故事中的图片应清晰、明确并符合学前特殊幼儿的能力。

表7-5 社会故事——《我和我的家》

我和我的<u>家</u>
　　这是我和我家的<u>故事</u>。
　　我的名字叫××<u>轩</u>,这是我的<u>照片</u>。

小轩的
生活照

我的妈妈叫<u>×××</u>,这是妈妈的<u>照片</u>。

小轩的妈妈
生活照

我的爸爸叫<u>×××</u>,这是爸爸的<u>照片</u>。

小轩的爸爸
生活照

我们住在<u>××小区</u>,这是小区的<u>照片</u>。

小轩现在生活的
小区照片

我们住在<u>18楼</u>,这是我家的<u>照片</u>。

小轩现在住的
家的照片

我爱我的妈妈和爸爸。我爱<u>我家</u>。

　　然后再根据社会故事的具体实施方式,进行干预。社会故事的具体实施有两种方式(详见第二章第五节),因小轩现阶段还未发展出阅读能力,只能使用字词和短句进行口语表达,因此,在具体实施社会故事时,选择第一种和第二种方式相结合的方式进行。先由妈妈或老师和小轩一起读社会故事,当小轩会接续读关键字后,再将社会故事制作成录音文件,让小轩自行播放录音,并跟着录音带阅读。根据小轩目前的口语表达能力,小轩在读社会故事时,只需接续读故事中加粗并加下划线的词语。因此,妈妈或老师和小轩一起读社会故事时,每句话都应有适当的停顿,等待小轩接续读。当制作成录音带时,录音文件的语音呈现为:"我和我的_____。这是我和我家的_____。我的名字叫_____,这是我的_____。我的妈妈叫_____,这是妈妈的_____。我的爸爸叫_____,这是爸爸的_____。我们住在_____,这是小区的_____。我们住在_____,这是我家的_____。我爱我的妈妈和爸爸。我爱_____。"每个"_____"前都停顿,等待小轩读出后,再读下一句。在具体实施后根据小轩对社会故事——《我和我的家》的理解和应用程度,以及实施情况进行修订和调整。

> ### 三、提升对学校的归属感

从表7-1可知,小轩入园时,会在妈妈要求和示范后,用"老师好"向老师打招呼,然后自己将书包放在书包架上。妈妈走后,会哭闹,但老师用玩具转移注意力后停止哭。从表7-3可知,小轩在"喜欢并适应群体生活"这部分中,"对群体活动有兴趣""对幼儿园的生活好奇,喜欢上幼儿园"这两个项目各得2分,表明小轩在这两个项目已发展出较多能力,只需部分协助便能适应环境的需要;"愿意并主动参加群体活动"这个项目得1分,表明这个项目小轩仅发展出些微能力,需特别协助才能适应环境的需要;其他项目均为0分,表明小轩在这部分剩余的项目的能力尚未开始发展,还无法适应环境的需要。在"具有初步的归属感"这部分中,"喜欢自己所在的幼儿园和班级,积极参加集体活动"这个项目得0分,表明小轩这个项目的能力尚未开始发展,还无法适应环境的需要。因此,在基于此评估结果拟定的小轩社会适应能力干预目标中,"喜欢并适应群体生活"这部分的长期目标为"能对幼儿园的生活好奇并喜欢上幼儿园",在学习活动中对应的是"1.1.2入园时,能主动向妈妈说'再见'";在"具有初步的归属感"这部分的长期目标有"3.2提升对学校的归属感",其对应"3.2.1能看照片说出自己班上小朋友的名字,至少3个""3.2.2能看照片称呼自己班上的老师,如'黄老师'""3.2.3能说出就读幼儿园的名称"和"3.2.4能说出就读班级的名称"这四个短期目标。在学习活动中,针对这五个目标,使用社会故事策略进行干预。

首先依据社会故事的编写原则和方法(详见第二章第五节),编写社会故事——《我的学校》。社会故事中的图片均使用小轩学校情境中实际的照片。因涉及孩子及家人的隐私,在此社会故事在照片呈现处仍只呈现照片对应的大小和呈现的位置及与前后文的距离,不展现实际的照片。

表 7-6　社会故事——《我的学校》

我的学校

　　这是我学校的故事。

　　我的学校名字叫××幼儿园。

　　这是我学校的照片。

小轩就读的
幼儿园的照片

　　我的班级名字叫彩虹班。

　　这是我班级的照片。

小轩就读的
班级的照片

　　我们班有 3 个老师。

　　这是黄老师的照片。

小轩就读班级
黄老师的生活照

　　这是胡老师的照片。

小轩就读班级
胡老师的生活照

　　这是李老师的照片。

小轩就读班级
李老师的生活照

续表

我们班有 28 个小朋友。 这是×××的照片。   小轩就读班级中 经常一起玩儿 的小朋友 ×××的生活照   这是×××的照片。   小轩就读班级中 经常一起玩儿 的小朋友 ×××的生活照   这是×××的照片。   小轩就读班级中 经常一起玩儿 的小朋友 ×××的生活照   这是×××的照片。   小轩就读班级中 经常一起玩儿 的小朋友 ×××的生活照   我要去上<u>幼儿园</u>。 到幼儿园时,我向妈妈说"<u>再见</u>"。

然后再根据社会故事的具体实施方式,使用第一种和第二种结合的方式进行干预。先由妈妈或老师和小轩一起读社会故事,再将社会故事制作成录音文件,让小轩自行播放录音,并跟着录音带阅读。录音文件的语音呈现为:"我的_____。这是我学校的_____。我的学校名字叫_____幼儿园。这是我_____照片。我的班级名字叫_____。这是我_____照片。我们班有 3 个_____。这是_____的照片。这是_____的照片。这是_____的照片。我们班有 28 个_____。这

是_____的照片。这是_____的照片。这是_____的照片。这是_____的照片。我要去上_____,到幼儿园时,我向妈妈说_____。"每个"_____"前都停顿,等待小轩读出后,再读下一句。在具体实施后根据小轩对社会故事——《我的学校》的理解和应用程度,以及实施情况进行修订和调整。

第三节　游戏活动中的社会适应能力干预

根据小轩社会适应能力的评估结果(详见表7-1、表7-2和表7-3),以及依据评估结果拟定的社会适应能力干预目标(详见表7-4),对小轩游戏活动中的社会适应能力干预集中在分散游戏和游戏课两个情境进行。

＞　一、分散游戏中的社会适应能力干预

从表7-1可见,小轩在分散游戏时,会独自在操场边上的攀爬架上玩或在教室玩积木,和同学基本无互动。从表7-2可见,小轩最喜欢的活动是玩积木,在幼儿园中最喜欢去的场所攀爬架所在的地方。因此,在基于此评估结果拟订的小轩社会适应能力干预目标中,"喜欢并适应群体生活"这部分的长期目标为"能对幼儿园的生活好奇并喜欢上幼儿园",在分散游戏活动中对应的是"1.1.1进入幼儿园后,能搜寻、探索幼儿园内的玩具或游乐器材"和"1.1.3进教室后,能自己找玩具玩,不找妈妈,不哭闹"这两个短期目标。在分散游戏活动中,针对这两个目标,选取视觉策略进行干预。在幼儿园的玩具柜门上贴柜中玩具对应的照片,提示小轩他需要的玩具所在位置,如图7-11所示。在每天小轩到教室后,都引导他看照片,找自己想玩的玩具,并逐渐减少提示至不再提示。

图7-11　玩具柜

＞　二、游戏课中的社会适应能力干预

从表7-1可见,小轩在游戏课时,无法理解游戏规则,需在老师的肢体协助下,才能参与游戏活动。从表7-3可见,小轩在"遵守基本的行为规范"这部分中,"在提醒下,能遵守游戏和公共场所的规则"这个项目得2分,表明小轩在这个项目已发展出较多能力,只需部分协助便能适应环境的需要;"理解规则的意义,能与同伴协商制订游

戏和活动规则"这个项目得 0 分,表明小轩在这个项目的能力尚未开始发展,还无法适应环境的需要。因此,在基于此评估结果拟订的小轩社会适应能力干预目标中,"遵守基本的行为规范"这部分的长期目标有"2.1 能遵守集体活动中的规则",在游戏课中对应的是"2.1.7 游戏课时,能在视觉提示下理解游戏规则,并参与游戏活动"这个短期目标。在游戏课中,针对这个目标,使用社会故事的方式进行干预。每一个游戏都有不同的游戏规则,因此对每一个游戏都应使用不同的社会故事方式进行干预,帮助小轩更好地理解游戏规则。在此以套圈游戏为例进行说明。

首先依据社会故事的编写原则和方法(详见第二章第五节),编写社会故事——《套圈游戏》。

表 7-7　社会故事——《套圈游戏》

套圈游戏
这是套圈游戏的<u>规则</u>。
我们一起<u>排队</u>。

小轩和同学们
排队的照片

<u>轮到我了</u>。
我拿起<u>呼啦圈</u>。

小轩拿起
呼啦圈的照片

我用呼啦圈投向<u>玩具</u>。

小轩拿呼啦圈
投向玩具的照片

我找老师盖章,领玩具。	
	小轩找老师盖章,领玩具的照片
我按游戏规则玩套圈游戏。	

然后根据社会故事的具体实施方式,在每次游戏课前,均使用第一种和第二种结合的方式和小轩一起读《套圈游戏》故事,帮助小轩理解游戏规则。在具体实施后根据小轩对社会故事——《套圈游戏》的理解和应用程度,以及实施情况进行修订和调整。

第四节　户外活动中的社会适应能力干预

根据小轩社会适应能力的评估结果(详见表7-1、表7-2和表7-3),以及依据评估结果拟订的社会适应能力干预目标(详见表7-4),对小轩户外活动中的社会适应能力干预主要在做早操和户外游戏两个情境中进行。

＞　一、早操情境中的社会适应能力干预

从表7-1可见,小轩在做早操时,在要求下,会站在自己的位置排队等待,并跟随同学来到操场,到自己的位置站好。开始做早操后,会跟着老师做手部和弯腰动作。在做早操期间,会多次离开自己的位置,走向旁边的游乐区,但在老师的要求下,会回到自己的位置,继续做早操。因此,在基于此评估结果拟定的小轩社会适应能力干预目标中,"遵守基本的行为规范"这部分的长期目标有"2.1 能遵守集体活动中的规则",在户外活动中对应的是"2.1.4 能遵守集体活动中排队的规则,依序排队""2.1.5在离开队伍后,能主动回归队伍"和"2.1.6 做早操时,能持续站在自己的位置"这三个短期目标。在做早操时,针对这三个目标,使用视觉策略结合观察学习法的方式进行干预。

(一)视觉策略

针对"2.1.5 在离开队伍后,能主动回归队伍"和"2.1.6 做早操时,能持续站在自

己的位置"这两个目标的视觉策略是,在幼儿园的操场上,贴上圆形或方块,提示小朋友们做早操时站立的位置。因操场是户外场所,干扰物较多,因此,在小轩站的位置额外放一个呼啦圈(或类似的圆圈),让小轩更清晰地看到自己的位置,同时也提示小轩做早操时应站在圈内,帮助他更好地控制自己,逐渐适应户外这种干扰较多的场所。

(二)观察学习法

针对"2.1.4 能遵守集体活动中排队的规则,依序排队"这个目标,使用观察学习法进行干预。在排队时,引导小轩看前面的小朋友是怎样排队的,老师有意识地表扬排队较好的小朋友,提示小轩可以怎么做,当他做到依序排队时,及时给予表扬,强化小轩做得好的行为,帮助他养成排队的习惯。

> 二、户外游戏情境中的社会适应能力干预

从表 7-1 可见,小轩在玩户外游乐设施时,会独自玩攀爬架,与同学基本无互动。因此,在基于此评估结果拟定的小轩社会适应能力干预目标中,"喜欢并适应群体生活"这部分的长期目标有"1.1 能对幼儿园的生活好奇并喜欢上幼儿园",在户外活动中对应的是"1.1.4 在分散游戏时,能主动玩操场边游乐区内的户外游乐设施至少三种,如组合滑梯、攀爬架、荡桥等"这一短期目标;在"遵守基本的行为规范"这部分的长期目标有"2.1 能遵守集体活动中的规则",在户外活动中对应的是"2.1.8 在玩户外游乐设施时,能遵守基本规则,如排队轮流玩组合滑梯、轮流玩荡桥等"这个短期目标。在户外游戏情境中,针对这两个目标,使用视觉策略结合观察学习法的方式进行干预。

(一)视觉策略

针对"2.1.8 在玩户外游乐设施时,能遵守基本规则,如排队轮流玩组合滑梯、轮流玩荡桥等"这个目标的视觉策略是,在幼儿园的户外游乐设施可能会排队的地方,贴上如图 7-12 所示的"请排队"的文字结合排队图片的视觉图片,提示小轩需要排队。同时,在户外游乐设施可能会排队的地上,贴上一排彩色脚丫,如图 7-13 所示,以更明确的方式提示小轩排队时应站在何处。通过这样的方式,帮助小轩遵守户外游乐设施的规则。

(二)观察学习法

针对"在分散游戏时,能主动玩操场边游乐区内的户外游乐设施至少三种,如组合滑梯、攀爬架、荡桥等"这个目标,使用观察学习法进行干预。在分散游戏时,找一至两个平时和小轩互动较多的小朋友,请他作为小轩的"榜样",带着小轩一起玩不同的户外游乐设施,并示范如何玩这些游乐设施。当小轩尝试和"榜样"小朋友玩一样的游

图7-12　请排队

图7-13　排队脚丫

乐设施时,老师引导小轩看"榜样"小朋友是如何玩的,并及时给予肯定,如"小轩会排队玩滑梯啦""玩滑梯真好玩"等,帮助小轩发现其他游乐设施也很好玩,从而逐渐尝试玩儿不同的户外游乐设施。

在生活活动、学习活动、游戏活动和户外活动中对小轩的社会适应能力进行干预后,对小轩的社会适应能力进行再次评估,分析和讨论小轩干预前、后评分的差异,环境评估中的变化,总结干预经验和教训,为下一阶段的干预做准备。

参考文献

[1] 方富熹,方格,林佩芬.幼儿认知发展与教育[M].北京:北京北范大学出版社,2003.

[2] 杜晓新,等.上海市6至9岁儿童五项认知能力团体测验量表的编制报告[J].心理科学,2002.

[3] 杜晓新,等.学前听障与健听儿童五项认知能力比较研究[J].中国听力语言康复科学杂志,2010(6).

[4] 杜晓新.特殊儿童认知能力训练的原理与方法[M].上海:华东师范大学出版社,2012.

[5] 张茂林,杜晓新.特殊儿童认知训练[M].南京:南京师范大学出版社,2015.

[6] 彭聃龄.普通心理学[M].北京:北京师范大学出版社,2012:453-454.

[7] 杜晓新,王小慧.《上海市区6至9岁幼儿五项认知能力团体测验量表》编制报告[J].心理科学,2001(03):348-349.

[8] 杜晓新,王和平,黄昭鸣.试论我国培智学校课程框架的构建[J].中国特殊教育,2007(05):13-18.

[9] 杜晓新,刘巧云,黄昭鸣,等.试论教育康复学专业建设[J].中国特殊教育,2013(06):25-28+40.

[10] 杜晓新,黄昭鸣.教育康复学导论[M].北京:北京大学出版社,2018.

[11] 林崇德.发展心理学[M].杭州:浙江教育出版社,2002.

[12] 张茂林,杜晓新.特殊幼儿认知训练[M].南京:南京师范大学出版社,2015.

[13] 陈彦,孙喜斌,杜晓新,等.学龄听障幼儿和健听幼儿五项认知能力的比较研究[J].中国康复理论与实践,2012,18(08):704-706.

[14] 施塔,卡拉特.情绪心理学[M].北京:中国轻工业出版社,2015.

[15] 马美容,王晶洋.心理学视角下的艺术治疗[J].中小学心理健康教育.2012,12.

[16] 李小红,吴明霞.艺术治疗的作用机制及其有效性评估[J].中国电力教育.2011,2.

[17] 毛颗梅.游戏治疗的内涵及其对智力障碍儿童心理发展的意义[J].中国特殊教育,2006,10:36-3.

[18] 周念丽.特殊儿童的游戏治疗[M].北京:北京大学出版社,2015.

[19] 杨彦平.社会适应心理学[M].上海:上海社会科学院出版社,2010:10,11,47-

49,441.

[20] 陈建文,王滔.关于社会适应的心理机制、结构和功能[J].湖南师范大学教育科学学报,2003,2(4):90-94.

[21] 韦小满.智力落后儿童适应行为发展的研究[J].北京师范大学学报:社会科学版,1997(1):37-43.

[22] 张福娟.智力落后儿童适应行为发展特点的研究[J].心理科学,2002(2):170-172.

[23] 何侃.特殊儿童心理治疗[M].南京:南京师范大学出版社,2015:138.

[24] 江琴娣.随班就读轻度智力落后学生心理健康问题的研究[J].中国特殊教育,2005(2):37-40.

[25] 吴武典,张正芬,等.特殊教育导论[M].新北:心理出版社,2020.

[26] 路得·特恩布尔,等.今日学校中的特殊教育[M]方俊明,等,译.上海:华东师范大学出版社,2004.

[27] 林崇德.发展心理学[M].北京:人民教育出版社,1995.

[28] 韦小满,王培梅.关于弱智学生社会适应能力评估的理论探讨[J].中国特殊教育,2004,(01):19-22.

[29] 张文京.特殊教育课程理论与实践[M].重庆:重庆出版社,2014.

[30] 刘晶波.特殊儿童早期发展支持[M].南京:南京师范大学出版社,2015.

[31] 琳达·A.霍奇登.促进沟通技能的视觉策略[M]陈质采,李碧姿译.北京:华夏出版社,2019.

[32] 卡罗尔·格雷.促进沟通技能的视觉策略[M]陈质采,李碧姿,译.北京:华夏出版社,2019.

[33] 王明晖,左志宏.0~3岁婴幼儿认知发展与教育[M].上海:复旦大学出版社,2011.

[34] 杜晓新.特殊幼儿认知能力训练的原理与方法[M].上海:华东师范大学出版社,2012.

[35] 宿淑华,许文飞,丁忠冰.认知治疗实验实训[M].南京:南京师范大学出版社,2021.

[36] 黄昭鸣,庾晓萌,张奕雯.教育康复学概论[M].南京:南京师范大学出版社,2021.

[37] 杜晓新,等.试论我国培智学校课程框架的构建[J].中国特殊教育,2007(5).

[38] 杜晓新,等.组织策略及其对聋校语文阅读教学的启示[J].中国特殊教育,

2007(1).

[39] 和平,杜晓新,等.注意缺陷多动症伴学习困难儿童自我监控训练的个案研究 [J].中国特殊教育,2004(5).

[40] 杜晓新,等.组织策略在聋校高年级语文阅读教学中的应用[J].中国特殊教育. 2008(2).

[41] 杜晓新等.学前听障与健听儿童五项认知能力比较研究[J].中国听力语言康复科 学杂志.2010(6).

[42] Tomanik S. S., Pearson D. A., Loveland K. A., et al. Improving the Reliability of Autism Diagnoses:Examining the Utility of Adaptive Behavior[J]. Journal of Autism & Developmental Disorders, 2007, 37(5):921-928.

[43] Gillham J. E., Carter A. S., Volkmar F. R., et al. Toward a Developmental Operational Definition of Autism[J]. Journal of Autism & Developmental Disorders, 2000, 30(4):269-278.